THE

REFORM LOGIC

AND

PATH

OF

供给侧改革的
逻辑与路径

吕风勇／著

THE

SUPPLY

SIDE

社会科学文献出版社
SOCIAL SCIENCES ACADEMIC PRESS (CHINA)

内容提要

　　随着中国经济逐渐向新常态阶段过渡，经济快速发展时期曾经隐藏的一些问题和矛盾日益显露，不仅导致短期供求关系的严重失衡从而威胁经济稳定运行，而且也阻碍了结构调整从而影响经济长期发展。因此，主要从供给侧而不是需求侧对与新常态阶段不相适应的体制、机制和政策进行改革或调整，促进经济稳定运行和长期发展，就成为当下最为紧迫的重大经济任务之一。本书就是围绕供给侧改革和经济发展之间的逻辑关系展开系统深入的论述的。

　　本书第一章对中国改革开放以来的供给侧改革与需求管理进行回顾、总结和评价。第二章对新常态阶段中国经济的特征、矛盾和供给侧改革的意义进行研究。第三章、第四章、第五章、第六章分别对资源节约与交易效率、资源流动与配置效率、企业市场化与经营效率、创新驱动与供给效率的关系进行了研究，并给出相关方面进行供给侧改革的建议。第七章和第八章分别从降成本和去产能的角度论述了进行供给侧改革的必要性，以及提出相关的供给侧改革的建议。第九章、第十章和第十一章主要研究了如何通过协调供给和需求的关系来稳定经济和促进发展，其中，第九章研究了如何根据长期需求变化趋势进行产业政策调整来扩大有效供给，第十章研究了如何通过供给侧改革来释放长期消费需求并以此带动有效供给，第十一章则研究了如何通过供给侧改革来促进经济平稳去杠杆，有效规避潜在的金融风险。

目　　录

第一章　中国改革开放以来的
需求与供给管理

第一节　社会主义市场经济建设的本质是供给侧改革

中国共产党第十八届中央委员会第三次全体会议指出，"要紧紧围绕使市场在资源配置中起决定性作用深化经济体制改革"，其本质是要建立更加完善的社会主义市场经济体制，这不仅是党的十一届三中全会召开后实施35年的改革开放总方针在新时期的延续，也是完善和发展中国特色社会主义制度这一改革总目标不可或缺的组成部分。

社会主义市场经济体制的建设和完善之所以极其重要，在于市场经济本身是一种适应社会化大生产的生产方式，它不仅承认市场需求丰富多样的合理性和正当性，而且也尊重市场需求对资源配置的引导作用，并且在需求的引导下自觉地组织生产和提供产品供给。建立和发展使市场在资源配置中起决定性作用的社会主义市场经济，就是不断使供给在总量和结构上都要适应和满足市场需求，从而也是一个不断改革和消除束缚有效供给的体制性因素的过程，可以说社会主义市场经济建设的本质就是供给侧改革。

一　产权制度改革与市场主体活力

（一）农村联产承包责任制

中国的经济改革是从农村启动的，农村改革的重点是农业生产基本经营制度，从1983年起，就开始在全国农村普遍推行"包干到户"和"包产到户"的联产承包责任制，并最终用家庭联产承包责任制、统分结合的双

1

层经营体制取代了"三级所有、队为基础"的人民公社制度。农村联产承包责任制的推行具有重大的改革意义，它的最大特点是既保留了主要生产资料——农村土地的公有制（集体所有制），避免走土地私有化的道路，同时又把主要生产资料的大部分经营权分配给了农村家庭，使农业生产产出的多少与家庭劳动的实际付出有效挂起钩来，极大地调动了农村家庭的生产劳动积极性，显著提高了农业劳动生产率。在这个意义上，农村联产承包责任制的推广，本质上是一种供给侧改革，在劳动投入不变的情况下，通过提高农村家庭的生产积极性，促进全国农业生产的快速发展，一举使全国人民解决了温饱问题，为后续的更加复杂的体制改革奠定了坚实的物质基础和社会基础。图1-1描述了1978~2014年农林牧渔业总产值实际增长指数。图1-1显示，1979年以后，中国农林牧渔业总产值开始进入一个快速增长的时期。

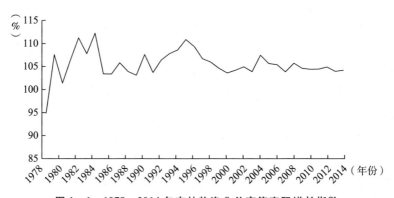

图1-1　1978~2014年农林牧渔业总产值实际增长指数

数据来源：中经网统计数据库（http：//db. cei. gov. cn）。

　　不过，尽管农村联产承包责任制是明显的供给侧改革，对农业劳动生产率的提高起到极大的促进作用，但仍然需要农产品流通体制改革的配合，即废除农副产品的统购统销制度，推动农副产品价格逐步迈向市场调节。农副产品价格由市场调节，可以鲜明地显示全国生产和消费对农副产品的需求结构，不仅能够显著提高居民消费的消费效用，而且也能够避免盲目生产带来的部分农副产品过度积压及浪费，提高资源配置的有效性。在这个意义上，虽然供给侧改革是农村经济体制改革的主要方面，但是需求侧改革在配合供给侧改革方面也是必不可少的，它可以促使供给结构合理化，避免资源的结构性错配，并且避免供给因资源错配带来的总量减少。

（二）国有企业现代产权制度

国有经济是中国社会主义经济的基石，增强企业活力特别是国有大中型企业的活力，使之真正成为自主经营、自负盈亏的市场经济主体，是中国经济体制改革的核心任务之一。国有企业改革大致经历了三个阶段：从1978年到1986年，主要采取扩大企业自主权、利润分成、利改税等"三步走"的形式规范国家和国有企业关系，调动企业积极性，这一阶段的国有企业改革还没有涉及最为核心的产权问题；从1987年到1991年，主要通过承包制、租赁制和资产经营责任制等形式将所有权和经营权进行分离，这一措施调动了经营者和职工的积极性，但由于只有激励而没有相应的约束，国有资产出现了流失现象；1992年以后，国有企业改革真正进入现代企业制度建设阶段，除极少数必须由国家独资经营的企业外，大部分国有企业已经基本实行股份制改造，在形式上建立了现代企业制度，这是国有企业改革的一个突破，但是由于其他股东股份比重过小或者缺乏相应话语权，以及国有股份所有者对代理人监管不力和约束不到位，已经建立起现代企业制度的国有企业仍然没有真正实现市场化。尽管如此，当前的国有企业相对于计划经济时期和改革开放初期的国有企业，市场化特征仍然较为明显，适应市场变化的能力和劳动生产率也有明显的提高，对于扩大供给和改善供给结构产生了深远的影响。

图1-2描述了规模以上工业企业中的国有及国有控股公司总资产贡献率和流动资产周转率变化情况。图1-2显示，1998年以后，国有企业股份制改造基本完成，这为国有经济带来了更大的活力。1998年，规模以上工业企业中的国有及国有控股公司总资产贡献率和流动资产周转率分别为6.51%和0.93，2007年分别上升到13.79%和2.39，此后虽有所下降，但是2014年这两项指标仍然分别达到11.32%和2.07，相比1998年仍有较大幅度的提高。

二　所有制经济改革与市场主体多元化

增量改革与存量改革相结合是中国渐进式经济体制改革的重要特征。所谓增量改革，就是在原有的公有制经济之外，大力培育和发展非公有制经济，建设以公有制为主体、多种所有制经济共同发展的所有制结构。所有制改革是社会主义所有制理论的重大突破，突破了社会主义只能是单一

公有制的传统观念禁锢，并将公有制为主体、多种所有制经济共同发展作
为社会主义初级阶段的基本经济制度，逐渐从不承认非公有制经济，到承
认非公有制经济是对公有制经济的"补充"，继而强调非公有制经济是社会
主义市场经济的"重要组成部分"，到最后要大力发展多种所有制经济。这
种理论和政策上的变化，在实践上有力地推动了集体经济、个体经济和外
资经济的发展。

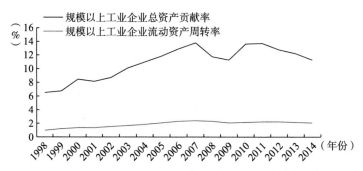

图 1 - 2　规模以上工业企业中的国有及国有控股公司总资产
贡献率和流动资产周转率变化情况

数据来源：中经网统计数据库（http://db. cei. gov. cn）。

　　所有制结构的改变，至少在两个方面促进了供给的增长。一是增加了
产品的市场供给主体，在原有公有制经济之外将土地、劳动和资本等生产
要素有机地组织起来，促进产品供给的数量增加和多样性。二是非公有制
经济的引入，增强了市场竞争的激烈程度，促使公有制经济在一定程度上
改善经营管理，提高了产品供给效率。尽管非公有制经济的发展对原有公
有制经济产生了一定程度的替代效应，但它所带来的经济增长显著扩大了
中国的经济规模，为公有制经济的总体发展做出突出贡献。可以说，所有
制结构的改变，是中国建设市场发挥决定性作用的经济体制的前提条件，
非公有制经济的市场灵活性对于市场价格发挥资源配置的信号作用起着关
键作用。在这个意义上来说，所有制经济改革的本质是供给侧改革。而且
这种改革也使市场价格的作用凸显，从而使产品价格体制改革成为必要，
而产品价格体制的改革最终使需求能够对供给充分发挥引领作用。

　　图 1 - 3 和图 1 - 4 分别比较了国有单位、集体单位和非公有制单位城镇
单位就业人数及其所占的比重情况。1978 ~ 1997 年国有单位和集体单位城
镇单位就业人员总体呈现增长趋势，1997 年以后，由于公有制企业特别是

国有企业的市场化改革迅速推进，下岗人员或者被裁撤人员激增，国有单位和集体单位就业人员数量开始呈现明显减少的趋势。从就业人员比重来看，1978～2014年国有单位城镇单位就业人数占城镇单位就业人数比重呈现比较明显的下降趋势，集体单位就业人员比重在1985年也开始逐渐下降，2014年国有单位和集体单位城镇单位就业人员比重分别下降到只有16.1%和1.4%。相反，非公有制单位城镇单位就业人数一直呈现增加趋势，特别是1990年以后更是迅猛增长，其就业人员所占比重也有非常明显的上升，1997年这一比重只有0.16%，2014年已经上升到82.5%。2014年股份有限公司工业企业、外商投资工业企业、私营工业企业主营业务收入已经远远超过国有工业企业和集体工业企业。图1-3、图1-4和图1-5表明改革开放以来所有制经济改革卓有成效，市场主体趋于多元化，特别是促进了非公有制经济的发展，极大地提升了市场供给能力。

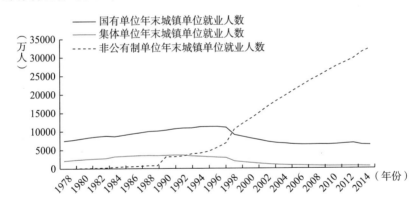

图1-3 1978～2014年城镇单位就业人员数变动情况

数据来源：中经网统计数据库（http://db.cei.gov.cn）。

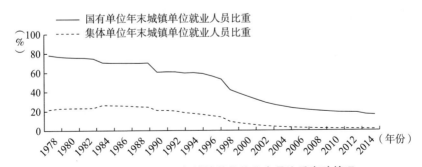

图1-4 1978～2014年城镇单位就业人员比重变动情况

数据来源：中经网统计数据库（http://db.cei.gov.cn）。

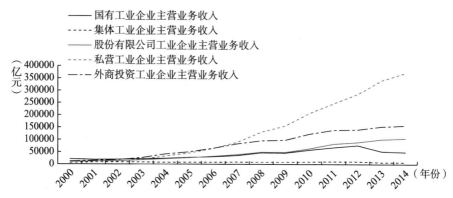

图 1 - 5　2000～2014 年按注册类型分规模以上工业企业主营业务收入

数据来源：中华人民共和国统计局网站（http://www.stats.gov.cn）。

三　价格形成机制改革与市场体系建设

价格形成机制改革是中国市场经济体制建设中非常重要的一环，在推动中国从计划经济向市场经济转型过程中发挥着决定性的作用。中国价格形成机制的改革主要是突出市场在价格形成中的作用，让市场供求关系引导商品及资本、土地等生产要素的价格，继而发挥价格对资源配置的引导作用。中国"价格双轨制"改革就是价格形成机制改革中最核心的一项措施，它在计划价格的基础上，逐渐放开部分商品品种或者某些商品中部分产品的价格，使之形成市场价格，继而逐步扩大由市场形成价格的商品种类或比重，直至绝大部分商品的价格由市场来决定。"价格双轨制"改革使商品市场基本建立起来。此后，资本、土地和劳动力等生产要素的价格也逐渐过渡到主要由市场来决定，生产要素市场逐步建立，利息率、地价、地租和工资等成为引导生产要素流向的重要信号。

商品价格形成的市场化，使购买者或者消费者成为商品价值评判的主体，这一方面使商品生产明确了供给对象，另一方面使生产者有了收益和成本核算的基础，产品生产的边际成本和产品销售的边际收益相等成为生产者组织生产的基本原则。生产要素价格形成的市场化，一方面使生产要素供给者能够像生产者一样评判生产要素供给的边际成本和边际收益，并据此决定提供多少数量的生产要素；另一方面生产要素供给者根据生产要素供给的平均收益和供给数量获得收入，收入初次分配的渠道也得以形成，并且生产要素供给者再用分配而来的收入按照商品市场价格向生产者购买商品进行消费，由此各类资源的配置和流转形成了一个完整的闭环，并持续推动着社会生产的循环往复，连绵不断。

2015 年 10 月 21 日，国家发展和改革委员会发布了新的《中央定价目录》（见表 1 - 1，国家发展和改革委 2015 年第 29 号令）与《国家计委和国务院有关部门定价目录》（国家计委 2001 年第 11 号令）相比较，《中央定价目录》定价范围大幅缩减，定价种类由 13 种（类）减少到 7 种（类），约减少 46%；具体定价项目由 100 项左右减少到 20 项，约减少 80%。同时，定价项目清单化，对保留的定价项目均以清单化的形式列出，逐项明确具体定价内容和范围。从《中央定价目录》我们不难观察到，中国商品或者生产要素中央政府定价的范围已经极大缩减，市场定价机制已经成为商品或者生产要素的主要决定方式。

表 1 - 1　中央定价目录

序号	定价项目	定价内容	备注
1	天然气	各省、自治区、直辖市天然气门站价格	定价范围为国产陆上天然气和 2014 年底前投产的进口管道天然气，直供用户（不含化肥企业）用气除外
2	水利工程供水	中央直属及跨省、自治区、直辖市水利工程供水价格	供需双方自愿协商定价的除外
3	电力	省及省以上电网输配电价	电力市场形成前，部分上网电价和销售电价仍由国务院价格主管部门制定。其中，上网电价定价范围为省及省以上电网统一调度的未通过市场竞争形成价格的上网电量；省及省以上电网未通过市场竞争形成价格的销售电量，由国务院价格主管部门制定定价原则和总体水平，省级价格主管部门制定各类电力用户具体价格
4	特殊药品及血液	麻醉药品和第一类精神药品最高出厂价格和最高零售价格	
		公民临床用血的血站供应价格	

续表

序号	定价项目	定价内容		备注
5	重要交通运输服务	铁路运输服务	中央管理企业全资及控股铁路旅客票价率	竞争性领域除外
			中央管理企业全资及控股铁路货物、行李运价率	
		民航运输服务	民航国内航线及国际航线国内段旅客票价率	竞争性领域除外
			民用机场、军民合用机场垄断环节服务收费	
			民航飞行校验服务收费	
			民航空管服务收费	
		港口服务	渔港收费	
			沿海、长江干线主要港口及其他所有对外开放港口的垄断服务收费	
		跨省长途管道运输价格		
6	重要邮政业务	信函资费		
		包裹（单件不超过 10 千克，计泡包裹除外）资费		竞争性领域除外
		邮政汇兑资费		
		机要通信资费		
		国家规定报刊发行资费		
7	重要专业服务	商业银行服务收费		定价范围为转账汇款、现金汇款、取现、票据等商业银行基础服务
		银行卡刷卡手续费		
		全国性证券交易场所收费		
		征信服务收费		定价范围为中国人民银行征信中心提供的信用报告查询服务和应收账款质押登记服务
		学历学位认证收费		
		公民身份认证收费		

资料来源：中华人民共和国国家发展和改革委员会网站（http://www.sdpc.gov.cn）。

四　财税体制改革与收入分配再调节

财税体制改革与中国社会主义市场经济建设密切相连。1978～1982 年，中国税制建设开始恢复，并为更深入的税制改革在思想上、理论上和组织上做准备。1983～1994 年的税制改革则是全面探索税制改革的时期，经过"利改税"和"税利分流"，基本上理清了国有企业作为市场主体与国家之间的经济关系，根据市场经济原则初步建立了相对完整的税制体系。1994年以"分税制"为特征的工商税制改革不仅建立了比较完善的税制体系，而且确立了以处理中央与地方关系为核心的财政管理体制，为中国市场经济的建设和发展奠定了坚实的基础。除此之外，中国还逐步建立了相对完善的保险型的社会保障体系，在这种社会保障体系下，各类社会保障缴纳费用也类似于税收。图 1－6 显示，1978 年税收收入占全国公共财政收入的比重为 45.9%，1990 年达到 96.1%，此后虽有下降，但到 2014 年这一比重仍达到 84.9%。

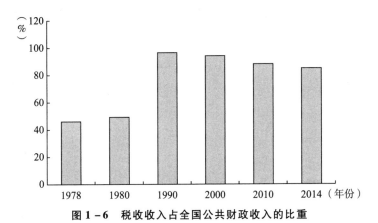

图 1－6　税收收入占全国公共财政收入的比重

数据来源：中经网统计数据库（http://db.cei.gov.cn）。

　　财税体制的改革和完善对于收入分配再调节发挥着重要的作用。一方面财税收入增加了各级财政收入，为各级政府正常发挥社会管理职能和行政职能提供财力支持；另一方面个人所得税等税种可以有效调节社会不同成员之间的收入水平，而社会保障税（或缴费）更是直接对劳动者的收入进行跨组或者跨期再分配，对于维持全社会协调稳定运行起着不可或缺的作用。财税体制对社会成员收入分配进行再调节，还可以避免社会成员收入差距过大，有助于形成更加合理的阶层收入结构，提高全社会的边际消费倾向，扩大社会总需求，带动社会总供给能力的提升。

财税体制改革通过调节企业和个人、企业和企业的收入分配关系，还能对各行业产生激励或者惩罚性的影响，引导资源配置的流向，从而对供给结构进行调整。当前进行的"营改增"改革，将进一步减轻企业税负，对服务业特别是中小服务业发展将起到很大的推动作用；同时，服务业改征增值税后，部分制造业在获取服务时也可以对进项增值税进行抵扣，税负也会明显降低。据多数投资银行测算，"营改增"全面完成并优化增值税税率后，整个"营改增"将使减税规模达到9000亿元，极大提高中国服务业甚至制造业的经营积极性。

以上内容主要考察了中国改革开放以来围绕社会主义市场经济建设进行的主要改革措施，这些措施分别从市场主体活力、市场主体多元化和市场体系建设等方面着力，试图建设一个充满活力、运行高效的产品供给体系，并通过收入分配的调节使这种供给体系能够在循环和持续的闭环中运行。总的来说，这些重大的改革措施主要是供给侧改革，但是为了提升供给的交易效率，使社会生产和供给更加丰富多样、符合需要的产品，也配合以需求侧改革，例如价格形成机制的改革事实上就涉及了供给和需求双方，需求成为引导供给的信号，供给则成为满足需求的根本途径，但中国市场取向的改革本质是供给侧改革。

第二节　中国经济周期波动中的需求管理

社会主义市场经济的建设极大地改善了中国的生产效率，并提高了产品的供给能力，计划经济时代"短缺"现象逐渐被市场经济中偶尔出现的"过剩"现象所取代。这种情况的发生主要是改变了计划经济时期由中央计划者充当供给方和需求方的直接中间人对产品进行配给，市场经济中供给方和需求方必须经过产品自由交换的环节，才能实现产品生产和产品消费的有机衔接，如果产品交换不成功，那么生产者的产品供给就会积压，产品"过剩"就会出现。供给过剩的情况下，通过扩大财政支出或者货币发行来刺激需求，就成为各国政府常用的进行周期性需求管理的必要措施。那么，发展中国家和发达国家的供给过剩存在哪些方面的区别呢？这种区别又是如何导致不同国家进行周期性需求管理时存在政策差异的呢？本节笔者就试图分析中国供给过剩与周期性需求管理的关系，并探讨这种关系与发达国家供给过剩和周期性需求管理的异同。

一　中国宏观经济波动的基本事实

Burns 和 Mitchell（1946）将经济周期视为围绕 0 值而发生的扩张或收缩的经济波动。但更一般地，我们将经济周期视为围绕趋势而发生的扩张或收缩的经济波动，这一概念将更加适合经济增长较为迅速的发展中国家。前者可称之为"水平型"周期，也称"古典"周期，发达国家的经济周期多属于这种情况；后者可称之为"增长型"周期，更多用于描述发展中国家的经济周期。反映经济周期波动的指标有国民收入变化、失业率升降、物价水平波动等指标，但最主要的还是使用经济增长率这一指标，根据某一时期经济增长率偏离其长期平均值的情况对经济周期及其各阶段进行划分。

改革开放以后，中国进入快速增长阶段，其间也发生了多次经济波动，但都属于"增长型"的经济周期。图 1-7 描述了 1977~2015 年中国国内生产总值增长率的变化情况，从图中不难看出，尽管中国经济一直维持着较高增速，但是波动幅度还是比较大的，经济增速变化的周期性特征也比较明显。笔者主要根据"谷底—谷底"的原则对中国经济进行周期划分，即将某一时期内的谷底经济增长率作为一个周期的终结，将该谷底经济增长率年份后的第二年确定为一个周期的起点，再至下一个谷底经济增长率年份作为周期终结。根据这样的划分，中国经济可分为 6 个周期，具体划分方法和结果见表 1-2。从表 1-2 中不难看出，20 世纪 90 年代以前，中国经济周期持续的时间都比较短暂，在 4~5 年，自 20 世纪 90 年代以后，中国经济周期持续的时间都比较长，大致在 10 年。期限最短的周期只有 4 年，是 1987~1990 年的经济周期；迄今期限最长的周期为 10 年，是 2000~2009 年的经济周期；自 2010 年开始的第 6 个经济周期仍然在进行中，尚不能确定能够延续多长时间。从波动幅度来看，1987~1990 年的经济周期峰谷经济增长率的落差最大，达到 7.8 个百分点，波动更为剧烈；在已经完成的周期中，2000~2009 年的经济周期峰谷经济增长率的落差最小，为 5.0 个百分点，波动相对平缓。此外，2010 年开始的新一轮经济周期尚未完成，峰谷经济增长率的落差也比较小，只有 3.7 个百分点。

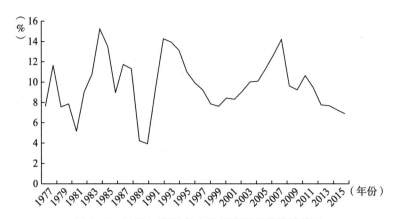

图 1 - 7　1997 ~ 2015 年中国经济增长率波动情况

数据来源：中经网统计数据库（http://db.cei.gov.cn）。

表 1 - 2　1977 ~ 2015 年中国经济周期的划分

单位：%，个百分点

周期序号	起止年份	峰位经济增长率		谷位经济增长率		峰谷落差	上升阶段的年数	下降阶段的年数
		年份	经济增长率	年份	经济增长率			
1	1977 ~ 1981	1978	11.7	1981	5.2	6.5	2	3
2	1982 ~ 1986	1984	15.2	1986	8.8	6.4	3	2
3	1987 ~ 1990	1987	11.6	1990	3.8	7.8	1	3
4	1991 ~ 1999	1992	14.2	1999	7.1	7.1	2	7
5	2000 ~ 2009	2007	14.2	2009	9.2	5.0	7	3
6	2010 ~ 2015	2010	10.6	2015	6.9	3.7	1	5

数据来源：中经网统计数据库（http://db.cei.gov.cn）。

二　中国经济周期波动的原因

关于经济周期形成原因的理论非常多。马克思认为商品经济中买与卖的脱节"包含着危机的可能性"，当然这种可能性变成现实性还需要"整整一系列的关系"。马克思指出了经济危机之所以会发生的根源，在于商品经济中存在买卖脱节问题。不过后来的经济周期理论更多的是从探讨马克思"整整一系列的关系"出发的，即主要探讨可能引起经济周期波动的具体原因。熊彼特提出以技术创新为核心的自维持内生周期理论，认为技术创新会导致产业结构变动，并通过一系列变量的相互影响引起经济的周期波动。凯恩斯主义和新凯恩斯主义则强调总需求冲击造成的社会有效需求的扩张或收缩是导致经济周期波动的主要原因。20 世纪 80 年代以后，现代经济周期理论在一定程度上重新回到熊彼特那里，强调技术冲击对经济周期的影响，不过与熊彼特不同的是，无论是真实经济周期理论还是内生增长理论，都强调技术冲击的随机性，以及这种随机性对经济短期周期波动的影响。

那么，中国经济周期波动是否符合以上某种经济周期理论所描述的特征从而就可以由该理论所完美解释呢？中国所处的特殊发展阶段，决定了经济周期波动的特殊性，也就决定了经济周期波动形成原因的复杂性，不大可能由某一种经济周期理论所完美解释。不过，这并不是说这些经济周期理论对于中国实践毫无指导意义，事实上中国每次的经济周期波动都可以从这些经济周期理论中寻找到或多或少的一些启示。

那么中国经济周期的特殊性表现在哪些方面呢？改革和发展是中国经济实践的两大特征，改革触发的经济周期和发展所引起的经济周期是中国经济周期的主要表现形式。但是，在具体传导机制方面，这些经济周期的形成仍然依赖于需求和供给关系此消彼长的变化。

1978 年经济增长速度达到 11.6%，主要是因为认真贯彻了新时期发展总任务，在计划经济时代供给"短缺"的条件下，只要生产产量提高，需求就会自行创造出来，经济增长速度也就可以得到提高。此后，为了避免过度引进技术或项目重复建设带来的风险，中央在 1980 年和 1981 年对经济进行调整，压缩了部分项目，经济增长速度有一定程度的下降。这个经济周期主要是中央主动调整的结果，是为了避免出现通货膨胀或者项目配套风险而采取的正确决策。

1982 年中国经济进入一个新周期，特别是 1984 年提出"对内搞活经济，对外实行开放"，并进行信贷体制改革，使中国出现改革开放以来 15.3% 的最高经济增长率。但是固定资产投资的高速增长催生了严重的通货膨胀，继而引发了中央新一轮的宏观调控，主要通过严格控制财政支出和信贷投放来抑制经济进一步过热的倾向。

1987 年中国通过"增产节约、增收节支"运动，生产稳定发展，经济增速达到 11.6%。1988 年，主要由于"价格闯关"的影响，以及货币供应和信贷投放的迅速增加，中国零售物价指数和消费物价指数迅猛攀升，分别达到 18.5% 和 18.8%，针对这一问题，中央再次进行治理整顿，通过实行财政和货币的"双紧"政策进行调控，不过由于力度过大过猛，在物价水平有所下降的同时，经济增长速度也受到了一定程度的影响。

1992 年以后，邓小平同志南方谈话启动了新一轮经济建设的高潮，1992~1994 年中国经济增速分别达到 14.3%、13.9% 和 13.1%，为了避免经济过热带来通货膨胀等问题，中央银行实行了"适度从紧"的货币政策，使中国经济基本实现了软着陆。然而，从 1997 年起，随着东南亚金融危机的爆发，中国经济也受到国际局势的冲击，开始出现一定程度的通货紧缩，经济增速开始下滑，宏观调控又开始调整为"积极的财政政策与稳健的货币政策"的新组合。

2000 年以后，随着中国加入世界贸易组织以及城镇化的迅速推进，中国经济进入了最好的发展时期，在这一时期，经济高速增长，通货膨胀也比较低，使中国工业化程度迅速提高，奠定了中国"世界工厂"的坚实基础。但是，随着全球金融危机的到来，这一经济周期也戛然终结，2008 年和 2009 年经济增长速度由 2007 年的 14.2% 分别下降到 9.6% 和 9.2%。

由于大规模刺激政策的推行，2010 年中国经济增长率短时被推高到 10.6%，但由于国内外环境发生了根本性的变化，以及大规模刺激政策的后续消极影响，中国经济增长速度开始呈现逐渐回落趋势，直至 2015 年下降到 6.9%，当前，这一经济周期仍然在进行中。

归纳以上经济周期的形成原因，可以分为以下几类。

（一）投资过热型经济周期

这一经济周期源于供给短缺情况下扩大投资造成的经济过热，而由此导致的紧缩性调控又带来了经济增速的下滑。在供给短缺的情况下，某些释放生产力的体制改革或者政策调整，会提高国民经济某些部门的生产能力，并增强全社会投资的信心和热情，然而投资规模的迅速增长又往往受到"短缺"部门的制约而导致经济过热。1977~1981 年经济周期、1982~1986 年经济周期主要属于这一类型的经济周期。

（二）通胀推动型经济周期

这一经济周期源于计划经济向市场经济过渡过程中价格"双轨制"改革带来的物价上涨，需求受到通胀预期的刺激而趋于过度旺盛，而随后治理通胀的紧缩性措施又引起经济增速下行。价格"双轨制"使原来主要由计划定价的商品价格部分地改为由市场定价，市场价格通常要明显高于计划价格，这一改革增强了通胀预期，引发了对部分商品的抢购潮，在一定程度上刺激了生产的扩大，但也进一步加大了通货膨胀的程度。1987~1990年的经济周期就主要属于这种性质的经济周期。

（三）外部冲击型经济周期

这一经济周期源于国际市场的变化带来的出口需求冲击，出口需求的高速增长或者突然下滑带来经济的周期波动。改革开放以后，中国进出口额迅速扩大，随之而来的是对外贸易依存度也趋于攀升，国际市场的变化对中国经济的影响程度更加显著。1991~1999年的经济周期中，1996年经济"软着陆"以后接踵而至的东南亚金融危机，使中国对东南亚国家和欧美国家的进出口额都出现了显著下降，受此影响经济增速也不断下滑，并最终在1999年达到7.6%的周期性谷底。

（四）结构升级型经济周期

这一经济周期源于需求结构升级以及由此带来的投资规模的迅速增长，而需求结构的再度转变又带来产能结构性过剩。2000年以来，由于"入世"的影响和城镇化的推进，国际市场对中国产品需求增加并带动了出口型工业生产投资增加，城镇居民对房地产和汽车的需求增加又促进了重化工投资的增加，最终拉动中国经济以两位数以上的速度增长。然而，2008年全球金融危机的突然到来，使中国经济高速增长的趋势戛然而止，经济增速在2009年陷入谷底。2010年中国经济在大规模投资政策的刺激下出现强力反弹，但是由于国外市场的需求疲弱，国内居民对房地产的需求增速大幅放缓，需求结构出现了逆向转变，而大规模刺激政策带来的产业结构扭曲效应也需消化，中国经济增速开始出现新一轮节节下滑，至今尚难改其颓势。

（五）政策诱导型经济周期

这一经济周期源于宏观调控措施的过紧或过松，以及由此带来的经济过热或过冷。这一经济周期很多时候是和其他经济周期叠加在一起，有的本身构成其他类型经济周期的一部分。1977~1981年、1982~1986年和1987~1990年的经济周期就带有很强的政策性特征，所谓的"一放就乱，一收就死"就是这种经济周期政策性特征的生动描述。2010年开始的新一轮经济周期，虽然主要是需求结构逆转带来的，但也受不适当的大规模政策刺激的影响，带有一定的政策性特征。

三 中国发展阶段对周期需求管理的影响

中国是改革和发展中的国家，并且政府又在社会经济事务中发挥着非常重要的作用，在改革开放后的相当长一段时间，政府甚至发挥着决定性的作用，这种作用对于经济周期的影响也是显著的，在某些时候甚至是中国政府的宽松或者紧缩性的宏观调控措施决定了经济周期的形成，特别是周期需求管理一直在宏观调控中扮演着关键性的角色。可以说，对于历次经济周期波动，中国政府都要毫无例外地诉诸需求管理，并且往往能够达到基本符合预期的调控目标。

那么，中国经济周期需求管理之所以往往能够取得成功的原因又是什么呢？其实，需求管理的有效性和中国发展阶段存在较为密切的关系。中国改革开放之初，劳动力等生产要素资源绝对过剩，但中国全社会的供给能力又处于短缺状态，在这种条件下，当经济出现明显的下行趋势时，政府就可以通过扩大信贷和增加支出鼓励社会投资，并且由于投资增加的幅度足够大，以至于能够基本消除经济下行的压力，帮助经济走上复苏之路。同时，由于中国长期处于供给短缺的状态，增加的投资带来的新增供给能力，能够被不断增长的需求所消化，从而不会导致政策性产能过剩。这也是为何20世纪80年代中国的经济周期都呈现政策性经济周期的原因，政府通过扩大需求或紧缩需求的政策，几乎可以重新启动一轮新的经济周期，而不会导致明显的产能过剩。

然而，随着经济的发展，中国市场的力量在逐步增大，政府的干预能力却在下降。这主要是相对于政府控制能力比较强的国有企业和公共财政，股份制企业、私有企业、外商投资企业等非公有制经济的力量变得更为强大，尽管政府可以通过政策措施在一定程度上刺激投资，但是要么由于力度太小不会立刻取得明显的效果，要么是力度太大对市场主体行为造成扭曲，并最终加剧市场供给和需求的失衡程度，政府再也难以像20世纪80年代那样对经济具有强有力的控制力。客观说，这是中国进步的一种体现，特别是市场经济得以有效发展的体现，带有一定的成熟市场经济常有的经济周期的特征，即产能过剩。2008年全球金融危机的爆发，使中国经济受到严重的不利影响，为了对冲这种影响，中国政府推行了大规模的刺激性政策，当时也取得了较明显的效果，但是由于力度偏大，导致产能结构的进一步扭曲，产能结构性过剩进一步趋于严重。2010 年后，为了应对增速节节下滑的经济局面，中国政府实行了较为持久的微刺激计划，虽然取得了一定的成果，避免了经济的过快下滑，但是经济下滑趋势并没有得到根本性扭转。

综上所述，中国发展阶段的不同，导致中国周期需求管理作用也发生了较大程度的变化，即随着中国由计划经济向市场经济、由短缺经济向过剩经济的转变，中国政府主要依靠控制投资规模的需求方管理措施已经不再像过去那样有效，这也要求中国政府在面对新类型的经济周期时，也要根据发展阶段特征和经济周期特征，灵活制定和推行新的更具创新性的宏观调控措施，特别是要更加注意使短期经济稳定和长期经济发展相结合，促进中国经济持续健康地发展。

第三节　当前阶段需求管理与供给管理的关系

2008 年全球金融危机以来，中国开始新一轮的经济周期，同时也进入一个新的发展阶段，不再是由需求冲击引起的需求不足型经济周期，逐渐更多地呈现出供给过剩型经济周期特征，这也直接导致那些以刺激投资为主的需求管理政策失去有效调节经济周期的作用，即在短期刺激投资需求的同时也扩大长期供给的凯恩斯式的宏观调控方法，在新的发展阶段已经不再具有适用的土壤。那么，在新的发展阶段面临不同性质的经济周期，究竟应该采取何种类型的宏观调控方法，才能有效避免经济波动，并且又能促进经济长期较快增长呢？这是当前需要迫切回答的一个问题。

一　政府需求管理能力的变化

当前经济下行周期具有供给过剩的特征，虽然需求管理不能完全应对这种类型的经济周期，特别是绝对供给过剩的情况，但是至少可以扩大对非绝对过剩行业的需求或者鼓励投资长期仍有需要的项目，在一定程度上抵消这种经济周期带来的负面影响。然而，要做到这一点需要政府具有较强的需求管理能力，如果政府缺乏足够的需求管理能力，那么它所进行的宏观调控将受到较大程度的制约，从而需求管理效果也会大打折扣。

20 世纪 90 年代以前，中国的经济周期主要是在供给短缺情形下的经济周期，政府的政策调整和体制改革是引发经济周期的重要因素，从而政府的需求管理能力也是超强的。这一时期政府通过刺激供给会带来经济的迅速增长，而通过抑制需求会降低经济过热，因此，这一阶段的需求管理主要是紧缩需求而不是扩大需求，并且这种紧缩需求由于主要是限制投资需求，事实上也具有限制长期供给能力在短期内过快增长的作用。这一阶段政府紧缩需求的调控手段主要包括严格项目审批、收紧银行信贷、减少财政投资性支出等手段。由于此时公有制经济所占比重还很大，银行信贷管理还是实行的贷款额度管理，投资项目特别是大的投资项目审批权都在国家计划委员会或者省级计划委员会手中，政府通过红头文件通知和直接的计划管理手段，能够有效地将膨胀的投资需求迅速遏制住，虽然结果可能会带来经济"硬着陆"风险，但是仍然能够较有效地达到宏观调控目标。表 1-3 显示，1981 年、1986 年和 1990 年等经济增长率处于周期谷底的年份，资本形成总额对 GDP 的贡献率也达到谷底，1981 年为 -1.1%、1986 年为 15.2%、1990 年为 -54.2%。这表明政府紧缩需求时紧缩的主要是投资需求，并且力度往往超过预期，导致经济"硬着陆"。但是，由于政府对投资有着强大的控制能力，经济在"硬着陆"后，随着政府新一轮刺激投资需求政策的出台或者市场取向的体制改革的推进，又往往能迅速走向新一轮的周期性上升通道。这也表明，启动经济时采取的刺激投资虽然会导致长期供给能力的增加，但是由于供给短缺的存在，增加的供给能力能够被需求有效消化而不会导致产能过剩。这也能表明，此时政府采取的需求管理政策是符合供给长期变化趋势的，所以能够很好地将短期需求管理和长期供给管理完美结合，推进经济实现一轮接一轮的增长，这时政府需求管理的能力是比较强的。

20 世纪 90 年代以后，政府需求管理的能力明显减弱。这是由于中国逐渐由计划经济向市场经济转变，无论是对外开放程度、非公有制经济比重，还是可用于宏观调控的政策手段，都已经与改革开放的最初若干年不同，政府宏观调控能够直接利用的行政性手段已经减少，而市场性手段则受到政策传导机制有效性的制约。同时，经济不景气时市场性过剩特征也有不同程度的显现，政府扩大需求的政策带来的新的供给能力并不一定能够被需求有效消化，至少不能在短期被有效消化，使宏观调控的政策效果也大打折扣。1997 年东南亚金融危机的冲击使中国经济增速也出现了明显下滑，为了应对其不利影响，政府实行了基本类似于"双松"的财政货币政策，这次调控采取的主要是间接性手段，并且特别重视货币政策的作用。但是，由于冲击来自外部，并且受到人民币币值要保持稳定的制约，国内的政策很难对外部市场产生影响。银行由于没有中央银行的硬性信贷配额限制，也出现了"惜贷"的情况，致使1997年、1998年和1999年经济增速连续三年下滑，2000年才略有好转，2001年以后受"入世"的刺激，中国经济才再次步入增长快车道。这一次的宏观调控力度还是比较适当的，减少了经济波动的程度，静待"入世"和产业结构升级等新的发展机遇，来帮助摆脱经济困境并步入新的高速增长通道。不过，这次调控也从侧面表明，面对新的发展阶段和新的问题，政府需求管理的能力已经出现明显下降，已经无法通过政策刺激来启动一个新的增长周期了。

由于2009年大规模政策刺激的影响，地方债务规模迅速攀升，更进一步降低了政府需求管理的能力。2008年全球金融危机来势汹汹，中国政府试图用大规模的投资需求刺激计划来对冲其不利影响。但是，由于危机冲击来自外部，这种大规模的投资需求刺激无法直接作用于出口部门，只能助推投资品生产部门的投资热潮，虽然在总体上确实使中国避免了经济增速过快下滑局面的出现，但是由于供给结构受到严重扭曲，经济在出现反弹后再度掉头向下，需求管理政策没有发挥足够的稳定经济的作用。同时，最为严重的是，大规模的投资需求刺激计划使地方政府债务规模迅速扩大，使中国面对继之而来的主要由结构转换带来的经济周期性下行时，缺少了强有力的反周期的财政政策，通过需求管理维持经济平稳运行的能力进一步受到削弱。因此，面对经济增速的节节下滑，还需要努力寻找能够将短期需求管理和长期供给管理相结合的新的调控方法。

表 1-3　1978~2014 年中国资本形成总额与国内生产总值（GDP）的变动关系

单位：%

年份	国内生产总值同比实际增长率	最终消费对 GDP 的贡献率	资本形成总额对 GDP 的贡献率
1978	11.7	39.4	66.0
1979	7.6	85.1	18.1
1980	7.9	77.5	20.7
1981	5.1	88.7	-1.1

年份	国内生产总值同比实际增长率	最终消费对 GDP 的贡献率	资本形成总额对 GDP 的贡献率
1982	9.0	56.4	22.9
1983	10.8	75.7	32.3
1984	15.2	69.7	41.3
1985	13.5	71.1	79.9
1986	9.0	49.5	15.2
1987	11.7	41.1	26.5
1988	11.3	43.2	56.0
1989	4.2	83.5	−16.8
1990	3.9	81.0	−54.2
1991	9.3	61.7	37.9
1992	14.3	56.0	52.3
1993	13.9	57.8	52.5
1994	13.1	34.2	36.6
1995	11.0	46.1	46.7
1996	9.9	62.6	34.5
1997	9.2	43.2	14.6
1998	7.9	64.8	28.4
1999	7.6	87.1	20.4
2000	8.4	78.9	21.6
2001	8.3	48.6	64.3
2002	9.1	57.3	37.9
2003	10.0	35.8	69.6
2004	10.1	43.0	61.2
2005	11.4	55.0	32.3
2006	12.7	42.4	42.3
2007	14.2	45.9	43.4
2008	9.6	45.0	52.3
2009	9.2	56.8	86.0

年份	国内生产总值同比 实际增长率	最终消费对 GDP 的 贡献率	资本形成总额对 GDP 的 贡献率
2010	10.6	46.3	65.2
2011	9.5	62.8	45.4
2012	7.8	56.5	41.9
2013	7.7	48.2	54.2
2014	7.3	51.6	46.7

数据来源：中经网统计数据库（http://db.cei.gov.cn）。

二　当前经济周期的主要特点

当前中国处在经济周期何种阶段以及具有什么样的特点呢？应该说，这一轮经济周期是改革开放以来中国所面临的最漫长和最复杂的经济周期。之所以这样说，主要因为结构转换是引起这一轮经济周期的最根本的原因，还有上一阶段带有一定盲目性的过快发展形成的供给结构与现有甚至未来的需求结构错配严重，这些都加剧了经济周期下行的压力。正是由于以上这些原因，当前中国尚处于经济周期的衰退阶段，真正要过渡到新常态阶段，还应有 3~5 年的结构调整期。

（一）产能结构性过剩严重

自 2010 年以来，中国经济增长速度呈现逐年下降趋势，其中最直接的影响因素就是重化工业生产增速下降，部分重化工行业生产甚至出现萎缩。但是，与此相反的是，这些行业的产能却没有下降，甚至受前些年盲目扩大投资形成的新产能的影响，行业总的产能反而出现较大幅度的上升。钢铁、煤炭、水泥、平板玻璃等行业，都是典型的产能结构性过剩行业。

（二）需求不足型周期与供给过剩型周期叠加

2010 年以来经济出现周期性下行，最初源于房地产市场和出口市场需求的系统性下降，具有较为明显的需求不足型周期特征。但是，由于需求不足导致的产能过剩不仅没有随着时间而消解，甚至由于盲目投资带来新产能的增加而更加严重，需求不足和供给过剩的相互加强，使经济周期性衰退的程度更加严重。随着时间的推移，经济周期的需求不足型特征逐渐减弱，供给过剩型特征更加突出，治理经济周期的重点已不是如何启动需求，而演变成如何消减供给过剩。

（三）通货紧缩特征较为突出，工业企业赢利能力受到较大程度的侵害

作为"世界工厂"，中国经济的周期性变化对世界经济也产生了深刻影响，再加上世界经济的不景气，许多工业品价格和大宗商品价格都经历了深度下跌，对工业企业的赢利能力产生了明显影响。例如，由于受到需求减少和供给增加的双重影响，国际原油价格一落千丈，导致许多石油公司盈利急速减少。对于中国而言，石油行业本身尚不属于绝对过剩行业，但即使如此，在原油价格下跌的冲击下，石油企业盈利也比上年出现大幅下滑。煤炭生产企业则受到煤炭价格下跌和需求萎缩的双重冲击，亏损进一步加剧。

（四）经济周期呈现结构性危机特征，工业生产增速过快下滑，服务业发展基本平稳

中国服务业与工业的关系存在两面性，一方面存在相互依存的关系，另一方面存在相互替代的关系。在工业化快速推进时期，中国服务业发展速度比较快，但是相比工业化的速度仍然比较低，所以从产业结构上来看服务业发展总体滞后。目前，工业化快速推进的势头明显减弱，服务业发展也受到一定程度的影响，但由于社会资源用于工业发展的部分减少，可用于服务业发展的部分增加，服务业发展的波动远远小于工业，现在基本上已经停止向下调整，开始进入平稳发展的通道。因此，当前经济周期性衰退，主要表现为工业生产增速的大幅下滑，服务业发展则保持相对平稳，经济周期具有某种结构性危机的特征。

（五）经济运行中的杠杆率过高，企业负债上升和地方债务居高不下加剧金融风险隐忧

由于消费长期受到抑制，社会资源的大部分被配置在投资领域，一个直接的结果就是企业债务和地方政府债务居高不下。同时，由于部分行业面临的是需求趋势性的减少和产能的绝对过剩，这些行业中的很多企业难以通过未来的盈利来弥补亏损和偿付债务本息，这种债务累积带来的风险越来越大。工业生产下滑导致地方政府财税收入减少，土地财政也由于房地产市场的不景气而不可持续，地方政府偿债能力也难以得到有效提高。经济运行中的杠杆率过高，地方政府和企业又缺乏足够的偿债能力，只能通过债务延期或者举借新债来予以应对，系统性金融风险不断累积，成为经济平稳运行的最大隐忧。

（六）市场退出机制不畅，迟滞了经济复苏的进程

产业结构的较快转化可能会造成经济的周期性波动，但是当需求不足或者供给过剩出现以后，经济通常具有较强的自我修复功能，通过企业的优胜劣汰和兼并重组，使需求或供给达到新的平衡状态，企业也逐渐恢复正常的盈利水平。但是当国有企业大量存在时，或者政府为了维持就业稳定而对国有企业救助使其过度生产，或者国有企业管理者为了自身利益的需要违反企业利益最大化原则而继续举债亏损经营，使产能过剩问题迟迟不能解决，市场需求和供给难以尽快达到新的平衡点，就会延迟经济复苏的进程，使经济周期性衰退时间延长。当前，中国重化工行业存在的大量国有企业，有些企业的规模之大已经被政府视为关系国计民生的重要命脉，政府不仅无法下决心使其破产，甚至也不舍得让社会资本对之进行并购，这种市场退出机制的不畅影响了经济周期性的自我调整进程。

（七）结构转换导致的经济增速下滑抑制了经济复苏步伐

2010 年的经济周期已经主要表现为供给过剩的周期，有些行业由于面临需求的长期性、趋势性的回落，其供给过剩已经变成长期的绝对的供给过剩。根据中国以往经济周期的表现，要么是短缺经济条件下宏观调控政策的再度放松启动了新一轮的经济增长周期，要么是需求结构转换以及相应的产业结构转换助推经济走向复苏并最终达到新的更高增长水平。但是，当前政府的宏观调控早无重启经济增长新周期的能力，同时需求结构的转变以及相应的产业结构的转换并不会推动经济达到新的更高增长水平，反而会使其变得更低，从而不仅不会缩短经济复苏过程，反而会延长经济复苏过程。这主要是上一轮较快增长的终端需求需要更大程度的迂回生产来满足，而新一轮以服务业和高新技术产品为主的终端需求所需要的迂回生产的程度相对较低，从而带动的社会总需求的增长幅度也较为有限，降低了均衡增长率水平。

（八）局部地区受到经济增速下降的影响出现区域性经济风险

在本轮经济调整过程中，受到冲击最严重的行业主要是重化工行业以及相应的上游资源类行业，这直接导致我国东北地区、山西省和陕北地区等地方经济增速的大幅下滑，甚至多地出现了经济负增长，从而出现区域性系统经济风险。东北地区既是石油、矿产等资源大区，又是重工业的集

聚区，其他行业所占地区生产总值的比重又偏低，经济调整对该地区的冲击就显得格外严重，企业出现大面积亏损，不少企业的工人处于半失业状态，经济社会稳定受到了巨大威胁。同时，本轮经济调整也对部分出口行业产生了较严重的冲击，导致部分以出口型经济为主的地区经济增速大幅度下滑，亏损或破产的企业越来越多，对当地的财政收入、社会事业和房地产市场等也产生了较大的不利影响。温州和东莞等地区就属于这类情况，区域性系统经济风险都不同程度的存在。

三 供给侧改革：治理经济周期衰退的主要途径

当前中国经济周期性衰退的性质主要是供给过剩，带有很强的结构转换性质，治理这样的经济衰退需要更多有效的政策组合，无论是单一的需求管理还是单一的供给管理都不会产生预期的效果，而是要综合使用需求管理和供给管理等手段，既要避免需求的过度下滑，又要削减过剩的产能，同时还要通过供给结构的调整形成能够满足长期发展需要的新产能，并通过体制改革保证新产能可以顺利地自动创造出相对应的需求。

需求管理要灵活采用财政和货币政策，通过设定一定水平的赤字率适当扩大财政支出规模，配合以相对宽松的货币发行和信贷政策，保持经济运行环境的相对宽松，避免支出和债务的过度紧缩形成恶性循环以及由此带来的悲观预期。在利用需求管理保持相对宽松的财政货币环境的同时，更要重视供给管理，特别是要采取措施去库存和减产能，使有效供给能够基本适应有效需求，促使供给和需求在新的均衡点附近达到平衡，提升企业赢利能力，改善企业财务状况，逐步使经济摆脱衰退状态。更重要的是，供给管理还要重视促进服务业和战略性新兴产业的发展，通过消除抑制这些行业需求的不利因素以释放有效需求，通过财税和金融等政策鼓励这些行业供给能力的相应提升，并且要注意避免地区恶性竞争可能带来新的过剩产能，努力创造环境使这些行业成为带动中国经济步入新的增长周期的根本动力。

尽管供给管理是治理本轮经济周期衰退的主要途径，但是，供给管理并不同于需求管理，后者更多地采用"相机抉择"的策略，通常能够根据某一阶段经济波动的具体特点对财政货币政策进行灵活调整，而且以往阶段的改革也使相关的政策操作工具和政策传导机制基本得到完善，然而供给管理更多依赖长期体制安排，除了部分尚需要商榷的行政性手段之外，还需要借助更深层次的甚至是系统性的体制改革，才能破除影响供给管理有效性的障碍性因素，即使是一些短期性的政策性的供给管理措施，很多时候也需要更为畅通更为合理的体制安排才能达到其所预期的目标。正因为如此，供给管理还需依赖更为彻底的供给侧改革才能充分发挥有效应对当前经济衰退的作用，并促进经济的早日复苏和步入新的增长通道。

第二章　新常态下的供给侧改革：
背景与意义

第一节　中国"新常态"经济的主要特征

2008 年全球金融危机爆发以来，中国经济增速先是出现急剧下滑，接着在大规模刺激政策作用下开始迅猛回升，继而又逐步下探，并延续至今。尽管这一轮经济周期波动持续的时间已经长达 6 年，但是各方关于这轮经济周期性质的争论却远未停息，特别是关于这一轮经济周期究竟是供给周期还是需求周期，更是众说纷纭，并影响到对未来经济走势的判断和把握。本部分试图在展现各主要经济指标走势的基础上，深入探讨中国"新常态"经济的主要特征，准确把握供需之间的变化关系。

一　宏观调控四大目标的再平衡

促进经济增长、稳定物价、增加就业和保持国际收支平衡是宏观经济调控的四大目标。随着中国经济形势的变化，宏观调控目标变量的走势和彼此之间的关系也正在发生深刻的变化，从而使当前经济呈现出越来越突出的"新常态"的特征。

（一）宏观调控目标变量的走势变化

1. 经济增长由"超高速"向"中高速"转换，逐步逼近长期潜在水平

改革开放以来，中国经济尽管经历了几次较大幅度的波动，但是总体保持着高速增长的态势。1978 ~ 2014 年，中国国内生产总值平均增速达到 9.7%，人均国内生产总值平均增速也达到 8.6%。图 2 – 1 描绘了 1978 ~ 2014 年中国经济增速的变化情况。从图 2 – 1 中我们可以看出中国经济经历

了四次大的周期波动，分别形成了四个较明显的波谷。第一个波谷出现在1981年左右，第二个波谷出现1990年左右，第三个波谷出现在1999年。第一个波谷的出现是政府为遏制急剧上升的通货膨胀而主动从严调控的结果；第二个波动的出现则是受政治风波和国际环境影响的结果；第三个波谷的形成主要由外部冲击所致，即中国经济受到1997年东南亚金融危机的不利影响；第四个波谷开始形成于2012年，2012年和2013年经济增长率都为7.7%，2014年经济增长率略微下降至7.3%。第四个波谷形成的原因较前几次波谷的形成更为复杂，既有外部冲击方面的原因，更有结构调整方面的原因。而且，随着时间的推移和中国经济发展特征的变化，第四个波谷的性质也正在发生变化，即逐渐成为新一轮经济增长的区间中枢，从而标志着中国经济增长将由过去30余年的"超高速"向"中高速"转换。从这个意义上来说，当前相对较低的经济增速，或许正在逼近其长期潜在水平，并成为中国经济"新常态"的一个最基本特征。

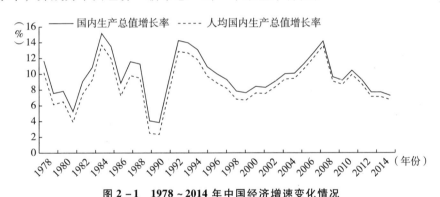

图 2 - 1 1978～2014 年中国经济增速变化情况

数据来源：中经网统计数据库（http://db. cei. gov. cn）。

2. 物价水平结构性分化，通货膨胀更多体现为成本推动而非需求拉动

2012年以来，物价水平走势呈现出诸多新的特征。1978～2014年CPI和PPI的平均涨幅分别为5.1%和3.8%，2012～2014年CPI和PPI的涨幅分别为2.4%和－1.8%。在新的阶段，不仅居民消费价格指数（CPI）和工业生产者出厂价格指数（PPI）涨幅持续明显低于平均值，而且CPI和PPI呈现出涨跌反向分化的态势，后一特征直接导致CPI和PPI涨幅差距扩大至4.2个百分点，远高于0.9个百分点的历史均值。CPI和PPI之间的走势分化，很大程度上是由于影响物价走势的基本因素发生了变化，即由需求拉

动转化为成本推动。2012 年以来，中国经济增长逐渐进入由"超高速"向"中高速"过渡的换挡期，需求趋于疲弱，导致 CPI 和 PPI 的涨幅双双回落，PPI 甚至由此进入负增长区间。然而，由于经济发展阶段特征的变化，以及房地产资产价格的高企，中国劳动力成本和商业租金等成本升高，从而使 CPI 的涨幅回落速度远低于 PPI。而且，成本推动也将成为未来一段时期中国通货膨胀的基本特征。

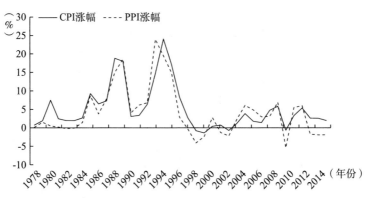

图 2 - 2　1978 ~ 2014 年中国物价水平变化情况
数据来源：中经网统计数据库（http://db. cei. gov. cn）。

3. 城镇失业率将继续维持低位水平，但结构性失业现象将有所加重

图 2 - 3 描述了中国改革开放以来至今的城镇登记失业率的变化情况。从图 2 - 3 中不难看出，中国城镇登记失业率存在先降后升继而趋于稳定的这样一种趋势。由于改革开放带来的经济高速增长，城镇登记失业率在 20 世纪 80 年代初出现较快速的下降。但是，随着市场化的推进，国有企业破产和职工下岗现象日趋严重，逐渐抬升了城镇登记失业率，2003 年达到 4.3% 的峰值，此后逐渐趋于稳定。2011 年以来尽管中国经济增长率不断走低，但失业率并没有明显上升，甚至还低于之前许多年份的失业率。2012 ~ 2014 年中国城镇登记失业率都只有 4.1%。经济增长的放缓并没有明显影响失业率，主要是因为城市化进程中经济波动对劳动力的影响更多体现在新增城镇就业人员的多少方面，而不会对城镇失业率产生明显影响，特别是当经济波动对经济增长的劳动力吸纳能力没有产生大的影响时更是如此。图 2 - 4 就表明了这一点，即 2012 年、2013 年和 2014 年中国新增城镇就业人员分别达到 1188 万人、1138 万人和 1070 万人，虽然较 2009 ~ 2011 年新增城镇就业人员略有减少，但仍高于 2008 年以前的水平，从而表明当前经

济增速的下滑对城镇失业率的影响仍是比较微弱的。尽管如此，中国结构性失业问题将有所加重，特别是应届大学毕业生和农民工群体。应届大学毕业生就业难主要受大学教育专业结构与市场需求结构脱节的影响，而且过于理想化的就业理念也加剧了摩擦性失业；农民工则受城市化成本上升的影响，越来越多地倾向于选择本地就业，然而由于本地就业又不充分，半失业问题会越来越突出。

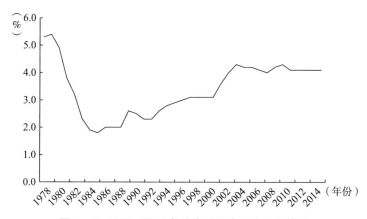

图 2 - 3　1978～2014 年城市登记失业率变化情况

数据来源：中经网统计数据库（http：//db. cei. gov. cn）。

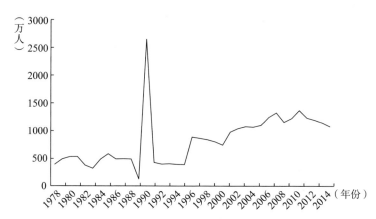

图 2 - 4　1978～2014 年新增城镇就业人员变化情况

注：此处的新增城镇就业人员数指年末城镇就业人数比上年末城镇就业人员数的增加数，下文如无特殊说明，新增城镇就业人员数均与此为同一口径。

数据来源：中经网统计数据库（http：//db. cei. gov. cn）。

4. 国际收支"双顺差"局面将维持,但"双顺差"规模将逐渐缩小

2014 年底,中国外汇储备规模达到 38430.18 亿美元,是 2000 年的 1655.7 亿美元的 23.1 倍,年均递增 25.1%。图 2-5 描述了 1978~2014 年外汇储备增加额的变化情况。外汇储备规模的急剧扩大主要源于贸易收支和外商直接投资的"双顺差"。20 世纪 80 年代,中国货物和服务贸易尚有 5 个年度存在贸易逆差,20 世纪 90 年代以后则一直存在贸易顺差,并在 2008 年达到 3488.3 亿美元的历史最高点;直接投资差额一直为顺差,并在 2011 年达到 2316.5 亿美元的高点。2000~2014 年,货物与服务贸易顺差、直接投资顺差分别保持了年均递增 17.7% 和 13.0% 的增长速度。正是中国长时期持续的巨额"双顺差"推动外汇储备规模的不断扩大。图 2-6 描述了 1984~2014 年货物和服务贸易、直接投资差额的变化情况。

尽管如此,这一状况正在悄然发生改变,中国还将继续维持"双顺差"的状态,但是"双顺差"的增长速度将逐渐放缓,并且"双顺差"的规模也可能逐渐缩小。2008~2013 年,中国外汇储备规模年均增速已经放缓至 12.0%,特别是 2014 年外汇储备规模增速大幅放缓至 0.57%;货物与服务贸易顺差则在 2000 亿~3000 亿元的区间震荡,已经看不出明显的增长趋势;2014 年直接投资顺差虽然高于 2008 年,但是仍然低于 2011 年的规模。这表明,中国国际收支的状况正在逐渐发生一些新的变化。

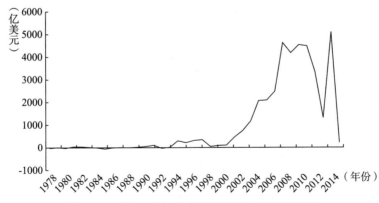

图 2-5　1978~2014 年外汇储备增加额变化情况

数据来源:中经网统计数据库(http://db.cei.gov.cn)。

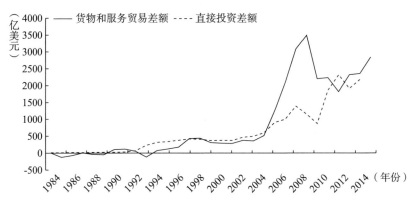

图 2 - 6　1984 ~ 2014 年货物和服务贸易、直接投资差额变化情况

数据来源：中华人民共和国统计局网站（http://www.stats.gov.cn）。

（二）宏观调控目标变量的关系变化

1. 服务业发展速度相对提升，单位经济增长率的就业带动能力趋于增强

尽管走向"新常态"的中国经济的增长速度会有所放缓，但是，由于两个方面的原因，中国的就业问题并不会出现恶化：一是当前中国经济总规模已经十分巨大，每一个百分点的增长率带动就业的能力增加；二是服务业的发展速度相对于第二产业有所上升，有效缓冲了经济增长放缓对就业的不利影响。图 2 - 7 描述了 1980 ~ 2014 年单位经济增长率的就业带动情况。1979 年单位经济增长率拉动的新增城镇从业人员为 67.1 万人，到 2001年为 117.1 万人，2013 年则上升到 147.2 万人。其间，第三产业增加值单位增长率对应的从业增加人数更是由 1979 年的 36.5 万人上升到 220 万人。图 2 - 8 则描述了不同时期单位经济增长率的平均就业带动情况。单位经济增长率带动的平均新增城镇从业人数在 1978 ~ 2014 年为 85.1 万人，2009 ~2014 年则为 139.6 万人；第二产业增加值单位增长率对应的平均从业人数1978 ~ 2014 年为 40.2 万人，2009 ~ 2014 年则为 45.9 万人；第三产业增加值单位增长率对应的平均从业人数 1978 ~ 2014 年为 68.7 万人，2009 ~ 2014 年则为 118.5 万人。第三产业不仅吸纳就业的能力远高于第二产业，而且吸纳就业能力的增长速度也高于第二产业。图 2 - 9 则表明了第二三产业增加值的增速比值也在发生变化，第二产业增加值增速近年已经出现低于第三产业增加值增速的趋势。

2. 投资过热的倾向将得到抑制，经济增长的通货膨胀效应将降低

中国通货膨胀既有来自供给方面的因素，即部门劳动生产率差异导致

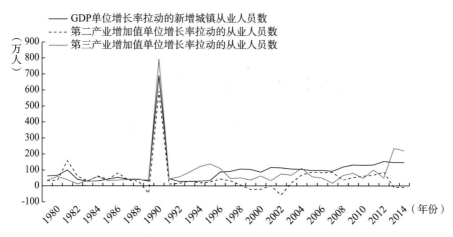

图 2-7 1980～2014 年单位经济增长率的就业带动能力

数据来源：中华人民共和国统计局网站（http://www.stats.gov.cn）。

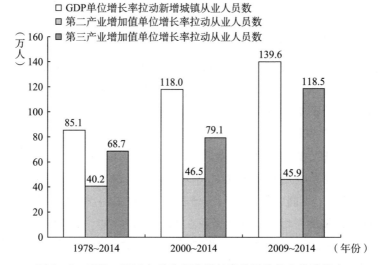

图 2-8 1978～2014 年单位经济增长率的平均就业带动能力

数据来源：中华人民共和国统计局网站（http://www.stats.gov.cn）。

服务和农产品部门价格的上涨，也有来自需求方面的因素，即主要由于投资过热导致的原材料和产成品价格的上升。其中，投资过热带来的通货膨胀更容易在短时期内爆发，其剧烈程度和负面影响也是最大的。图 2-10 描述了投资与物价的变化走势对比情况。从图中不难看出，全社会固定资产投资增速无论与居民消费价格增速还是工业生产者出厂价格增速都存在着较明显的

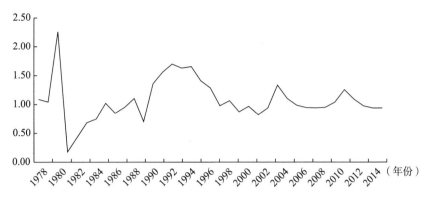

图 2 - 9　1978 ~ 2014 年第二三产业增加值的增速比值

数据来源：中华人民共和国统计局网站（http://www.stats.gov.cn）。

变化一致性。2014 年，中国固定资产投资增速已由 2003 ~ 2010 年的平均增速
26.1% 下降到 15.2% 。未来中国经济增速将由"超高速"向"中高速"转换，
其中的一个基本特征将是由投资驱动型发展模式向消费带动型发展模式转换，
投资增速过高的局面将得到扭转，从而通货膨胀的压力也将趋于降低。

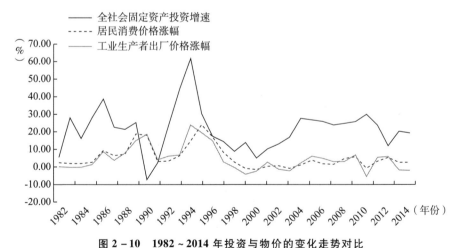

图 2 - 10　1982 ~ 2014 年投资与物价的变化走势对比

数据来源：中华人民共和国统计局网站（http://www.stats.gov.cn）。

3. 内需日益成为推动经济增长的主要因素，对外贸易依存度将持续降低

中国的发展离不开对外开放，外商投资和对外贸易曾是推动中国经济
迅速摆脱贫困、步入高速发展之路的主要动力之一。然而，随着中国国际
收支顺差的巨额累积和对外贸易依存度（对外贸易额与 GDP 的比率）的急

剧上升，不仅国际经济失衡矛盾和国际贸易摩擦加剧，而且中国自身经济发展的稳定也受到严重威胁。当前，中国经济正在向"新常态"状态转变，过去那种过度依赖对外开放的趋势正在发生逆转，内需日益成为推动经济增长的主要因素，国际收支顺差占 GDP 的比重和对外贸易依存度也将持续降低，中国经济运行的稳定性进一步增强，外部风险逐渐减少。从图 2 – 11 不难看出，国际收支占 GDP 的比重、对外贸易依存度分别在 2007 年和 2006 年达到最高点后，便开始呈现出逐渐走低的新趋势。其中，国际收支占 GDP 的比重由 2007 年 1.74% 降低到 2014 年的 0.034%，对外贸易依存度由 2007 年的 65.2% 降低到 2014 年的 41.5%。

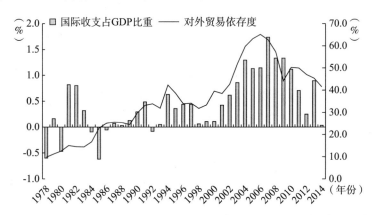

图 2 – 11　1978 ~ 2014 年中国国际收支占 GDP 比重与对外贸易依存度的变化
数据来源：中华人民共和国统计局网站（http://www.stats.gov.cn）。

二　社会需求的变化状况

（一）总需求增速将略有放缓，但稳定性将进一步增强

中国经济在迈向"新常态"时，总需求的增长速度将会有减缓，这主要是由对外贸易增速下降和重工业化进程趋缓等因素决定的。图 2 – 12 描述了 1982 ~ 2013 年投资、消费和净出口三大需求增长变化的状况。图 2 – 12 显示，2009 年以来三大需求的增长速度都有一定程度的放缓，同时消费和投资增速的差距也在逐渐缩小。投资增速的放缓和消费增速的相对加快，将有利于经济的稳定运行。

（二）需求结构将持续优化，消费在扩大内需中的作用将不断提升

由于三大需求增速的涨落幅度不一，需求结构也将发生较大变化。净

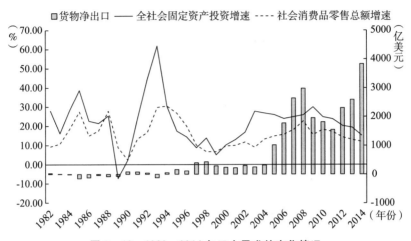

图 2 - 12 1982 ~ 2014 年三大需求的变化情况

数据来源：中经网统计数据库 （http：//db. cei. gov. cn）。

出口对经济增长的贡献率 2005 年曾经高达 22% ，但 2011 ~ 2013 年连续三年转为负值，外需在总需求中的作用开始削弱。相反，消费对经济增长的贡献率 2003 ~ 2007 年基本维持在 40% 以下，2008 ~ 2010 年则维持在 50% 以下，但 2011 ~ 2014 年已经上升到 50% 以上，消费在扩大内需中的作用明显上升。图 2 - 13 详细描述了 1982 ~ 2014 年三大需求对国内生产总值的贡献率的变化情况。

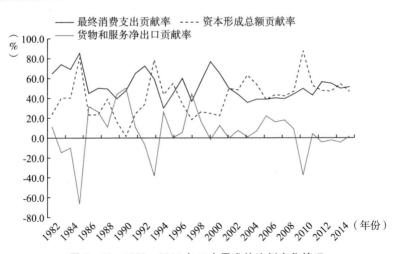

图 2 - 13 1982 ~ 2014 年三大需求的比例变化情况

数据来源：中经网统计数据库 （http：//db. cei. gov. cn）。

三 社会供给的变化状况

（一）总供给受需求结构转换影响增速出现下降，但全要素生产率将有所提高

由于需求总量增速放缓，以及需求结构的转换，中国总供给增速出现了下降，特别是第二产业增加值增速下降更为明显。图 2-14 显示，第二产业和第三产业增加值的增速自 2010 年以来都出现了明显的下降，特别是第二产业增加值增速 2014 年比 2010 年下滑了 5.37 个百分点，第三产业增加值增速下滑较为温和，但也回落了 1.84 个百分点。尽管如此，由于低廉劳动力的大量使用和重工业化对资本的过量吸纳，过去相当长一段时期中国全要素生产率都较低，而走向"新常态"阶段的中国经济，服务业和高新技术行业将会得到更大的发展，从而全要素生产率将有所提高。

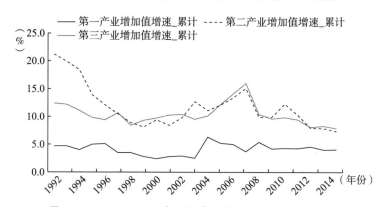

图 2-14 1992～2014 年三次产业增加值的增速变化情况

数据来源：中经网统计数据库（http://db.cei.gov.cn）。

（二）城市化和工业化差距将缩小，有利于第三产业的发展和供给结构的轻型化

对外贸易和房地产的发展使工业化程度迅速提高，但是由于户籍制度和社会保障体制的制约，中国城市化严重滞后，从而使服务业发展相对缓慢。在走向"新常态"过程中，一方面受益于户籍制度的改革和社会保障体制的完善，另一方面由于对外贸易发展和重工业化进程趋缓，中国城市化进程将进一步加快，服务消费将得到提升，从而生活服务业发展会加快。同时，随着中国现代生产服务业竞争力的提高，现代服务业发展也会加快。

以服务业为主导的第三产业的较快发展，将明显推动中国供给结构的轻型化。图 2 - 15 和图 2 - 16 描述了三次产业、工业增加值和建筑业增加值占 GDP 比重的变化情况。

图 2 - 15 1978 ~ 2014 年三次产业增加值占 GDP 比重变化情况

数据来源：中经网统计数据库（http://db. cei. gov. cn）。

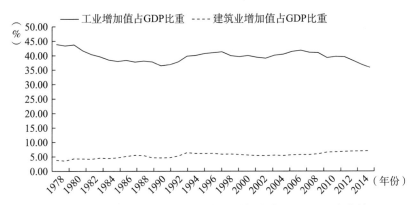

图 2 - 16 1978 ~ 2014 年工业和建筑业增加值占 GDP 比重变化情况

数据来源：中经网统计数据库（http://db. cei. gov. cn）。

四　供需关系变化与影响因素

在新的历史时期，社会供给和社会需求的增长速度会略有下滑，但是供需矛盾会趋于缓和，经济结构的协调性进一步增强，经济运行的稳定性将逐渐提高。

（一）"三化叠加"带来的需求效应逐渐衰减，供给结构性过剩将成经济"新常态"

伴随着中国住房制度改革和加入 WTO，2000 年以后中国经济开始进入一个持续保持两位数的高速增长阶段。这一时期，以对外出口贸易迅速增长为特征的全球化、以房地产大规模开发为核心的城镇化、以固定资产投资为动力的重工业化的"三化叠加"，促进了中国"大投资""大开放"格局的形成，旺盛的需求刺激着各行各业的发展热情，带动了中国经济的高速增长。正是对外出口贸易和投资带来的旺盛需求的大幅增长，使得中国经济维持多年的高速增长。然而，当前阶段这些因素的影响都逐渐减弱。对外贸易的趋势性下降、重化工企业的产能过剩和地方政府债务及居民债务增加，分别限制了出口、工业投资、房地产投资的较快增长。这些因素都表明"三化叠加"时代的那种旺盛的需求已经不可能再出现。不仅如此，由"三化叠加"旺盛需求刺激带来的加工贸易产能和重工业产能，由于要素成本和需求结构的变化，也出现了结构性过剩趋势，部分过剩产能可以由逐渐增长的需求来消化，但也有部分产能特别是低附加值的加工出口行业的产能会长期过剩，只能伺机退出或转移。

（二）体制改革增强市场决定性作用，投资"潮涌"效应趋弱将抑制需求过度波动

过去相当长一段时期，政府对经济干预过多，国有企业行为市场化程度不足，导致地方政府和国有企业为了 GDP 或企业规模产生投资冲动，特别是在"三化叠加"的时代更是引起投资"潮涌"现象的出现，并在经济"退潮"之时带来严重的产能过剩问题。在新的历史时期，随着经济体制改革的深入推进，市场决定性作用将大为增强，地方政府对 GDP 规模的追求热情将得到抑制，国有企业经理人经营行为将受到更严格的约束，从而由投资冲动带来的投资"潮涌"效应和需求过热现象也将受到削弱，使需求变得更为平滑，对供给的冲击也会减轻，供需矛盾在相当程度上会得到缓解。

（三）"萨伊定律"适用性增强，供给创造需求能力上升将会有效化解供需内在矛盾

中国经济的转型升级和迅速推进的体制改革，将会显著降低市场的各类交易成本和寻租成本，科技创新能力也将进一步增强，从而企业供给能力将进一步释放，产品生产成本和销售价格会趋于下降，进而会创造出更多的需求，"萨伊定律"所谓供给创造需求的论断，将更多地在新的历史时期得到验证，会有效化解供需矛盾带来的经济波动。同时，中国要素供给状况的变化，将推动中国产业结构发生重大的变化，特别是将推动服务业在 GDP 中的比重进一步上升。中国对外贸易增速的放缓，将一定程度上减轻国内储蓄用于国外消费的程度，并将资源更多地用于国内生产。由于当前中国制造业的生产能力已经足够供给国内消费，但是服务产品供给还相对不足，从而资源将更多流向服务业生产，服务业在国内产出中所占的比重将进一步提升。服务业比重的上升将使国内居民获得更大的消费效用，经济增长的质量和效益也会有所提高。由于服务产品的供给和需求具有不可分割性，供需脱节的矛盾较小，也会削弱供需内在矛盾，保障经济的平稳运行。

第二节　走向"新常态"过程中的主要矛盾

以上章节分析表明，中国"新常态"阶段的经济，主要特征是经济维持中高速增长，人口红利消失导致劳动力供给减少，要素成本上升伴随着低附加值产品国际竞争力的减弱，投资逐渐让位于消费，消费成为社会需求的主要组成部分，第二产业发展速度及其占 GDP 比重全面低于第三产业，经济增长特别是人均收入增长不能再依赖规模扩张和结构转换而是更多依赖技术创新。然而，当前中国经济的持续调整，以及产能结构性过剩、房地产库存高企、企业利润下降和金融风险隐患犹存等久拖不决的问题，严重影响了中国经济向"新常态"阶段的顺利转换。同时，由于中国经济发展战略和经济体制没有及时得到调整，这些问题的有效解决也遇到各种困难，形成了过渡时期各种错综复杂的矛盾。对有关主要矛盾进行深入分析，探讨这些矛盾的性质和根源，有利于对供给侧改革的必要性形成更深入更全面的了解。

一　结构性供给过剩与市场退出机制不畅的矛盾

产能结构性过剩是近年受到社会广泛关注的一个突出问题。表 2-1 列举了部分工业产品销量的变化情况。表 2-1 显示，2015 年前三季度，多项产品销量与上年同期相比均出现超过 10.0% 的跌幅，国有经济比重大的行

表 2 - 1   2015 年前三季度部分产品销量同比变化情况

项目	单位	变动数量	变动率（%）
水泥销售量	万吨	- 9780.2	- 5.5
平板玻璃销售量	万重量箱	- 4953.2	- 8.6
线材（盘条）销售量	万吨	- 354.0	- 3.1
金属切削机床销售量	万台	- 7.6	- 11.9
摩托车销售量	万辆	- 150.6	- 7.7
两轮脚踏自行车销售量	万辆	- 395.1	- 8.8
基本型乘用车（轿车）销售量	万辆	- 75.5	- 7.7
家用电冰箱销售量	万台	- 158.5	- 2.2
小型拖拉机销售量	万台	- 23.4	- 18.6
房间空气调节器销售量	万台	- 247.0	- 2.0
家用吸排油烟机销售量	万台	- 21.8	- 1.1
微型计算机设备销售量	万部	- 2571.4	- 10.5
数字激光音、视盘机销售量	万台	- 1119.3	- 8.1
组合音响销售量	万部	- 2298.7	- 23.8
照相机销售量	万台	- 257.1	- 10.8

数据来源：中经网统计数据库（http：//db. cei. gov. cn）。

业如水泥、平板玻璃、线材（盘条）等行业的产品销售量也出现了较为明显的跌幅。行业销量的下滑表明该行业的需求在萎缩，现有产能相对于销量而言已经呈现出过剩的特征。在正常状态下，销量一定程度的下降对行业发展并不产生非常明显的影响，但是当一方面销量下降，另一方面还有大量的在建产能存在时，新增加的产能过剩并不能被市场消解，产能过剩就只能越来越严重。同时，如果产品销售价格也有较大幅度的下滑，企业较大范围亏损的局面就会形成。如果市场退出机制健全，亏损严重的企业将被市场淘汰，或者被兼并，或者申请破产，产能逐步恢复到与市场需求相一致，价格也会逐步回升到正常水平，供需再次达到平衡。但是，如果市场退出机制不健全，亏损企业不仅在盈亏平衡点下继续维持生产，甚至在平均流动成本之下也会维持生产，因为这样获得的现金流不仅可以用来偿还银行贷款，而且还可以发放工人工资。有这种做法的通常都是国有性质的企业，因为它们的经营目标在很大程度上与企业利润最大化的经营目标不同，更可能是稳定就业和缴纳税收。然而，长此以往，这种不遵循市场规则的做法就会带来非常严重的后果：一是增加了市场过度供给，进一步压低了市场价格，对根据市场规则进行生产的企业产生巨大的压力，甚至迫使它们退出市场，出现"劣币驱逐良币"的现象，降低资源配置效率；二是亏损生产不得不依靠银行贷款来维持，银行短期可以获得利息流，但长期不良贷款率将上升，产生金融系统风险；三是大批上市公司亏损，不利于股市的稳定运行，对企业整体融资环境造成损害；四是长期的巨额亏损将造成国有资产的持续损耗，不利于国有资产的保值增值。

当前市场退出机制不畅的主要原因有：一是国有企业经营目标并非真正意义上的利润最大化，导致亏损企业不能及时退出市场而出现过度亏损生产；二是地方政府为了稳定就业和增加税收，采取地区不正当竞争的手段，过度补贴或者鼓励部分亏损企业继续生产，错失企业退出的良机；三是盲目预期中国经济长期增长仍会再次带来市场繁荣，导致生产经营决策错误。其中，国有资产监督者对国有经济萎缩的担心和国有企业经营目标的异化，是导致市场退出困难并造成产能结构性过剩的最主要原因。

二　财务去杠杆与现金流不足的矛盾

2008 年全球金融危机爆发以前，经济的繁荣发展和城市房地产市场狂飙突进，对未来的盲目预期使地方政府和很多企业大肆借债用于扩大建设投资。2009 年为了应付突如其来的世界金融危机的冲击，中国又进行了大规模的政策刺激，地方债务规模急剧扩大，企业投资规模再上一个新台阶。但是，此时中国经济已经到了一个阶段性的拐点，出口市场和房地产等终端需求已经出现趋势性反转，大规模的政策刺激带来的经济反弹仅仅是昙花一现。然后中国经济便陷入持续的调整期，经济增速放缓，产能结构性过剩，房地产库存高企，企业利润下降，地方政府债务和企业债务得不到有效化解，只能依靠借新债还旧债或者延长偿债期将问题无限期地拖延下来，经济运行中的"高杠杆"及其带来的隐形金融风险挥之不去，对中国宏观经济稳定造成重大的潜在威胁。正视"高杠杆"所带来的问题，并及时予以有效化解，对促进中国经济向"新常态"顺利过渡、避免可能的金融风险对中国经济的不利冲击，是一件非常重要而不得不为之的艰巨任务。

关于全国地方政府债务规模并没有特别准确的数据。楼继伟在博鳌论坛发言时指出，中国的债务率（整体债务占 GDP 比重）不超过 40%，按照这一标准推算，2014 年底全国债务规模不超过 25.4 万亿元，其中中央债务 9.6 万亿元，地方政府债务规模上限应该是 15.8 万亿元。根据 2013 年政府债务审计结果，2013 年 6 月底地方政府负有偿还责任的债务 10.9 万亿元，负有担保责任的债务 2.7 万亿元，可能承担一定救助责任的债务 4.3 万亿元。但是，2014 年全年公共财政收入只有 75876.58 亿元，并且民生支出的任务也日益加重，地方政府偿还债务的压力非常大。而且，地方财政增速也呈放缓之势，进一步增加了地方政府偿债压力。图 2 - 17 显示，自从 2011 年达到 29.4% 的高点之后，地方财政收入（本级）增速就呈现一路下滑趋势，预计 2015 年全年将下降到只有 5.3% 左右。现金流的不足将导致地方政府债务"去杠杆"的任务艰巨而复杂。

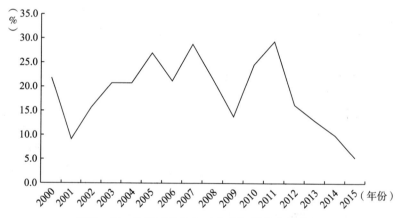

图 2 - 17　地方财政收入（本级）增速变化情况

注：2015 年数据为预计数。

数据来源：中经网统计数据库（http://db.cei.gov.cn）。

至于企业负债变动的情况，可以参考图 2 - 18，图中数据显示，相比全球金融危机前的 2007 年，2014 年几类重化工行业规模以上大中型工业企业资产负债率都有较大幅度的攀升，黑色金属矿采选业，石油加工、炼焦和核燃料加工业资产负债率都上升了 10 个百分点以上。然而，在资产负债率上升的情况下，很多企业利润总额却出现了下降。图 2 - 19 描绘了全国规模以上大中型工业企业的利润总额增速变化情况。图 2 - 19 显示，全球金融危机之后，除了 2010 年受到大规模政策刺激而利润总额大幅增长外，其余年份增速都维持在一个较低的水平，其中 2014 年只有 0.33%，2015 年转为负增长，下降了 6.5%。其中，2014 年煤炭开采和洗选业，石油和天然气开采

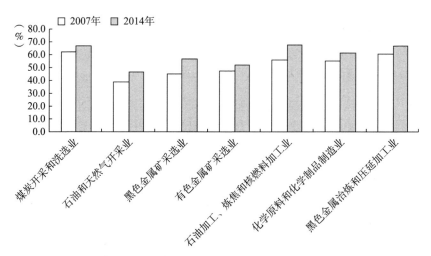

图 2 - 18　部分行业规模以上大中型工业企业资产负债率变化情况
数据来源：中经网统计数据库（http://db.cei.gov.cn）。

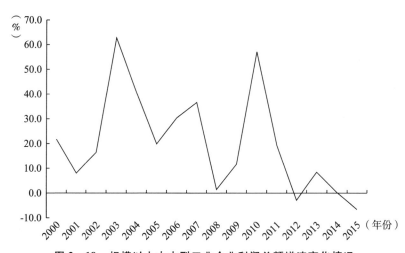

图 2 - 19　规模以上大中型工业企业利润总额增速变化情况
注：2015 年数据为预计数。
数据来源：中经网统计数据库（http://db.cei.gov.cn）。

业，黑色金属矿采选业，有色金属矿采选业，石油加工、炼焦和核燃料加工业，化学原料和化学制品制造业，黑色金属冶炼和压延加工业利润总额比 2011 年都出现了下降，分别下降 2775.5 亿元、1177.31 亿元、149.39 亿元、174.03 亿元、319.01 亿元、132.94 亿元和 532.25 亿元，其中石油加工、炼焦和核燃料加工业甚至出现了 111.0 亿元的亏损。企业资产负债率的上升，以及企业赢利能力的下降，使企业在"去杠杆"过程中也面临着诸多困难。

三 住宅去库存与居民需求不足的矛盾

1998 年住房制度改革后，房地产获得了快速发展，住宅供给大幅增加，在很大程度上满足了居民对住宅的迫切需求。然而，房价走高带来的行业暴利，使地方政府和房地产开发企业逐渐走向盲目开发建设之路，特别是随着住宅价格的上涨，以及城镇化速度的放缓，住宅库存呈现逐渐攀高趋势，中小城市库存更是严重，房地产开发企业经营困难，银行也面临越来越大的违约风险。这些问题急需中央和地方政府采取更加有效的措施予以化解。图 2 - 20 描述了房地产开发企业住宅竣工套数与城镇新增就业人员比率的变化情况。从图 2 - 20 不难看出，城镇新增就业人员数远远赶不上房地产开发企业住宅竣工套数，1999 年城镇新增就业人员平均对应的住宅竣工套数只有 0.24 套，但到 2014 年已经上升到 0.72 套。如果一个三口之家有两个人就业，这一比值意味着该三口之家可以拥有 1.44 套新竣工住宅，住宅从供给不足到供给过剩的趋势由此可见一斑。房地产开发企业经营困难也可以从表 2 - 2 中的有关数据看出来。房地产开发企业住宅竣工率 2015 年下滑到了14.0%，意味着在施工住宅建设工期延长，这反映了住宅需求增长远远无法消化巨大的住宅供给。再看房地产开发企业住宅施工套数与销售套数比率，这一比率 2005～2007 年都小于 3，2014 年和 2015 年分别达到 5.1 和 4.8，意味着在每年住宅销售量不变的情况下，在建住宅如果要全部销售出去，大概要用 5 年左右的时间。这些只是全国数据，事实上地区因素也对住宅库存状况有重要影响，主要表现在部分大城市人口增长较快，住宅库存去化速度较快，而诸多中小城市人口增长缓慢，去库存需要的时间会更加漫长。

当前，为了防范金融系统风险，住宅去库存已经成为一件十分紧迫的任务，然而，至少有三个方面的因素制约着住宅去库存的顺利推进：一是居民购买住宅的支付能力偏弱。房价收入比过高，直接制约着居民购买住宅的支付能力，而且前些年房价上行也已诱使有一定支付能力的居民提前甚至超前住宅消费，面对高房价，真正具有住宅购买能力的群体较此前已经大幅减少。二是城镇新增就业人员增速放缓，2014 年以来甚至出现绝对下降，新增住宅需求数量也少于往昔，对居民住宅需求的提升也产生了负面影响。三是房价偏高和城镇新增就业人员的减少，还强化了房价下行预期，也使部分具有投资意愿的人群丧失购买住宅的动力。这几方面问题的存在，严重抑制了居民住宅需求，不利于住宅去库存的进程。

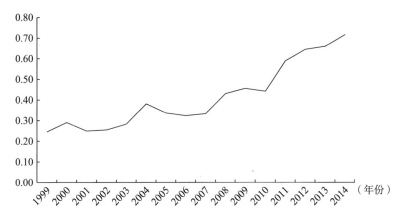

图 2 - 20　房地产开发企业住宅竣工套数与城镇新增就业人员比率

数据来源：中经网统计数据库（http://db.cei.gov.cn）。

表 2 - 2　房地产开发企业住宅建设和销售情况

年份	房地产开发企业建筑施工套数_住宅（万套）	房地产开发企业竣工套数_住宅（万套）	房地产开发企业房屋销售套数_住宅（万套）	房地产开发企业竣工率_住宅（%）	房地产开发企业住宅施工套数与销售套数比率	房地产开发企业住宅销售套数与竣工套数比率
2005	1144.76	368.25	423.54	32.2	2.7	1.15
2006	1397.40	400.53	504.91	28.7	2.8	1.26
2007	1716.12	440.12	625.13	25.6	2.7	1.42
2008	2102.50	493.92	556.58	23.5	3.8	1.13
2009	2446.00	554.89	804.05	22.7	3.0	1.45
2010	3098.85	601.98	881.75	19.4	3.5	1.46
2011	3950.01	721.92	913.97	18.3	4.3	1.27
2012	4407.62	764.24	944.64	17.3	4.7	1.24
2013	4916.67	749.31	1104.63	15.2	4.5	1.47
2014	5178.19	765.94	1010.44	14.8	5.1	1.32
2015	5270.36	738.83	1108.24	14.0	4.8	1.50

注：房地产开发企业建筑施工套数_住宅数据以及全部 2015 年数据都是根据相关数据估算。

数据来源：中经网统计数据库（http://db.cei.gov.cn）。

四 公共服务均等化与财政收入增速放慢的矛盾

随着中国经济社会的发展，居民对于公共产品和公共服务的消费需求日益提升，教育、科技、文化、卫生、体育和公共交通在人们生产生活中占据了越来越重要的位置。但是，由于中国经济地区和城乡发展的不均衡，以及现代化的公共财政体系没有完全建立起来，各类人群在享有公共服务方面还非常不均等。一般来说，私有物品的消费主要通过个体的努力工作来获得，但是公共服务消费是由公共财政来提供的，应该保持相对均等，当前公共服务不均等化的问题亟须通过公共财政支出结构调整或者转移支付来解决。公共服务差异主要表现在四个方面：一是发达地区与欠发达地区之间的公共服务差异，这主要由于发达程度不同会影响到公共财政的可支配财力，继而影响公共服务支出规模；二是大城市和中小城市等不同行政层级、不同规模的城市之间的公共服务差异，主要是由于大城市通常行政层级高，自我配置型的公共服务水平高，或者由于规模较大，从而较强的规模效应和集聚效应有利于摊低公共服务提供成本；三是城乡之间的公共服务差异，这是最严重的一类，主要是传统体制下工农差异和城乡差异在新时期的延续，同时也由于农村村落较为分散，公共服务提供成本偏高；四是户籍差异造成的城市内部不同群体之间的公共服务差异，主要是由于外来人口在城市中的市民化程度较低，在公共服务通常是以户籍为依据来配置的条件下，城市中的大量外来人口很难充分享受到与市民同等程度的公共服务。

在新的时期，公共服务均等化将越来越为政府和广大人民所关注，但是公共服务均等化将主要通过"补短板"的方式来推行，即主要是提升享有公共服务水平偏低的人群的公共服务水平，而不是降低公共服务水平较高的人群的公共服务水平，这势必加剧公共财政的压力。而且，随着中国向"新常态"经济的过渡，经济结构的变化和经济增长幅度的回落将降低财政收入的增长速度，同时降税减费也已经成为既定的改革方向，公共财政支持公共服务均等化的能力将进一步减弱，只能主要通过公共财政支出的结构性调整来增加对公共服务均等化的支持力度，公共服务均等化的过程无疑将更加艰难。图 2-21 描述了全国公共财政收入和全国公共财政支出的增速变化情况。从图 2-21 不难看出，2007 年全国公共财政收入增速超过 32.4%，2014 年已经下降到只有 8.6%，同期全国财政支出增速也由 23.2% 下降到 8.3%。2015 年 1 - 11 月，尽管由于"稳增长"的力度加大，全国公共财政支出同比增速达到 17.4%，但是全国公共财政收入增速却进一步下滑到只有 5.7%，财政收入增速放缓的趋势难以得到有效扭转。

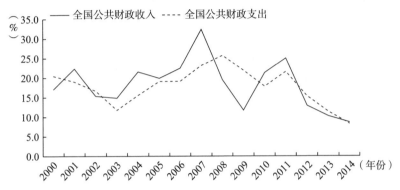

图 2 - 21　全国公共财政收入和全国公共财政支出增速变化情况

数据来源：中经网统计数据库（http://db.cei.gov.cn）。

五　投资增速放缓与消费提升不足的矛盾

2000 年以来，国际市场对中国出口产品的需求和国内消费者对房地产、汽车等大宗商品的需求都呈现高速增长之势，这些终端需求有效地引致了国内相关产业的投资，并且这些投资进一步带动了国内上游相关产业特别是投资规模巨大的重化工行业的投资，几种效应叠加共振，使中国投资成为主导经济增长的最主要因素。由于投资、消费和净出口是国内生产总值的完整组成部分，投资和净出口的超速增长势必会压低消费在产出中的份额。尽管投资的快速增长也会通过提高 GDP 产量而促进消费绝对规模的增加，但是过度集中的潮涌式投资很容易导致房地产、原材料和生产资料等产品出现价格的过快上涨，侵占人们的实际消费，资源价格定价偏低、货币被动过度投放、实际利率维持低位等，都有利于生产而不利于消费，也一定程度上压制了消费。图 2 - 22 描述了 2000～2014 年中国资本形成率和最终消费率的变化情况。相比 2000 年，2014 年资本形成率上升了 11.9 个百分点，由 33.9% 提高到 45.8%，同期，最终消费率却下降了 12.3 个百分点，由 63.7% 下滑到 51.4%。尽管 2009 年以来资本形成率已经开始下降，最终消费率已经开始回升，但是这种情况主要是由于投资增速的相对放缓，是一种较为被动的结构调整，并不是消费积极提升的结果，对扩大国内需求是没有多少意义的。2015 年 1 ~ 11 月，全国固定资产投资同比增长10.2%，低于上年同期 5.6 个百分点，社会消费品零售总额同比增长10.6%，低于上年同期1.3 个百分点。这些数据表明，在发展模式和经济体制没有深度调整条件下，如果投资增速出现明显放缓，产出吸收新增劳动力的能力也会下降，劳动者报酬也会受到较大冲击，继而影响消费，使消费无法独自维持较高的增速。事实上，从 2011 年开始，年末城镇就业人员增加数就已经开始下降，2010 年为 1365 万人，2014 年下降到只有 1070 万人。在外部条件没有实质性变化的情况下，投资增速的放缓并不会自动为消费打开增长的空间。

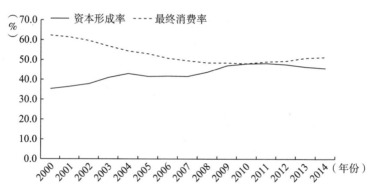

图 2 - 22　2000 ~ 2014 年中国资本形成率和最终消费率的变化情况
数据来源：中经网统计数据库（http://db.cei.gov.cn）。

　　那么，如何推动投资主导型的发展模式向消费主导型的发展模式转变呢？如果科技创新能力和经济体制不变，经济增长就只能主要依靠资本和劳动力等生产要素的投入来获得。在新的阶段，服务业将会有较大的发展机会，服务业吸纳劳动力的能力也较强，它的较快发展将为劳动力提供更多的就业机会。但是服务业的发展也面临着一些制约条件，主要就是户籍的存在制约着外来人口消费结构的提升，影响他们对服务产品的需求；而且，现代服务业存在较大程度的进入垄断，其发展速度受到体制机制方面的较多约束。这些问题的存在会影响服务业对劳动力的快速吸纳，服务产品的消费难以获得有效提升。科技创新对于提升产品附加值起着至关重要的作用，单位产品附加值的提高意味着同样规模产出中的消耗减少，可用于消费的份额增加，对提升全社会消费具有极大的促进作用。但是，当前中国在科技基础、体制安排和创新氛围方面存在着诸多不适宜创新的地方，而且科技创新能力的提升也颇需时日，冀图通过科技创新快速提升消费也是很不现实的。同时，由于社会保障不完善、收入分配差距过大、消费金融发育不充分、价格适宜的高端产品提供不足等因素的存在，居民在产出中的分配份额很多不被用于消费而是储蓄，也制约着消费需求的提升，不利于消费主导型社会的形成。

六 城乡差别过大与城乡流动机制僵化的矛盾

经过30余年的快速发展，中国将进入工业化后期阶段，城市型社会逐步成为中国主要的社会形态，传统农村社会正在走向衰落。同时，主要由于体制的原因，新型城乡结构尚未形成，城乡收入差别日益显著。根据中国社会科学院财经战略研究院2015年发布的《中国县域经济发展报告》，报告所研究的全国400个样本县（市），2014年城镇居民人均可支配收入是农民人均纯收入的2.07倍，最大的县（市）竟然达到3.71倍。根据该报告，全国三大地区城乡收入差距也不同，东部地区样本县（市）城镇居民可支配收入平均是农民人均纯收入的2.01倍，中部地区为1.96倍，西部地区为2.45倍，西部地区城乡收入差距最大，中部地区城乡差距最小，表明东部地区城乡收入差距并没有随着经济的发展和财政收入的提高而明显缩小。图2-23描绘了1978~2014年全国城镇居民可支配收入与农村居民纯收入的比值，该比值自1978年以来总体呈现上升趋势，2009年达到3.33的最高值，2010年才开始呈现下降趋势，但是截止到2014年，这一比值仍然高达2.9。表2-3主要通过样本县（市）表明了单一县域经济体内部的城乡收入差距，图2-23则表明了全国范围内不分城市、不分县（市）的总体城乡收入差距，二者共同说明了当前无论是整体城乡收入差距，还是地区单位内部城乡收入差距都比较大这一事实。这里仅仅考察了城乡的收入差距状况，只能说明城乡居民能够对私有物品的消费能力，而由于农村地区公共服务水平较低，农村居民享受的教育、医疗和娱乐等公共服务层次也比较低，从而农村居民与城镇居民的生活状况比收入所显示的差距还要大。

表 2 - 3　2014 年全国及分地区样本县（市）城乡收入差距的基本统计特征

样本	最大值	最小值	标准差	平均数
全国总体	3.71	1.27	0.38	2.07
东部地区	2.93	1.27	0.27	2.01
中部地区	3.04	1.39	0.36	1.96
西部地区	3.71	1.35	0.52	2.45

数据来源：引自吕风勇和邹琳华主编《中国县域经济发展报告（2015）》，社会科学文献出版社，2015。

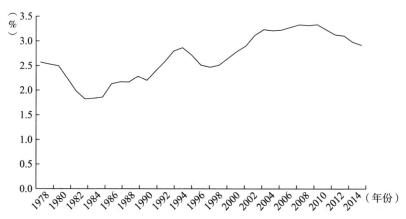

图 2 - 23　1978 ~ 2014 年全国城镇居民可支配收入与农村居民纯收入的比值

数据来源：中经网统计数据库（http://db. cei. gov. cn）。

2010 年以后，农村居民人均纯收入与城镇居民人均可支配收入的差距有所缩小，但是这主要得益于农民外出打工的收入，并不是农业生产效率提高的结果。这一局面如果维持下去，城乡收入差距可能会略有缩小，公共服务均等化也有利于缩小城乡公共服务水平差距，但这些都不能从根本上消除城乡差别，也无法消除农民工背井离乡、与家人分居的苦楚。要从根本上解决这一问题，就要提高农民工市民化率，在减少农村人口的基础上推动土地集中规模化经营，通过这"一减一增"改善要素配置效率，增强农村的自我发展能力，再辅以补贴政策和公共服务均等化政策。然而，由于中国城市发展过快，城市土地紧张、公共服务欠缺的矛盾也很突出，农民工市民化受到户籍和社会保障制度的各种约束，城乡土地、劳动力等要素资源的自由流动机制仍然没有形成，这些都不利于彻底消除城乡之间存在的显著差别。

七　劳动力供给减少与全要素生产率提升缓慢的矛盾

劳动力资源丰富、劳动力成本低廉曾是中国对外开放、吸引外商来华投资的最主要推动力。2001 年加入世界贸易组织以后，中国对外贸易特别是加工贸易飞速发展，带动中国对外贸易依存度一直攀升到 2006 年的最高点位65.2%，主要也是凭借了中国劳动力资源的低成本优势。但是，2006 年以后，中国劳动力绝对过剩的局面开始逆转，劳动力结构短缺问题日益显露出来，并推动劳动力工资不断升高，对长期依赖低成本优势扩张的厂商造成越来越大的压力。中国经济长期以来也是建立在劳动力等要素投入基础上的，经济增长属于较为典型的要素驱动型增长，劳动力供给的减少以及伴随而来的劳动力成本上升，使中国经济大举扩张的势头被遏制。当前中国经济增长速度节节回落，固然有国内外需求不足因素的影响，但是劳动力成本上升作为供给层面的因素，会通过抬升制造品价格削弱企业的竞争力，同时劳动力资源的减少也直接抑制了国内消费需求的增长，这些都是导致经济增长回落的主要因素。当前劳动力的减少主要有三个方面的因素：一是农村就业人口占总就业人口的比重显著下降，农业可以转移到第二、三产业的剩余劳动力大幅减少；二是随着富裕阶层群体的扩大，退出劳动队伍的经济活动人口增多，劳动参与率相应也有较明显的下降；三是总人口数量增速放缓，特别是 15 ~ 65 岁的劳动年龄人口开始逐渐转为负增长。图 2 - 24 描述了中国劳动参与率和农村就业人口比重的变化情况。图 2 - 24 中，劳动参与率和农村就业人口比重都呈现出逐年下降的趋势，特别是农村就业人口比重下滑得极为迅速，2000 年以来都是以每年 1 个百分点以上的速度在降低，再考虑到农村就业人口妇女化和老龄化的人口结构，在农业生产方式没有改变的情况下，农业可以转移到第二、三产业的剩余劳动力其实已经越来越稀少了。

在劳动力等生产资源越来越短缺的条件下，要推动经济增长，最主要的是要把全要素生产率提上去，即向科技创新和体制创新要红利，减少资源损耗，提高产品附加值，增强产品竞争力。然而，当前中国科技创新能力弱，体制机制不灵活，严重阻碍了对全要素生产率的提升。此外，中国人均收入和美国等发达国家相比仍有优势，特别是既有一定技术又需要较多资本的中档产品仍有市场，使一大部分企业仍然具有通过模仿创新就能生存下去的空间，不过，这种空间只能使部分企业用来生存，用来从事维持性生产，却无法有效提高全要素生产率，对提高中国经济增长速度、谋求更大发展没有多大意义。

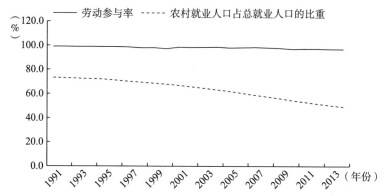

图 2 - 24　1991 ~ 2013 年中国劳动参与率与农村就业人口比重变化情况
数据来源：中经网统计数据库（http://db.cei.gov.cn）。

八　经济规模增加与贸易结构高度化的矛盾

"新常态"阶段的中国经济，经济增长将主要依赖科技创新，全要素生产率将进一步提高，人均收入水平将继续向更高层级迈进，中国甚至会有效跨越"中等收入陷阱"而挤进高收入国家行列。但是，中国所能跨越的这种"中等收入陷阱"，或许只是世界银行所谓的概念，这种概念下高收入标准在 2012 年仅仅是美国的 1/4。这意味着，根据中国与美国的收入差距大小、产业结构的可调整空间、分工深化的程度、体制改革可能带来的红利等因素，中国人均收入的确可以达到美国的 1/4 以上，然而这种收入水平绝不是中国发展最终所要达到的目标，即使美国有相对于中国的各种优势，中国收入水平的目标也应该设定为达到美国收入的 1/2 以上。2013 年，中国大陆人口规模是美国的 4.3 倍，如果人均 GDP 要达到美国的 1/2，中国大陆 GDP 将是美国的 2.15 倍。假定两国人口比率不变，并假设中国大陆 GDP 增长率年均 6.0%，美国 GDP 年均增长率 2.5%，世界 GDP 年均增长 3.0%，20 年后中国大陆 GDP 将赶上美国，40 年后中国大陆 GDP 将超过美国 GDP 的 2 倍。如果 20 年后中国大陆 GDP 赶上美国，中国大陆和美国经济总量占世界的比重将超过 40%，但此时中国大陆人均 GDP 也只是美国的 1/4。如果 40 年后中国大陆 GDP 超过美国 GDP 的 2 倍，中国大陆 GDP 将占到世界 GDP 的 39.0%，而 2013 年中国香港、中国台湾、新加坡和韩国等所谓的"四小龙"GDP总量也只是美国的14.0%。在这样庞大的经济体量下，中国大陆出口产品特别是高端产品将受到国际市场的严重制约。假定世界工业七国出口的产品全部是高端产品，2013年它们的货物出口额占七国GDP的比重为19.2%，如果中国大陆出口额占GDP的比重也为19.2%，那么中国大陆出口额将超过工业七国出口的总和，即使中国大陆出口额占GDP的比重为10.0%，中国大陆出口额也将达到工业七国出口总额的53.0%。如果中国大陆出口产品也向高端产品转化，与工业七国会形成直接的竞争关系。可想而知，在这种情形下要实现这样的出口比重难度有多大，而即使实现这样的目标，中国大陆人均GDP也只是美国的1/2而已。

在特定的时期，世界贸易规模并不是无限扩展的，一般都会有一定的比重制约，从而世界各国的贸易活动继而国际分工会受到相应的约束。表2-4和表2-5分别描述了2013年世界商品贸易分项目出口贸易额和比重以及世界服务贸易分项目出口贸易额和比重。表2-4显示，2013年制造业产品出口额占商品贸易比重为67.36%，是主要的出口贸易产品，但从制造业产品出口额占世界GDP的比重来看，也只有15.82%。分项目来看，制造业中的化学品、办公和电信产品、汽车产品出口额占世界GDP的比重分别为2.67%、2.34%和1.80%，纺织品和服装这一比重分别只有0.41%和0.61%。表2-5显示，保险服务、金融服务、计算机和信息服务、版税和许可费出口额占世界GDP的比重分别只有0.13%、0.35%、0.25%和0.32%。汽车产品和以上所述服务项目都是增加值较高的产品，出口额占世界GDP比重都不是很高，表明国际市场竞争还是很激烈的，任何一国的产业结构升级都会一定程度上受到国际市场的制约。尽管纺织品和服装出口额占世界GDP比重较低，但纺织品和服装产品过去很长一段时间是中国大陆的主要出口产品，表明某些时候由于比较优势的存在部分产业在各国具有集聚的特征，这种集聚更加剧了国际市场竞争的激烈程度。

表2-4　2013年世界商品贸易分项目出口贸易额和比重

单位：亿美元，%

项目	出口贸易额	出口额占商品贸易比重	出口额占世界GDP比重
农业产品	17450	9.92	2.33

续表

项目	出口贸易额	出口额占商品贸易比重	出口额占世界 GDP 比重
燃料和矿产品	39970	22.72	5.34
其中：燃料	32580	18.52	4.35
制造业	118480	67.36	15.82
其中：钢铁	4540	2.58	0.61
化学品	20010	11.38	2.67
办公和电信产品	17500	9.95	2.34
汽车产品	13480	7.66	1.80
纺织品	3060	1.74	0.41
服装	4600	2.62	0.61

数据来源：世界贸易组织网站（https://www.wto.org）。

表 2 - 5　2013 年世界服务贸易分项目出口贸易额和比重

单位：亿美元，%

项目	出口贸易额	出口额占服务贸易比重	出口额占世界 GDP 比重
运输	6928.2	19.51	0.92
旅游	8765.7	24.68	1.17
通信服务	934.5	2.63	0.12
建筑	1093.2	3.08	0.15
保险服务	961.0	2.71	0.13
金融服务	2629.3	7.40	0.35
计算机和信息服务	1899.5	5.35	0.25
版税和许可费	2362.6	6.65	0.32
其他商务服务	8995.5	25.33	1.20
生活、文化和休闲服务	278.0	0.78	0.04
政府服务项目等	668.9	1.88	0.09

数据来源：世界贸易组织网站（https://www.wto.org）。

　　当前中国大陆在世界贸易中的地位明显还处于低端水平，产品附加值较低，出口低端产品进口高端产品，中国在国际市场竞争中处于劣势地位。图 2 - 25 显示，在图中列明的九类产品中，除了自动数据处理设备及其部件一项外，其他类产品中国大陆进出口商品单位价值比率都大于 1，即单件进口产品价值显著高于同类型单件出口产品价值，贸易条件严重不利于中国大陆。其中，船舶类产品进出口商品单位价值比率高达 19.0，收音设备高达 10.1，电视机和汽车也都超过 3。自动数据处理设备及其部件进出口商品单位价值比率小于 1，只有 0.4，这主要是中国大量进口自动化关键部件，然后对这些部件进行组装再出口，导致出口整件产品价值高于关键部件进口价值，是统计口径过粗导致的现象。这些数据表明，中国大陆在国际贸易中尚处于较低端的位置，将来产业结构升级和产品价值提升仍是中国大陆面临的重大任务，但由于以上所述国际市场高端产品竞争的激烈性，这种产业结构升级和产品价值提升也会对经济规模庞大的中国大陆形成严重的制约，阻抑中国大陆人均收入提高的速度。

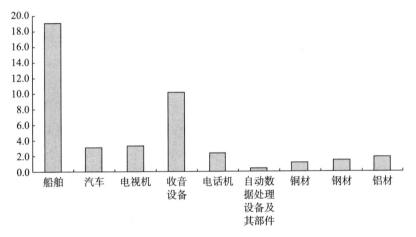

图 2 - 25　中国进出口商品单位价值比率
数据来源：中经网统计数据库（http://db.cei.gov.cn）。

九　要素成本上升与国际竞争日趋激烈的矛盾

丰富的劳动力和土地资源是一个发展中国家经济起步时期主要依赖的生产要素，而这些生产要素资源在绝对过剩的条件下，要素成本也非常低，很容易吸引外商直接投资并和这些资本有效融合，对外贸易由此也获得强大的低成本优势，国际竞争力迅速提升，大量产品被出口到世界各地，带动该国经济迅速发展。但是，毕竟一个国家以有形形态存在的生产要素数量是有限的，随着生产要素供需关系的改变，生产要素的边际成本也是增加的，将逐渐削弱该国产品的国际竞争力。目前，中国就已经发展到这样一个生产要素减少甚至出现结构性短缺的阶段，生产要素成本的上升正在削弱中国传统出口产品的竞争力。图2-26描述了中国城镇单位就业人员平均工资和制造业平均工资的变化情况。从图2-26不难看出，2014年，中国城镇单位就业人员平均工资上升到1978年的91.6倍，每年平均递增13.4%，同期制造业城镇单位就业人员平均工资也上升到1978年的86倍，每年平均递增13.2%。不过，从制造业平均工资变化来看，仍然与总体平均工资有所差别。1989年以前，制造业城镇单位就业人员平均工资上升速度要略快于总体城镇单位就业人员平均工资的上升速度，这主要是改革开放带动外商来华投资，这些外资企业主要集中在制造业，较丰厚的加工利润使它们有条件不断提升制造工人的工资。1989~2009年，中国劳动力成本已经有了一定程度的上升，同时农村仍在源源不断地供给剩余劳动力，制造业平均工资的增长受到一定程度的抑制，名义增速虽然主要由于通货膨胀的原因高于1989年以前时期，但是仍然低于总体城镇单位就业人员平均工资。2009年以后，由于劳动力结构性短缺特征越来越明显，制造业平均工资名义增速虽然低于1989~2009年，但是每年都高于总体城镇单位就业人员平均工资。城镇单位就业人员平均工资的连续上升，特别是近些年制造业工资的加速上升，严重影响了中国出口产品的国际竞争力。根据中国海关总署公布的数据，2015年中国加工贸易出口7201亿美元，同比下降9.7%，深刻反映了劳动力成本上升对中国产品国际竞争力的冲击。生产要素成本的上升与生产要素供给数量和供给结构的变化密切相关，但是经济的金融化以及由此带来的资产价格膨胀继而生活成本的上涨，也是推动生产要素成本上升的重要因素。

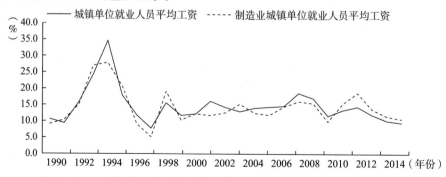

图2-26 中国城镇单位就业人员平均工资和制造业平均工资的变化情况

数据来源：中经网统计数据库（http://db.cei.gov.cn）。

在中国生产要素成本上升削弱产品国际竞争力的同时，国际市场竞争更趋激烈无疑使中国出口贸易面临更大的竞争压力。这主要体现在两个方面：一是部分发展中国家也开始逐渐凭借资源低成本优势侵占中国产品的国际市场，例如东南亚和非洲等部分国家制造业产品正在世界市场占据越来越大的份额；二是世界贸易规则的改变也越来越不利于中国，中国产品在欧美不断遭受反补贴反倾销的贸易制裁，美国主导下的跨太平洋伙伴关系协议（TPP）也因为条款的不适宜而使中国被迫放弃成为签约国，使中国产品出口的竞争力进一步削弱。尽管生产要素成本上升表明中国人均收入在提高，未尝不是一件好事，但是如果内外不利因素的叠加造成中国制造业企业的大量破产，新的产业又不能及时形成以吸收失业的制造业工人，势必对中国宏观经济稳定甚至社会稳定带来极大的负面影响。因此，采取什么样的有效措施延缓中国出口产品竞争力过快的下降，并争取更多的时间和空间完成产业结构的顺利调整，也是"新常态"阶段中国要高度关注的一个重大课题。

十　市场进出障碍繁多与市场决定性作用的矛盾

中共十八届三中全会通过的《中共中央关于全面深化改革若干重大问题的决定》指出，经济体制改革是全面深化改革的重点，核心问题是处理好政府和市场的关系，使市场在资源配置中起决定性作用和更好发挥政府作用。这一论述言简意赅，却直指新一轮全面深化改革的灵魂所在，即要妥善处理政府与市场的关系，能否成功做到这一点，将直接影响中国特色社会主义制度建设的全局，关系新阶段全面深化改革的成败。

当前，中国存在许多违背市场规律、影响市场决定性作用发挥的因素，其中一个重要方面就是市场进出障碍的存在，这种市场进入机制和退出机制的不畅阻碍了资源低效率向资源高效率的转化，严重影响资源配置的改善。市场进入的障碍突出表现为行业垄断，特别是国有企业的垄断，例如电力、电信、石油和铁路等行业都有明显的垄断特征。经济学原理表明，垄断会成为影响市场自由竞争的重要因素，它倾向于降低产量并推高产品价格，使垄断企业赢取超额垄断利润，但使社会总体福利受到损害。中国行业垄断带有很强的行政垄断的性质，与经典理论描述的由市场力量推动形成的垄断有所不同。行政性垄断的产品定价模式表现在三个方面：

一是政府直接规定产品的价格，例如中国对电力价格和铁路票价的定价；二是政府价格管制，如石油行业，由政府根据一定规则和特定形式规定产品的价格；三是由垄断厂商自行定价，但是接受政府监督或者由其批准，例如电信服务产品的定价。无论哪一类行政性垄断行业，都如哈维·莱伯斯坦在1966年提出的X-低效率理论指出的那样，行政垄断会使企业缺乏竞争压力，弱化企业成本最小化或利润最大化行为，从而将带来效率损失。

表2-6描述了代表性垄断企业与完全竞争行业企业主要经济效益指标的对比情况。表2-6显示，无论是全球金融危机前的2007年，还是经济处于调整期的2012年，除了中国联通2007年销售毛利率以及中国石化2012年净资产收益率这两项指标外，中国石化、中国联通和华能国际作为垄断行业的代表企业，总资产报酬率、净资产收益率、销售毛利率和销售净利率都明显低于沪深两市食品制造业和纺织服装服饰业企业相应指标的平均值，而且2012年这些指标之间的差距都有进一步扩大的趋势。在三个代表性企业中，中国联通属于电信行业，政府对其产品价格管制程度低于石油和电力行业，相应地中国联通2007年和2012年的销售毛利率也较高，两年都超过30.0%，但是销售净利率却明显偏低，这主要是销售费用较高所致。华能国际销售毛利率不及中国联通，但销售净利率却高于后者，主要受电力行业销售费用极低的影响。无论不同垄断行业企业具有怎样不同的生产和销售结构，但在最能综合反映企业投入产出效率的总资产报酬率方面，明显低于完全竞争行业企业则是确定无疑的，垄断行业企业相比竞争充分行业的企业具有较低的资源配置效率也是带有普遍规律性的。

表2-6 代表性垄断企业与完全竞争行业企业经济效益指标比较

单位：%

公司产业 \ 指标 年份	总资产报酬率		净资产收益率		销售毛利率		销售净利率	
	2007	2012	2007	2012	2007	2012	2007	2012
中国石化	13.6	8.3	19.6	12.9	15.9	14.9	4.7	2.4
中国联通	9.0	2.5	11.0	3.3	38.8	30.1	9.3	2.7
华能国际	8.1	7.1	13.4	11.1	18.8	16.3	12.7	5.1
平均值	10.3	6.0	14.7	9.1	24.5	20.4	8.9	3.4

续表

指标 年份 公司产业	总资产报酬率		净资产收益率		销售毛利率		销售净利率	
	2007	2012	2007	2012	2007	2012	2007	2012
食品制造业和纺织服装服饰业	16.9	9.0	20.1	10.8	30.5	34.3	14.0	9.1

数据来源：转引自吕风勇《市场抑制、体制改革与市场决定性作用》,《经济体制改革》2014年第4期。

与市场进入障碍相对应的是市场退出障碍。市场退出机制的缺乏是造成供给结构性过剩迟迟不能得到有效化解的主要因素。更广义的市场退出障碍不仅仅表现在国有企业难以申请破产或被其他所有制企业兼并，也表现在劳动用工机制的僵化，即使在经济不景气时，国有企业所聘用的正式职员也很难被辞退，这或者是内部人控制的结果，抑或是为了响应政府稳定就业的号召，但结果往往会导致企业难以维持正常经营而陷入进退不能的尴尬境地，甚至沦为僵尸企业，而相关责任也很难被有效追责。市场进入障碍不利于高效率资源的发展壮大，市场退出障碍则不利于低效率资源的退出重组，这些都是抑制市场决定性作用有效发挥的重要不利因素。

十一 企业税费负担偏重与创新创业的矛盾

推动"大众创业、万众创新"具有短期扩大需求和长期创造供给的重要意义，已被确定为中国经济转型和增长的"双引擎"之一。推动"两创"需要简政放权和商事制度改革，并以此来降低创业创新的资金成本、时间成本和不确定性风险。从创业角度讲，当前创业环境已经与改革开放初期、1992年邓小平"南方谈话"以后时期以及2001年中国加入世贸组织时期大不相同，确切来说远远不如以上几个时期。之所以得出这样的结论，是因为以上几个时期中国仍然处于供给短缺的时期，无论是对于国内和国外市场都是如此，强劲的结构变迁导致的需求增长和世界工厂地位的确立，无不为创业提供了数不胜数的机会，创业风险相对也低得多。与之相比，当前创业更多是限于与互联网经济有关的行业和城市生活服务业，其他行业进入已经变得越来越困难，大部分企业是在做精做强，新人创业的风险也大幅增加。而从创新角度来讲，过去中国与世界存在着巨大的技术差异，虽然中国自主创新能力偏弱，但是模仿创新能力却很强，并且与低成本优势相结合，产品的国际竞争力足以傲视全球，带动了经济的高速增长；但是现在这种技术差距越来越小，模仿创新已经没有前途，自主创新的难度不仅很大，而且风险也很高，使多数企业不敢贸然尝试自主创新，经济增长动力也由此受到严重削弱。在这种情况下，如何尽可能降低创新创业的风险，并使之成为一种社会文化，就显得尤为重要。但是，除了许多简政放权改革需要继续落到实处之外，企业税费负担突出的问题也越来越成为束缚"两创"的重要因素。其中，税费负担直接关系创业创新的激励程度，税费负担过高将会严重削弱创业创新者的积极性，达不到推动创业创新扩大内需和促进经济长期增长的目的。但是反观中国的现实，税费负担不可谓不重，征收管理也非常混乱，创业创新者的预期也因此受到干扰，对创业创新活动产生明显的不利影响。

当前税费负担过重主要表现在以下几个方面：一是包含社会保障收入在内的宏观税负感受偏重。尽管中国这一口径的宏观税负相对 OECD 等国家仍然较低，但是由于中国公共服务和社会保障服务水平总体偏低，居民感受到的宏观税负却更重；同时中国税收以流转税为主，居民税负偏低，相应也抬高了企业的税负。二是在经济不景气和企业利润下降时期，流转税为主的税收结构会使税收收入相对企业利润显著上升，哪怕企业经营亏损，流转税也无明显下降，企业经营风险上升，能感受到的税负也更加繁重。三是中国各类基金和收费也很多，而且各类执法罚款或者为免除执法罚款而被迫缴纳的"好处费"也数不胜数，不仅使市场秩序更加混乱，也增加了企业税费负担。图 2-27 描述了主要税种收入占全部税收收入的比重。图 2-27 显示，与 2005 年相比，2015 年尽管国内增值税、营业税、国内消费税、关税等流转税收入总体呈现下降趋势，但总比重仍达 50.9%，个人所得税和企业所得税等直接税收入呈现上升趋势，但总比重仍然只有28.6%，流转税收入还是明显高于直接税收入。在这样的税费体制下，大众创业风险大增，企业创新能力大降，推动"两创"的工作也会受到严重阻抑。

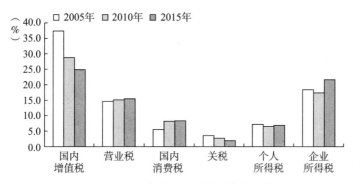

图 2－27　主要年份中国税收结构变化情况

数据来源：中经网统计数据库（http://db.cei.gov.cn）。

十二　所有制歧视与发展混合所有制的矛盾

企业作为市场微观主体，它的行为方式对市场经济运行会产生深刻的影响，建设自负盈亏、自我约束、自我发展的市场微观主体也是促使市场发挥决定性作用的根本前提。产权制度的完善正是建设高效的市场微观主体的基本要求。党的十八届三中全会把混合所有制经济提升到中国基本经济制度重要实现形式的高度，进一步明确了混合所有制经济的发展方向和路径，这就使完善产权制度和深化经济体制改革具有新的有效载体。因此，混合所有制经济的充分发展，将在继续保持公有制经济发挥主导作用前提下，保证各种所有制经济公平参与竞争，避免因所有制分割而导致的资源配置损失，是建立市场发挥决定性作用的社会主义市场经济体制的重要保障。

当前所有制经济关系现状仍差强人意，不同所有制之间的资源流动壁垒重重，彼此之间的竞争关系扭曲，主要体现在国有经济在预算约束软化条件下依托规模和政策优势无序扩张，利用市场垄断地位不正当挤压其他所有制经济发展空间，以做大做强国有资产邀功，以政策性亏损塞责，缺乏全局性整体性视野，更无国民福利最大化观念，借全民所有为名，行部门私利之实，对目前全力推进的经济体制已形成严重的阻碍作用。根据2015 年中国社会科学院民营经济研究中心《混合所有制经济与中小企业发展调研问卷数据库》中的有关调研数据，在 634 份有效问卷中，接受调查者就"国有经济存在的最主要弊端"这一问题的选择回答情况分别是：认为国有经济"与民争利"的有 60 家，认为国有经济存在"垄断"的达到 333 家，认为国有经济"低效率"的有 189 家，认为国有经济管理者"腐败"的有 160 家（见图 2 - 28）。这些回答从不同方面显示了国有经济存在的主要弊端。"与民争利"反映了国有经济突破自身应有的界限，即过度参与竞争性行业而不是固守本业承担国计民生的维护作用；"垄断"反映了国有经济在自然性垄断行业之外，还呈现出严重的行政性垄断特征，这种行政性垄断不仅限制了民营经济的进入，而且也可能对上下游民营经济形成垄断性打压；"低效率"则反映了国有经济自身管理经营的效率较为低下，使社会资源配置不能达到最优化，造成了社会资源的浪费；"腐败"则反映了在目前国有企业治理结构下委托代理关系存在的问题，主要是对管理者的监督缺失使然。在这样的情形下，通过混合所有制经济改革，鼓励不同所有制经济的交叉持股或其他不同形式的融合，不仅能够借用民营企业等所有制经济赢利能力促进国有资产的保值增值，还能够推动各类资源在全社会自由流动，提高整体资源配置效率和最大化国民福利。这里唯一可能受损的是个别国有经济代理人的利益，牺牲的是部分国有企业的市场控制权和支配权，但换来的却是公有制经济更加健康持久的发展和最广大国民福利的提高。

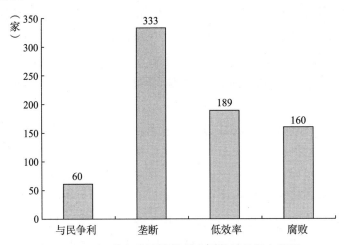

图 2 - 28　国有经济存在的最主要弊端的调查结果

数据来源：2015 年中国社会科学院民营经济研究中心《混合所有制经济与中小企业发展调研问卷数据库》。

　　然而，尽管混合所有制经济已经被确定为公有制为主体、多种所有制共同发展的具体实现形式，但是在实际操作层面却阻力重重，举步维艰。这主要有几个方面的原因：一是国有企业不愿意放弃或者过度分散对企业的经营管理权，找出各种理由推诿发展混合所有制经济，阻挠民营资本的进入；二是国有企业管理者担心可能会发生的国有资产低估或者流失，不愿意为此担责而消极应对甚至阻挠混合所有制改革；三是实现混合所有制改革的国有企业仍然凭借国有产权身份或者政府支持继续主导企业经营管理权，进入的民营资本无法获得与股份相适应的经营管理权，这种情况的存在也降低了其他民营资本参与国有企业混合所有制改革的热情。这些问题的存在根源在于所有制歧视，而所有制歧视的存在具有两个方面的原因：一是对社会主义市场经济存在误解，僵化地强调国有经济对于维护社会主义根本制度的作用，片面地理解国有经济占主导地位的内涵，忽视了国有经济占主导地位可以有不同的实现形式；二是政府对国有企业有更大的控制权，保持更高比重的国有经济成分，将更有利于其达到短期经济调节的目标，而且政府支持国有企业发展甚至向国有企业输送利益，也更少约束和阻力。所有制歧视的存在不利于市场公平自由竞争，更不利于混合所有制经济的发展。

第三节　供给侧改革的意义和基本框架

一　供给侧改革的意义

"供给侧改革"是党中央和国务院审时度势，根据当前宏观经济运行的主要矛盾、"新常态"阶段的经济发展特征和经济体制改革的核心任务，做出的一个具有全局性和前瞻性的提纲挈领性的战略决策，以此概念来概括当前体制改革和宏观经济调控新方式，可以突出全面深化经济体制改革所要推进的关键领域和所要解决的核心问题，并在分清主要矛盾和次要矛盾的基础上，理顺各项改革之间错综复杂的逻辑关系，明确改革的重点和顺序，有利于经济体制改革的有序和顺利推进。

供给侧改革的大背景是中国经济走向以结构调整和增速换挡为主要特征的"新常态"阶段，在这个阶段，增长动力开始发生内生性转换，增长方式面临主动调整性变化，并且这种转变过程还伴随着产能过剩和杠杆率过高等严重的周期性问题。除此之外，在"新常态"经济下，影响供给总量、供给结构和供给效率的社会层面的因素也急需予以彻底消除，这些因素包括资源配置的权力干预及由此形成的畸形社会收入分配等方面。因此，在这样的背景下，供给侧改革不仅具有"建设"的一面，也具有"破坏"的一面，即通过破除影响社会供给的障碍因素和培育新的发展动力，使市场发挥决定性作用，推动中国经济健康持续增长。

（一）供给侧改革概念的提出有利于突出全面深化经济体制改革的重点，对经济体制改革具有较强的全局性的挈领作用

全面深化体制改革是新时期经济社会发展的重大任务，是中国改革开放战略在"新常态"阶段的自然延续，它不仅涉及千万人的切身利益，而且关系到今后中国经济发展的可持续性。但是，由于经济体制改革是一个复杂的系统过程，在推进过程中必须分清轻重缓急，掌握好改革节奏，特别是要梳理出一个清晰的改革路线图，增强经济体制改革的理论逻辑性和可论证性，这就需要有一个能够统率和挈领全局的主体性概念。供给侧改革正是适应这一需要而被提出来并被赋予特殊重要性的主体性概念，这一概念能够为全面深化体制改革起到明确的指导作用。供给侧改革依然涉及市场主体活力、市场主体多元化、市场体系建设和收入再分配等各个方面，同时也涉及短期经济周期供给管理方面的体制和机制改革，还涉及长期增长动力再培育方面的改革，是一个能够协调短期供给调整和长期有效供给、整合市场体制和发展政策关系的综合性概念。

（二）供给侧改革有利于宏观调控创新方式的改变，特别是促使其由需求管理为主向供给管理为主转变

宏观调控的目标主要是熨平经济波动，避免经济波动幅度过大导致通货膨胀或者供给过剩，以防资源配置扭曲或浪费。在产业结构和需求结构相对稳定的情况下，仅仅由于需求总量的波动带来经济周期性波动，通常只采用财税和货币政策就可以比较有效地达到熨平经济波动的目标；但是，在经济周期波动主要是由于产业结构和需求结构的趋势性变动带来的情况下，仅仅通过财税和货币政策就无法尽快达到调控的预期目标，而拖延时日越长，越可能酿成真正意义上的经济大衰退。此时，必须通过供给侧改革破除阻碍供给自我调整的体制性障碍，促使供给和需求尽快在新的均衡点上达到平衡，只有这样才可以促使经济早日步入复苏的通道。

（三）供给侧改革有利于通过改革全面清理各类影响社会供给的障碍因素，以此促进长期供给结构改善和供给效率的提高，培育和壮大新的增长动力

中国上一轮经济的周期性繁荣掩盖了诸多供给层面的问题，延缓了体制改革的进程。但是，随着中国结构转换阶段的到来，被掩盖的体制性矛盾开始暴露，并且成为阻碍结构顺利转换和摆脱经济衰退的主要障碍因素。例如，国有企业由于非市场化的行为使其在经济景气时占用了过多的社会资源，而在经济不景气时又加剧产能过剩，严重威胁相关行业的正常发展。城镇化的不完全性抑制了城镇服务业的发展，使中国服务业比重长期处于较低的水平，在经济周期性衰退时无法有效发挥稳定经济的作用。科研体制的僵化甚至行政化，降低了全社会的自主创新能力，导致中国具有较强创新力和竞争力的企业数量偏少，而低端化、趋同化的企业数量众多，经营行为的共振效应更大程度地存在，加剧经济衰退的程度。这些体制性障碍因素无法保障供给结构的改善和供给效率的提高，迫切需要通过深层次的改革进行破除。

（四）供给侧改革能够促进市场决定性作用的发挥和中国社会主义市场经济体制的早日完善

中国由计划经济向市场经济的转变，就是要利用市场经济对社会资源的有效配置作用，带动中国经济社会的迅速发展，所以市场经济体制的建立更多就是用来改变供给结构和供给效率，与之有关的改革措施也主要是供给侧改革。在"新常态"阶段，产业结构和需求结构逐渐发生变化，政府计划或者指导对经济的作用已经越来越微弱，经济的发展要更多依赖市场的作用，这就要求尽快完善社会主义市场经济体制。供给侧改革能够对市场环境进行净化，使市场进入和退出机制更加灵活，提高资源的流动性和有效利用，还能够强化市场主体预算约束，提高市场主体的活力，并促进有利于缩小收入分配的体制的建立，从而可以有力地促进市场决定性作用的发挥，推动社会主义市场经济体制的日臻完善。从这个意义上说，供给侧改革就是市场经济体制建设的主要着力点，对于中国社会主义市场经济体制的早日完善具有重要的促进作用。

二　供给侧改革的基本框架

尽管供给侧改革对经济体制改革具有提纲挈领的作用，但由于所涵盖

的内容既广且杂，其本身也需要有逻辑上的周密性及推进实施的条理性，即先要设定供给侧改革的基本框架，再在此框架下充实各项具体的改革内容。

（一） 促进资源节约　提升交易效率

一个经济体的资源通常是有限的，至少作为商品交易时都是有价值的，从而资源的节约就是成本的节约，反过来说也就是效益的提高。供给侧改革就是要使企业之间的交易成本尽可能降到最低，这就要求企业之间的交易所耗费的无形资源（时间等）和有形资源都遵循厉行节约原则，通过资源节约提高交易效率。中国当前的交通运输、批发零售、金融保险和公共管理服务等行业中的大部分收入属于社会交易成本，虽然这些交易总成本的提高是社会专业化分工的体现，有利于社会交易效率的提高，但是单位商品或服务的交易成本仍然是越低越好，供给侧改革就是要降低单位商品或服务的交易成本，也就是要通过资源节约来提升交易效率。

（二） 促进资源流动　提升宏观效率

资源自由流动既可以使效率高的企业得到更多的资源，又可以使效率低的企业减少可支配的资源，甚至迫使低效率的企业退出市场，从而提高整个社会的资源配置效率。同时，资源自由流动也会促使资源更多配置于与社会需求相匹配的行业，而更少配置于与社会需求不相匹配的行业，从而降低资源错误配置带来的效率损失，提高整个社会资源配置的结构效率。不仅如此，资源的自由流动还可以通过减少资源配置于产能过剩行业的数量，有效削减经济波动可能带来的产能过剩，促进经济早日步上复苏之路。供给侧改革就是要破除那些阻碍资源自由流动的体制性障碍，使市场自行调整市场主体的进入和退出，例如消除僵尸企业存在的环境，破除行业或者企业垄断，等等。

（三） 促进企业市场化　改善微观效率

企业是市场经济的主体，企业的行为方式是决定微观生产效率的重要方面。以企业利润最大化为目标的生产方式通常可以使企业能够根据投入产出情况选择最适宜的投资规模和生产边界，然而以资产支配权最大化为目标的生产方式则会使企业追求投资规模的最大化，甚至会以牺牲企业利润和微观生产效率为代价。当前国有企业行为由于缺乏硬性预算约束，同时担负一定的稳定就业等社会责任，追求利润最大化往往并不是其最主要的目标，从而其经营行为被扭曲，微观生产效率下降，但由于所有制歧视和倾斜的财税金融政策，这些企业并不会因为低效率而被逐出市场。供给侧改革就是要通过混合所有制改革，破除所有制歧视，并通过成立国有资本控股公司等方式，增强对其出资企业经营行为的监督，促进微观生产效率的提高。

（四）促进技术创新　改善供给效率

技术创新和企业管理一样，都是重要的生产投入要素，也是提高生产效率的重要推动力；同时，技术创新还可以创造出更加符合消费者需要的产品，改善本国与他国进行商品交易时的贸易条件，对于交易效率的提高也具有重要作用。但是当前中国自主性质的技术创新能力较为缺乏，随着低成本优势的逐渐丧失和劳动力等可投入的生产要素的减少，仅靠资本大量投入来维持生产效率提升的空间越来越小，而且对外贸易条件也难以有效改善，大量资源投入所制造出来的产品只能和发达国家较少资源投入所制造出来的产品实行实际上的不等价交换。供给侧改革就要对约束技术创新的体制进行改革，并建立更加符合研发和创新需要的新体制，确保自主创新成为引导中国走出"中等收入陷阱"和维持中高速增长的主要驱动力。

（五）推动税费减免　扩大供给能力

税费的高低会对企业和个人的经济活动倾向产生各种影响，多数情况下将抑制它们从事经济活动的积极性。不仅如此，由于税费项目的大量存在，还会影响营商环境，对企业经营造成一定程度的干扰。推动税费减免，增加企业的投资预期收益，将能够激励企业扩大供给能力。就当前而言，税费减免还可以改善企业财务状况，有利于降低全社会的杠杆率，降低或者消除潜在的金融风险。供给侧改革就是要通过长期税费体制安排，对现有税制结构进行调整，减少收费项目，降低收税标准，切实推动全社会宏观税负的降低，以此鼓励企业扩大有效供给能力，并一定程度上带动投资需求，通过供给和需求的良性互动，促使经济早日走上复苏之路。

（六）推动产能去化加快结构调整

削减过剩产能已经成为当前宏观调控最为紧迫的任务，如果产能过剩问题迟迟得不到解决，将会使整体经济出现通货紧缩和系统性金融风险，并可能导致更大的经济危机甚至金融危机的出现。供给侧改革就是要破除阻碍产能自我调整的障碍因素，鼓励各类性质的资本互融互通，促使存量资源的再度重新组合调整，尽快推动供给和需求达到新的平衡点，改善企业经营环境，提升企业赢利能力，避免更大程度经济衰退的出现。同时，推动产能去化也是助推结构调整的动力，能够使中国尽快实现产业结构的转换，并使这种转换更加符合社会需要，带动经济顺利过渡到"新常态"阶段。产能去化的供给侧改革主要依赖长期体制改革，但由于产能去化的紧迫性，供给侧改革也不排除在短期内运用强制性手段的必要性，不过这种强制性手段仍需要有一定的法规和政策依据，避免过度行政化趋向。

（七）调整产业政策　培育增长新动力

供给侧改革不仅要在短期发挥削减过剩产能和稳定经济的作用，而且在长期也要有利于市场经济体制的完善，同时供给侧改革也担负着培育新的增长动力的重任。中国未来的经济发展，核心推动力在于创新，但是具体还要落实到产业发展上，所以需要更加重视符合中国长期发展趋势的产业发展，特别是服务业和战略性新兴产业。要做到这一点，就需要对中国的产业发展战略和产业政策进行调整。供给侧改革主要就是对束缚服务业和战略性新兴产业发展的体制进行更为彻底的改革，并对相关产业政策进行深刻调整，逐渐使这些行业成为继劳动密集型产业和资本密集型产业之后带动中国经济快速增长的新的产业类型，并保证中国不会落入"中等收入陷阱"。

（八）释放长期需求　拉动供给增长

尽管供给侧改革主要着眼于供给结构的优化和供给总量的扩大，但是消费需求对于供给的拉动作用仍然不能忽视。当前中国消费抑制的现象比较严重，消费结构也存在较大程度的扭曲，生产产出的最大化并不对应着社会福利的最大化，迫切需要体制改革和政策调整释放长期消费需求，提高居民的消费效用。当前抑制消费和造成消费结构扭曲的因素有很多，既有发展模式方面的原因，也有收入分配方面的原因，还有社会政策方面的原因，对相关体制或政策进行调整，直接表现为需求侧改革，但是由于这种改革带来的是长期消费需求的上升，而不是短期消费需求的调整，从而能够带来供给能力的长期提高，在本质上仍然可以看作供给侧改革，应作为供给侧改革的重要内容来对待。

除此之外，尽管"去杠杆"是短期调控目标，但是却关系金融稳定和经济的平稳运行，也亟须通过供给侧改革将相关部门杠杆率降低到一个合理的水平。

第三章 资源节约、交易效率与供给侧改革

第一节 交易费用的内涵与理论基础

一 交易费用测度的文献回顾

交易费用的测度是交易费用理论研究进展的关键，但是由于交易内涵广泛，概念界定不一，加上受到统计数据有限性的约束，交易费用的测度也成为一个公认的难点。Chandler（1977）认为企业组织费用是市场交易的费用的内部化，既然企业组织费用可以度量，那么交易费用绝对量也是可以度量的。他的这种观点将企业组织费用在性质上等同于交易费用，由此及彼地得出了交易费用绝对量可以度量的结论，事实上却忽略了两点：一是交易费用不仅包含市场交易费用，还包含非市场交易费用（主要是指和制度设定、维护有关的费用），非市场交易费用难以像企业组织费用那样用货币来衡量；二是市场交易费用不像企业组织费用那样由一个核算单位负责，而是分散在市场经济体中许许多多的核算单位，数据核算的有无、数据核算口径的大小以及已核算数据的可获得性等因素，都增加了交易费用准确度量的困难。也正是由于这两个方面问题的存在，许多研究者认为用货币准确地计算交易费用几乎不可能。但是，这并不意味着通过某些间接方法近似地衡量交易费用也是不可行或者无意义的。事实上，已经有许多学者通过各种间接方法对交易费用进行近似而有意义的测度。Williamson（1985）认为交易费用的绝对数无法测度，但通过"序数"对交易费用进行比较仍是有意义的。张五常（2000）也承认交易费用的准确度量存在困难，

但同时也指出"交易成本至少在边际上可以度量"。对交易费用绝对量的测度真正做出开拓性贡献的是 Wallis 和 North，他们在 1986 年发表的《美国经济中交易部门的测量：1870～1970》一文中将既定制度下的国民经济部门划分为产品交易部门（Transaction Sectors）和产品转换部门（Transformation Sectors），然后分别计算交易部门的收入和转换部门中从事交易性活动人员的收入，再将二者加总并计算其占国民生产总值的比重，以此近似估计交易服务在国民生产总值中所占有的份额。这也是研究者第一次对交易费用绝对量进行有意义地度量，尽管这种度量可能存在部门划分的主观性和数据处理的武断性，所衡量的交易费用也不是经济活动的全部交易费用，但是这一方法却为后来者度量交易费用提供了思路和方向，仍然是迄今为止关于交易费用度量的最权威方法。

　　根据 Wallis 和 North 的研究框架，国内外学者对不同国家不同时期交易性服务占产出比重进行了评估和衡量。Dolley 和 Leong（1998）对 1911～1991 年澳大利亚交易费用变化情况进行了测度分析；Ghertman（1998）对 1960～1990 年法国、德国和日本等国家交易费用变化情况进行了测度分析；Dagnino 和 Farina（1999）对阿根廷交易费用变化情况进行了测度分析；陈志昂和缪仁炳（2000，2002）对中国经济增长和交易费用关系进行了测度分析；金玉国（2005）对中国体制转型对交易费用的节约效应进行了测度分析；赵红军（2005）对中国城乡差距和工业化与城市化之间的关系进行了检验分析。陈志昂和缪仁炳（2000）认为："在交易费用的研究上，我们常会产生一种理论错觉，即认为交易费用是妨碍经济增长的重要因素，要提高经济效益，就必须降低交易费用。单从诺斯（North）和我们的实证研究中均可证明，经济发展可与交易费用的提高相伴随，并且是经济发展的一般特征。"如何来看待这些文献实证结果所表明的"经济发展可与交易费用的提高相伴随"这一结论呢？这涉及交易费用到底是"摩擦力"还是"润滑剂"问题的讨论。Wallis 和 North（1986）通过计算得出美国总量交易费用占 GNP 的比重由 1870 年的 24.19%～26.00% 增加到 1970 年的 46.66%～54.71%。其他很多学者的研究结果进一步证实了这一结论的普遍性：市场制度越完善的国家，交易费用在国民收入中的比重越高。陈志昂和缪仁炳（2000，2002）的研究还表明，经济越发展，交易费用也倾向于提高。

二　交易费用的作用

那么，交易费用到底是"摩擦力"还是"润滑剂"？对这一问题的争论很多，张五常认同 Williamson 关于交易费用是"经济世界中的摩擦力"的观点，而韦森则认为交易费用本身不仅不会阻碍社会交易和市场交换，反而是促进社会交易和市场交换的一种保障机制，从而持"交易费用"是"润滑剂"的观点。事实上，交易费用包括市场交易费用和非市场交易费用，市场交易费用主要是与社会分工及市场交易相关联的费用，它的增加有利于促进社会交易和市场交换，是"润滑剂"；非市场交易费用是和制度设计及维护相关的费用，它的增加不利于社会交易和市场交换，是"摩擦力"。不过，市场交易费用充当"润滑剂"的角色，只在宏观层面有意义，即整个社会市场交易费用的上升，通常会促进经济的发展和市场交易的扩大，但是在微观层面，即具体到某一笔交易费用，仍然带有"摩擦力"的性质，无疑是越低越好。例如，当我们比较不同国别批发零售业增加值（对这个社会而言是市场交易费用）所占产出比重的时候，并不能直接根据这一比重得出某国批发零售业交易效率是高还是低的结论，宏观层面的研究必须结合微观层面的分析，才可能得出正确的结论。

从宏观层面对总量交易费用的测度只是包含了市场交易费用，并不能包含非市场交易费用，从而不利于全面认识交易费用的作用。正是认识到这一缺陷，很多研究者开始从微观层面对交易费用特别是非市场交易费用进行测度，这对经济活动中正式的交易部门发展不完善、还存在大量不可衡量的非市场交易费用的欠发达国家而言，更具有现实指导意义。这些研究主要体现在四个方面：一是通过不同国家企业开办费用比较来衡量进入管制费用；二是通过不同国家完成同一笔中间商品交易的费用比较来衡量交换费用；三是对单一行业进行交易费用测度，避免总量费用衡量时不同行业交易费用的相互混淆；四是对某项具体政策产生的政策诱致型交易费用进行测度，衡量政策或者制度的变动费用。例如世界银行每年发布的《营商环境报告》，通过统计 189 个经济体中 11 个与中小企业发展相关的政策制度领域的有关数据，研究中小企业从开办到退出各种环境的交易费用高低情况，这 11 个领域分别是：营商环境便利度、开办企业、办理施工许可、获得电力、登记产权、获得信贷、保护少数投资者、纳税、跨境贸易、执行合同和办理破产。Stoll 和 Whaley（1983）直接采用价差加佣金的方法测度证券交易市场的交易费用，得出纽约证券交易所交易费用占市场价值的2%，明显低于其他较小的证券交易所交易费用占市场价值的比重。Mc Cann 和 Easter（2000）对减少非点源污染政策的交易费用进行了测度，得出交易费用占总资源保护成本的38%，并建议将交易费用作为评判政策经济效率的指标。

Wallis 和 North 将国民经济各部门首先划分为公共部门和私人部门，然后又将它们各自划分为交易部门和转换部门，其中，交易部门是处理人与人利益关系的部门，它们所产生的费用称为交易费用，转换部门是处理人与自然的物质变换关系的部门，它们所产生的费用称为转换费用。根据迂回生产理论，中间品的扩展是现代经济发展的特征，交易部门本质上属于中间品生产部门，只不过这种生产部门提供的是以非物质形态存在的生产性服务产品而已，因此，迂回生产理论事实上也可以解释交易费用随经济发展不断提高的现象。

第二节　行业交易费用的估测与评价

一　交通运输、仓储和邮政业

（一）行业发展与交易费用

尽管交通运输和仓储业被 Wallis 和 North 划为转换部门，其增加值代表了转换费用而非交易费用，但是由于交通运输和仓储业为所有的物质生产部门提供产品储运服务，它与一般的转换部门在性质上并不相同，其转换费用的高低会对产出产生总体性影响。在其他条件不变的条件下，该行业增加值的降低就意味着资源耗费的节约，考察该行业附加值的变化情况，对于我们观察该行业在国民经济中的地位变化，以及探讨该行业交易效率的技术增进和制度增进途径，仍然具有重要的现实意义。所以本章仍将其作为交易部门予以考察。在中国国民经济部门分类中，交通运输、仓储业是和邮政业一起统计的，我们将把交通运输、仓储和邮政作为同一个行业进行分析。

图 3-1 和图 3-2 分别从增加值和从业人员的角度描述了交通运输、仓储和邮政业的比重变化。图 3-1 显示，自 1992 年以来，交通运输、仓储和邮政业增加值占工业增加值比重总体呈现下降趋势，2014 年这一比重降至

12.6%，比 1992 年下降了 3.7 个百分点，同期交通运输、仓储和邮政业增加值占 GDP 比重也由 6.2% 下降至 4.5%。图 3 - 2 显示，2014 年交通运输、仓储和邮政业城镇单位从业人员占工业城镇单位从业人员比重也呈现出类似的下降趋势，2003 ~ 2014 年这一比重下降了 3.6 个百分点，同期交通运输、仓储和邮政业城镇单位从业人员占全部城镇单位从业人员比重也由 5.8% 下降至 4.7%。由于交通运输、仓储和邮政业并不属于纯粹的转换部门，部门产出事实上构成了其他部门的费用，所以交通运输、仓储和邮政业增加值比重的下降和从业人员比重的减少，是交易效率提高的表现，这种交易效率提高的源泉或者是技术增进，也或者是制度增进。

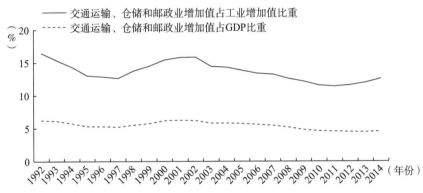

图 3 - 1　中国交通运输、仓储和邮政业增加值的比重变化

数据来源：中经网统计数据库（http://db.cei.gov.cn）。

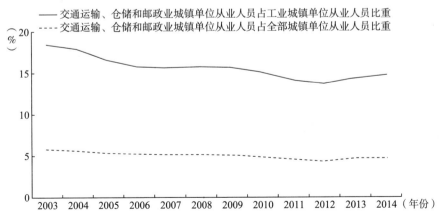

图 3 - 2　中国交通运输、仓储和邮政业城镇单位从业人员的比重变化

数据来源：中经网统计数据库（http://db.cei.gov.cn）。

表 3－1 描述了世界主要发达国家若干年份产业就业结构。从表 3－1 中不难看出，七个世界发达国家交通运输、仓储和通信业就业人口占全部产业就业人口的比重在 4.5%～8.8% 区间，其中美国这一比重最低，为4.5%，德国和意大利这一比重也较低，分别为 5.4% 和 5.5%，英国、法国、加拿大和日本较高，分别为 8.8%、7.0%、6.9% 和 6.3%。第三次全国经济普查公告相关数据显示，2013 年中国与交通运输、仓储和通讯业相近的交通运输、仓储和邮政业从业人员占全部第二、第三产业从业人员的6.7%，占全部产业从业人员的 5.9%。由于中国第一产业还占有许多从业人员，用于国际比较更有意义的应该是行业占全部第二、第三产业从业人员的比重，即 6.7%，这一比重与世界发达国家相比，处于中等水平，高于美国、意大利、德国和日本，但低于英国、法国和加拿大。由于交通运输、仓储和邮政业是不创造物质产品的行业，也不属于消费性质的服务产品，其从业人员比重低的情况一般能够说明用于这方面的社会资源耗费也较少，社会交易效率较高。不过，英国这一行业从业人员比重高，很大程度上因为英国是国际航运发达的国家，它在交通运输方面的资源耗费可以换回别国同等价值的物质或者服务产品，所以也不能根据这一比重就直接得出该国行业效率偏低的结论。

表 3－1　世界主要发达国家交通、仓储和通信业就业比重比较

单位：%

英国	法国	加拿大	美国	日本	意大利	德国
8.8	7.0	6.9	4.5	6.3	5.5	5.4
(2013 年)	(2006 年)	(2013 年)	(2008 年)	(2009 年)	(2010 年)	(2009 年)

数据来源：美国数据来源于美国劳工统计局网站（http://www.bls.gov），其余国家数据来源于OECD 网站（http://www.oecd.org/）。

表 3－2 描述了美国和中国分行业年平均工资的对比情况。从表 3－2 中不难看出，无论在美国还是中国，金融保险业、信息产业、科学研究和技术服务业都是平均工资最高的行业；在美国，制造业就业人员平均工资要高于批发零售业，交通运输、仓储和邮政业，房地产业等传统服务业；在中国，制造业就业人员平均工资要低于批发零售业，交通运输、仓储和邮政业，房地产业等传统服务业。通常，批发零售业，交通运输、仓储和邮政业，房地产业的可贸易性较低，其工资水平主要受其他可贸易产品或服

务项目行业工资水平的影响，获得相对平均的工资水平。不过，由于传统服务行业对技术要求较低，其生产效率的国际差别也较小，而制造业对技术的要求较高，其生产效率的国际差别较大，特别是中国制造业长期处于价值链的低端，美中两国传统服务业平均工资比率低于两国制造业平均工资比率应主要是源自技术层面的；尽管如此，由于这些行业本身是不生产物质产品和提供服务产品消费的，这些行业从业人员平均工资相对制造业偏高，可能也一定程度上表明这些行业社会交易效率偏低，或者这些行业垄断性质较强，如果这样，那么就需要通过制度改革来提高社会在这些行业的资源配置效率。

表 3 - 2　2013 年美国和中国分行业年平均工资

单位：美元

行业	美国	中国	比率
农林牧渔业	26920	4169	6.5
采矿业	62360	9710	6.4
公用设施	70980	10832	6.6
建筑业	50120	6793	7.4
制造业	48610	7497	6.5
批发零售业	42135	8123	5.2
交通运输、仓储和邮政业	45760	9364	4.9
住宿和餐饮业	23530	5497	4.3
信息产业	67700	14680	4.6
金融保险业	65100	16091	4.0
房地产业	43630	8243	5.3
专业、科学和技术服务业	75570	11247	6.7
教育	51370	8388	6.1
卫生保健和社会保障业	49770	9362	5.3
公共管理	56470	7954	7.1

注：为了对比，在各国行业分类标准的基础上进行了适当行业分拆或合并。

数据来源：中国数据来源于《中国劳动统计年鉴 2014》；美国数据来源于美国劳工统计局网站（http：//www.bls.gov）。

（二）交易效率与非市场交易费用

以上分析表明，从动态的变化角度来看，中国交通运输、仓储和邮政业增加值比重和从业人员比重都呈现一种下降趋势，能够比较明确地确定主要是交通、仓储和邮政业交易效率提高和交易费用下降的结果；而从国际比较来看，不考虑某些国家国际航运业务发展情况，从业人员比重表明中国交通运输、仓储和邮政业产生的交易费用居于相对平均的水平，但平均工资水平并不能明确地表明中国交通运输、仓储和邮政业的交易费用是高还是低。同时，对于某一个行业而言，既定的收益（附加值）投入最少是这个行业交易效率提高的表现，考察交通运输、仓储和邮政业的中间投入即耗费相对于收益的情况，是了解该行业交易效率的重要方面。

因此，为了更深入地研究中国交通运输、仓储和邮政业的交易费用和交易效率情况，我们从资源耗费的角度对之进行剖析，即引入物流费用的概念，运用这一概念描述中国商品物流的耗费及交通运输、仓储和邮政业的交易效率，并深入微观层面予以考察，对影响交易效率的非市场交易费用进行研究。

表3-3描述了1991~2014年中国社会物流总费用分别占GDP和一二产业增加值的比重，以及占物流总额的比重。在考察期间，社会物流总费用占GDP比重呈现不断下降的趋势，23年间共下降了7.0个百分点，2014年这一比重为16.7%。社会物流总费用占GDP比重的下降主要是产业结构变化的结果，不是主要受交易效率提高的影响。事实上，在同一时期，社会物流总费用占一二产业增加值的比重只下降了4.0个百分点，特别是1995年以来这一比重甚至还所有回升，这说明社会物流总费用占GDP比重的降低主要是产品为服务形态的第三产业的增加值比重上升的结果。表3-3还表明，社会物流总费用占物流总额的比重呈现出显著的下降趋势，23年间共下降了12.1个百分点，2014年为5.0%。这一比重的下降主要是因为物流业本身迂回生产的环节增加，即仓储、配送和分发的环节增加，同样一笔物品价值被重复计算，而由于物流里程被缩短，物流费用并不会成比例增加，这种变化可能会便利物品流通，提高社会福利，但不直接体现在交易效率的提高和物流费用的节约上。总而言之，当前社会物流总费用占到一二产业增加值的1/3以上，仍然处于高位，如果考虑到批发零售行业的加价部分，商品从出厂到消费者手中总加价还会更高，社会资源在物流或流通阶段过度耗费的情形仍然非常严重。

表 3 - 3　1991~2014 年中国社会物流总费用的变化情况

单位：%

年份	社会物流总费用占 GDP 比重	社会物流总费用占一二产业增加值比重	社会物流总费用占物流总额比重
1991	23.7	36.1	17.1
1992	22.7	35.2	15.7
1993	22.2	33.9	14.5
1994	21.3	32.5	13.0
1995	21.0	31.7	12.6
1996	20.9	31.4	13.5
1997	20.9	32.2	13.4
1998	19.7	31.3	13.0
1999	19.5	31.7	12.6
2000	19.0	31.6	11.1
2001	18.4	31.3	10.4
2002	18.2	31.5	9.5
2003	18.3	31.6	8.5
2004	18.7	31.8	7.8
2005	18.2	31.1	7.0
2006	17.6	30.4	6.4
2007	16.9	29.7	6.0
2008	17.2	30.2	6.1
2009	17.6	31.7	6.3
2010	17.4	31.1	5.7
2011	17.4	31.2	5.3
2012	17.5	32.2	5.3
2013	17.4	32.8	5.2
2014	16.7	32.1	5.0

数据来源：根据中国物流与采购联合会主编的《中国物流年鉴》（2005~2015 年）相关数据计算。

　　交通运输、仓储和邮政业是物流业的主要组成部分。表 3 - 4 表明，

2010～2014 年交通运输、仓储和邮政业增加值占物流业增加值的比重超过
80.0%，贸易业增加值占物流业增加值的比重不足 20.0%。其中，交通运
输业增加值占物流业增加值的比重最大，2014 年为 67.5 名，不过这一比重
比 2010 年下降了 5.6 个百分点，同期仓储业增加值比重也有所下降，邮政
业增加值比重最小，但是同期增加值比重已经由 2.2% 快速上升至 6.4%，
这主要得益于电子商务和快递行业的迅速发展。图 3 - 3 描述了物流业增加
值占社会物流总费用的比重变化情况，从图中不难看出，2013 年物流业增
加值占社会物流总费用的比重为 33.5%，比 1991 年 43.6% 下降了 10.1 个
百分点，总体呈现下降趋势，不过 2015 年比 2013 年陡降 4.5 个百分点则主
要是由于物流业增加值周期性下滑所致。物流业增加值是整个社会的一种
交易费用，但是物流业增加值只是社会物流总费用的一部分，除此之外保
管费用中的利息费用、保险费用、商品损耗和包装加工费用等绝大部分不
构成物流业的收入，甚至运输成本中的装卸费用、车辆配件购买和维修费
用等也都不构成物流业的收入，同时，制造业等生产企业没有独立核算的
运输保管等费用也不构成物流业的收入。因此，物流环节的专业分工细化
将降低物流业增加值占社会物流总费用的比重，是一种社会分工效率提高
的表现；不过，制造业等生产企业保留自有物流业务的做法会降低物流业
增加值占社会物流总费用的比重，则是一种专业化和社会分工程度不足的
表现。总体而言，物流业增加值占社会物流总费用比重的降低还是能够表
明物流各环节专业分工程度的提高，是一种值得肯定的现象，需要进一步
引导降低物流业增加值占社会物流总费用的比重。

表 3 - 4　2010～2014 年中国物流细分行业增加值占物流业增加值的比重

单位：%

年份	交通运输业	仓储业	邮政业	贸易业
2010	73.1	7.7	2.2	18.1
2011	71.5	7.6	2.2	18.7
2012	71.2	7.6	2.5	18.7
2013	70.7	7.6	3.0	18.6
2014	67.5	7.0	6.4	19.1

数据来源：根据中国物流与采购联合会主编的《中国物流年鉴》（2005～2015 年）相关数据
计算。

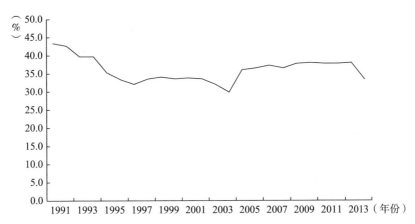

图 3 – 3　中国物流业增加值占社会物流总费用的比重变化

数据来源：根据中国物流与采购联合会主编的《中国物流年鉴》（2005～2015年）相关数据计算。

根据中国交通运输、仓储和邮政业的发展现状，至少有以下几种情形增加了非市场费用，继而推高了社会物流总费用，影响了交易效率的持续提高：一是中国交通运输、仓储和邮政业的国有企业较多，预算软约束致使这些企业经营效率普遍偏低，最终影响行业整体交易效率的提高；二是部分道路特别是高速公路由于具有较强的空间垄断性，投资建设过程中不合理耗费过大，但国有企业会凭借垄断性通过长期收费覆盖成本甚至获取超额利润，这些收费无形中会以物流费用的形式向社会转嫁；三是交通执法存在违规执法或者过度执法现象，不仅因影响交通通畅性而增加了物流的时间成本，还会通过各种罚款推高物流的货币成本，这些都最终会转化成物流费用；四是地区间存在过度竞争，全国交通道路的布局在局部缺乏合理性，有些道路物流量严重不足，有些道路物流量又过大，或者交通距离因地区竞争而延长，这些都会进一步推高物流费用；五是地区发展严重不均衡，人口不确定的迁徙流动性过大，物流距离被过度拉长；六是综合交通框架还没有真正搭建起来，部门分割导致各类交通之间的衔接缺乏效率，无形中也增加了物流费用；七是交通运输投融资体制不够完善，各类资金参与交通运输、仓储和邮政业的基础设施建设的动力不足，使得作为物流业基础的硬件设施存在总量不足和结构不合理等问题。

二　批发零售业

（一）行业发展和交易费用

批发零售业是比较具有代表性的交易性部门，除了体验式购物等少部分功能可以带给消费者某种精神上的效用外，本身并不能直接增加消费者的费用，不过该行业也是现代迂回生产和专业化分工的结果，在交易效率不下降的情况下，该行业的发展壮大有助于平衡供给与需求。但总体而言，批发零售业创造的增加值本身仍然是一种交易费用，该行业中间品投入的过度耗费和增加值的过度膨胀都不利于整体社会福利的提高。

图 3 - 4 描述了中国批发零售业增加值占相关变量比重变化的情况。从图 3 - 4 不难看出，1992 ~ 2014 年，批发零售业增加值占 GDP 的比重、占工业增加值的比重及占社会消费品零售总额的比重都呈现出一种逐步上升的趋势。其中，批发零售业增加值占 GDP 的比重由 1992 年的 8.9% 上升到2014 年的 9.8%，批发零售业增加值占工业增加值的比重由 1992 年的 23.4%上升到 2014 年的 27.3%，批发零售业增加值占社会消费品零售总额的比重由 1992 年的 21.9% 上升到 22.9%。产业结构变迁是影响批发零售业增加值变动的重要因素。1993 ~ 1997 年和 2004 ~ 2007 年这两个时期都是经济周期的高涨阶段，重化工生产和加工贸易迅速增长，而重化工产品的流通更大比例地采用从厂到厂的运营模式，加工贸易产品则更多地出口海外，批发零售业增加值无论占工业增加值的比重还是占 GDP 的比重都由于这种流通结构的改变而下降。相反，批发零售业增加值占社会消费品零售总额的比重总体来说相对稳定，22 年间平均比重为 22.5%。

如何来看待批发零售业增加值占 GDP 比重逐渐提高这一趋势呢？批发零售业是沟通生产和消费的重要桥梁，社会专业化分工的深入将不断推动生产企业将批发零售业务剥离出来，这一趋势无疑会使批发零售业企业数目增加，并促进批发零售额业务的较快增长，从而批发零售业增加值的提高是为改善社会总体生产效率而不得不支付的费用，并不是交易效率的降低。具体来说，批发零售业增加值占 GDP 比重的提高主要有以下几个方面的原因：一是中国处于不断由农业社会向工业社会继而向城市社会转型的过程中，自给自足经济所占的比重不断下降，扩大了商品交易活动的人群基础；二是 1994 年增值税的推行，使多环节的专业化分工避免了重复交税，

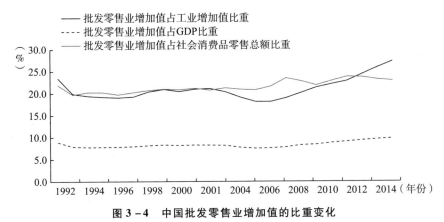

图 3 - 4　中国批发零售业增加值的比重变化

数据来源：中经网统计数据库（http://db.cei.gov.cn）。

促进了批发零售业务不断从生产企业剥离和独立出来；三是批发零售业务更多集中于大中城市，生活成本的上升不断推高批发零售业的雇佣成本，也使行业增加值攀升；四是大中城市的房地产等资产价格不断膨胀，使批发零售业的固定资产造价不断上升，继而导致固定资产折旧上升，也推高了行业增加值；五是中国处于改革和发展过程中，过去的批发零售业网点基础薄弱，随着经济的发展，人们对购物便利性的要求不断加强，致使批发零售业不断增加和完善网点布局，业务不断扩张，也提高了行业增加值。不过，当前厂家通过电子商务平台进行产品直销的比例不断提高，会在一定程度上抑制批发零售业业务的扩张，倾向于降低批发零售业增加值占GDP 的比例，但这也是一种值得肯定的交易效率改善的表现。

图 3 - 5 描述了中国批发零售业城镇单位从业人员的比重变化。从波动来看，批发零售业城镇单位从业人员占工业城镇单位从业人员、占全部城镇单位从业人员的比重都呈现出一种先低后高的态势，这与行业增加值比重的变化基本一致，主要由于2003～2010 年重化工业和加工贸易生产快速发展，使工业领域吸纳了更大规模的从业人员，降低了批发零售业从业人员所占的比重。不过，抛开波动周期不论，2003～2014 年批发零售业从业人员占工业城镇单位从业人员、占全部城镇单位从业人员的比重实际上呈现一种轻微下降趋势，虽然这一期间行业增加值占工业增加值比重都是上升的。怎么解释这一现象呢？至少有三个方面的原因：一是电子商务的飞速发展推动物流行业从事配送和快递工作的从业人员增加，而使直接服务于消费者的零售

从业人员减少；二是信息化程度和管理水平的提高，一定程度上节约了劳动力，使从业人员未能与增加值同步提高；三是人工成本和固定资产折旧的更快增长，也使在从业人员不增长的情况下提高增加值成为可能。

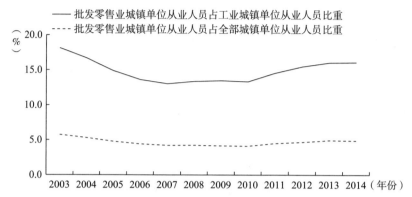

图 3－5　2003～2014 年中国批发零售业城镇单位从业人员的比重变化
数据来源：中经网统计数据库（http：//db. cei. gov. cn）。

2013 年，美国批发零售业从业人员占全部从业人员的比重为 15.1%，中国这一比重为 14.7%，但由于中国还有大量的第一产业从业人员，除去这一部分从业人员，中国批发零售业从业人员占第二、第三产业从业人员的比重为 16.8%，略高于美国。同期，美国批发零售业平均工资是中国批发零售业平均工资的 5.2 倍，低于制造业等行业 6.5 的平均工资比率，但是高于交通运输、仓储和邮政业 4.9 的平均工资比率，一定程度上表明中国批发零售业的自由竞争程度略高于交通运输、仓储和邮政业。再考虑到中美批发零售从业人员所占全部从业人员的比重也差不多，基本可以得出批发零售业行业交易费用总体维持在一个比较适当的水平。

（二）交易效率与非市场交易费用

图 3－6 显示 2013 年美国批发零售增加值占 GDP 的比重为 11.6%，而图 3－4 显示同期中国批发零售业增加值占 GDP 比重只有 9.6%，而中国批发零售业从业人员占第二、第三产业从业人员比重为 16.8%，甚至高于经调整后美国批发零售业从业人员占第二、第三产业从业人员的比重 15.7%。通过这些数据对比不难得出这样一个结论，即美国批发零售业的劳动生产率相对于全美国平均劳动生产率的比率，要高于中国批发零售业的劳动生产率相对于全中国平均劳动生产率的比率，但是，表 3－2 又显示美国批发

零售业平均工资相对中国批发零售业平均工资的比率又低于美国全行业平均工资相对中国全行业平均工资的比率，那么，这又说明什么问题呢？增加值主要由雇员工资、固定资产折旧费、税费和利润等构成，美国固定资产折旧和税费通常不会明显高于中国，其增加值较高只能表明美国批发零售行业的利润率较高，而这些企业之所以能够获得较高的利润率，一是由于美国能够垄断商品进销渠道的大中型商家较多，商品进销渠道的垄断性得以形成又主要是因为美国商品有很大一部分是从国外进口而来的，一般小型经销商难以获得这种进口渠道；二是美国地广人稀，汽车拥有量也多，具有适合大中型商家发展的土壤。不过，美国这种大型商家一定程度的垄断性，仍然是比较有效率的。图 3 - 6 显示，2013 年美国批发零售业增加值占零售销售额的比重达到 42.9%，但是美国零售销售额占 GDP 的比重也只有27.0%，并没有因行业增加值比重大而被过度推高，而同年中国批发零售业增加值占社会消费品零售总额的比重为 23.2%，社会消费品零售总额占 GDP 比重为 41.3%。美国消费零售额占 GDP 的比重低主要由于美国消费结构中服务产品消费量比较大，中国居民消费的服务产品比重小；美国批发零售业企业能够获得较大的利润主要是由于美国企业利润率普遍较高，而中国企业利润率普遍较低，社会利润率的平均化规律促使美国批发零售业企业能够获得更大的利润，而利润率的高低事实上也是交易效率的一种反映，以上数据仍然能够表明中国批发零售业交易效率至少在微观企业层面还需进一步提高，而众多企业的低效率也表明该行业资源耗费相对严重，行业交易效率偏低。

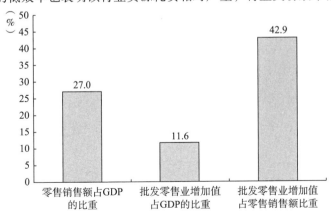

图 3 - 6　2013 年美国批发零售业增加值的比重变化

数据来源：根据美国普查局（http://www.census.gov）相关数据整理计算。

中国批发零售业交易效率偏低主要有以下几方面的原因：一是批发零售业大多集中于城市核心区，房地产租金费用较之美国等郊区型商业布局更为高昂；二是批发零售业进入门槛偏低，很多效率较低的小型经营者无序进入降低了批发零售业的总体效率；三是批发零售业企业管理模式相对滞后，不能准确预测消费需求变化状况并根据这一状况及时调整库存以降低物流仓储成本；四是批发零售业的商品出口比重较高，而商品出口的利润比重偏低，降低了批发零售业增加值占零售销售额的比重；五是批发零售业的具体业态形式仍在不断演化过程中，还没有达到稳定的最优的布局状态；六是批发零售业融资成本和各项行政性费用偏高，也挤压了行业整体赢利空间并使行业零售销售额虚高。由于以上各方面的原因，中国批发零售业交易效率仍然处于较低水平，其中第一、第二和第六条都属于较典型的非市场交易费用。

三　金融业

（一）行业发展和交易费用

金融业也主要是交易性的部门，它通过沟通负债者和举债者双方，使由资金来表示的资源在不同家庭部门和生产部门之间、家庭部门和家庭部门之间、生产部门和生产部门之间顺畅流动，推动资源配置的最优化，同时也可以降低储存成本，减少资源消耗。金融业的发展壮大通常反映了一个经济体商品化和货币化程度的提高，是有利于提高社会分工效率的体现。但是，正是因为金融业创造的增加值也是一种交易费用，其中间品投入的过度消耗和增加值的非合理膨胀也不利于整体社会福利的提高。

图 3 - 7 描述了中国金融业增加值占 GDP 比重变化的情况。从图 3 - 7 不难看出，1978 ~ 2014 年，金融业增加值占 GDP 比重总体呈现增长趋势，1978 年这一比重只有 2.1%，2014 年已经上升到 8.5%。1989 年和 1990 年金融业增加值占 GDP 比重有一个明显的跳升过程，这是由于中国价格形成机制的改革，使绝大部分的商品价格开始主要由市场来决定，全社会的商品价格大多出现了较大幅度的上升，从而对货币的需求显著增加，中央银行对商业银行的货币投放及由此带来的贷款数量增加，金融业增加值迅速攀升。1990 年以后直至 2005 年，金融业增加值占 GDP 的比重都呈现下降趋势，2005 年这一比重甚至低于 1988 年，这主要因为这一时期是中国工业化

迅速推进的阶段，工业增加值占 GDP 的比重上升很快，一定程度上降低了金融业增加值占 GDP 的比重。2006 年以后，金融业增加值占 GDP 的比重又开始进入新一轮的上升通道，这是因为金融市场的多样化和资产价格膨胀等因素有力地推动了金融业的发展，特别是 2008 年以后，工业增加值增速开始放缓，以房地产业和金融业为代表的虚拟经济增长迅速，直接导致了金融业增加值占 GDP 的比重趋于上升。

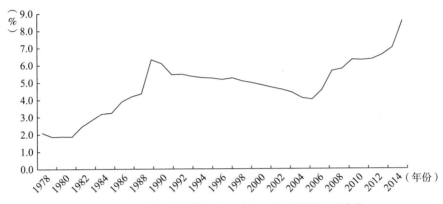

图 3－7 中国金融业增加值占国内生产总值的比重变化

数据来源：中经网统计数据库（http://db. cei. gov. cn）。

图 3－8 描述了 2003～2014 年中国金融业城镇单位从业人员的比重变化。图 3－8 显示，金融业城镇单位从业人员占全部城镇单位从业人员的比重有一定程度的波动，但是并没有明显的趋势，2003 年这一比重为 3.2%，2014 年略微降低至 3.1%。为什么同一时期金融业增加值占 GDP 比重出现较大幅度的上升，而从业人员比重却没有大的变化，甚至还会略微下降呢？这基本反映出金融业发展的特征，即以银行业为代表的存贷款金融机构营业部布局不如过去那样迅速扩张，同时证券公司、基金公司和资产管理公司等非存贷款金融机构发展速度更快，而这一类金融机构单位增加值吸纳的从业人员要低于银行业等存贷款金融机构，同时电子信息技术和互联网也广泛应用于金融业，使金融业吸纳从业人员就业的能力下降。表 3－5 表明，2008 年美国金融中介业就业者占全部就业人员的比重达到 5.0%，2013 年加拿大达到 4.5%，七个发达国家中日本这一比重最低，2009 年也达到 2.6%。中国以城镇单位从业人员来衡量的金融业从业人员比重尽管在 2014 年达到 3.1%，但是根据第三次经济普查数据，2013 年中国金融业全部从业

人员占全部第二、第三产业从业人员的比重只有 1.2%，仍然远远低于世界主要发达国家。2000～2010 年，美国金融保险业增加值占 GDP 的比重均值为 7.95%，英国这一比重的均值为 7.29%，欧元区为 4.95%，而 2014 年中国金融业增加值占 GDP 的比重达到 8.5%，这反映了中国金融业增加值作为一种全社会的交易费用总体偏高的现实。金融业增加值和从业人员比重情况表明，中国金融业仍然处于发展阶段，远远没有发展成熟，但是增加值却又过高，只能说明中国金融业作为一种交易性行业，是全社会在现阶段承担了过多不应承担的交易费用。

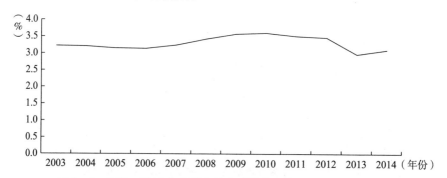

图 3 - 8 2003～2014 年中国金融业城镇单位从业人员的比重变化

数据来源：中经网统计数据库（http://db.cei.gov.cn）。

表 3 - 5 世界主要发达国家金融中介业就业比重

单位：%

英国	法国	加拿大	美国	日本	意大利	德国
2013 年	2006 年	2013 年	2008 年	2009 年	2010 年	2009 年
3.9	3.2	4.5	5.0	2.6	2.9	3.4

数据来源：美国数据来源于美国劳工统计局网站（http://www.bls.gov），其余国家数据来源于 OECD 网站（http://www.oecd.org/）。

（二）交易效率与非市场交易费用

与世界主要发达国家相比，中国金融业增加值占 GDP 比重偏高，而金融业从业人员比重偏低，中国金融业以较少比例的人员投入创造了较高比重的增加值，表面来看无疑是有效率的，甚至高于世界发达国家的交易效率。但是，中国金融业较高的从业人员平均增加值是建立在行业垄断和资金价格管制等基础上的。换句话说，金融业这种意义上的较高交易效率是以全社会资源的损失为代价的，从而不能把金融业的交易效率作为衡量国民经济部门交易效率高低的依据。我们主要从金融机构履行其资金融通或中介服务功能的情况来考察金融业的交易效率。

金融业是极其重要的一个国民经济部门，它的发展状况对实体经济会产生重要的影响。也正如此，中国对金融体制的改革总体是滞后于其他方面经济体制改革进程的。最突出地表现在三个方面：一是国有或者国有控股金融机构在金融企业中占据绝对的支配地位；二是金融企业设立的审批最为严格，进入门槛远高于其他行业；三是政府部门对金融企业和金融市场的过程监管非常严格而繁多。对金融业实行严格的监管和进入制度，有利于保持全国金融稳定，避免系统性金融风险的发生，是非常有必要的，但是由此带来的一个可能的结果就是交易效率的降低，不能充分发挥金融业支持实体经济发展的功能。当前中国金融业交易效率偏低主要表现在以下几个方面。

一是国民经济部门承担的财务费用偏高。这从前文所述的金融业增加值占国民经济比重偏高就可以看出。美国金融业增加值占国内生产总值的比重较高，不仅是由于美国金融业发展充分，很大程度上还得益于其坚实的国际金融地位，这种国际金融地位可以实现美国金融机构在世界范围内获取资金融通和中介服务收益，有利于提高其金融业增加值占国内生产总值的比重。

二是金融市场体系不健全，金融产品多样性不足，家庭或厂商可投资产品偏少，通过资产多样化持有分散风险的能力不足。金融市场通过促进资金在家庭和厂商等各部门之间的流动配置，不仅可以为资金融入者提供必需的各类资源，也可以使资金融出者实现资产保值增值目的并借此来平滑其投资或消费。金融产品多样性不足，要么会使资金融出者激励减弱而导致资金融出量降低，要么会造成资金融出者以既定的产品工具被动融出，前者会造成整个社会的融资水平下降，后者会造成资金融出者消费效用或者投资效益降低。

三是金融市场垄断性特征过强，资金供给或者金融中介服务呈现一定程度的短缺，这会导致整个社会的资金价格或者金融中介服务价格上升。在供给短缺的情况下，金融"寻租"现象普遍，时间成本趋于上升，使全社会增加了额外的交易费用。大量企业特别是中小企业普遍存在的"融资难、融资贵"现象，城市特别是大中城市金融服务网点"排队"现象都充分说明了这一问题。

四是融资结构不平衡，间接融资比重较大而直接融资比重较小，这种融资结构加剧了融资方的融资风险和负担，特别不利于创新创业环境的培育。经过多年的发展，中国形成了包括主板股权市场、创业板股权市场、新三板股权市场和区域股权市场等在内的直接融资市场，但是直接融资所占比重仍然偏低，股权投资或风险投资基金进入和退出的机制也不畅通，对于创新创业的支持力度严重不足。

中国金融业交易效率偏低主要是国有经济比重过大、进入门槛偏高、金融监管过严等因素造成的，这些因素大多属于非市场交易费用，通过供给侧改革提高金融业交易效率是中国全面深化经济体制改革的重要内容。

四 公共管理和社会组织

（一）行业发展和交易费用

公共管理和社会组织也是比较典型的交易性部门，它并不直接提供可以带给消费者消费效用的产品或服务，也不提供可用于生产最终产品或服务的中间产品，却具有促使法规实施和运行、维护社会和谐与稳定、保障秩序与安全的重要作用，从而也是必不可少的一个国民经济部门。但是由于其本身的交易性功能，公共管理和社会组织的增加值也仍然只是一种交易费用，必须在保障其职能正常发挥的情况下通过制度安排和技术改进等方式努力降低这种类型的行业增加值。

图 3 - 9 描述了 2004 ~ 2013 年中国公共管理和社会组织行业增加值占国内生产总值比重变化的情况。从图 3 - 9 不难看出，2004 ~ 2013 年，公共管理和社会组织行业增加值占国内生产总值的比重呈现先升后降的态势，2004 年这一比重为 3.82%，2009 年这一比重达到最大值 4.39%，2013 年又下降到 3.69%，十年间总计下降了 0.13 个百分点。图 3 - 10 描述了 2004 ~ 2013 年中国公共管理和社会组织行业城镇单位从业人员比重变化的情况。图 3 - 10 显示，公共管理和社会组织行业城镇单位从业人员比重变化情况与行业增加值比重变化的趋势基本一致，2004 ~ 2013 年也是呈现先升后降的趋势。2004 年这一比重为 10.80%，2009 年上升到最大值 11.10%，2013 年则下降到 8.65%，十年间总计下降了 2.15 个百分点。2009 年以前，公共管理和社会组织行业增加值和从业人员比重持续上升，主要因为这一时期是中国经

济社会大发展的时期，工业化和城镇化进程加速，不仅政府公共管理的事务急剧增加，而且由于政府财政收入的迅速增长，财力也比较充裕，公共管理和社会组织雇用工作人员的规模明显扩大，工作人员工薪福利待遇也有较大幅度的提高，直接导致两个比重不断攀升。2009 年以后，经济形势急剧逆转，经济衰退程度不断加深，同时中央也推行实施了严格的控制行政性经费膨胀的政策，公共管理部门工作人员的招聘以及工薪待遇的增长都受到严格的约束，逐渐使两个比重不断趋于下降。

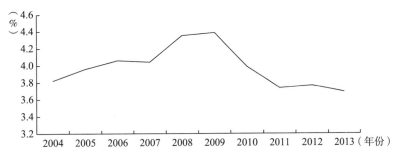

图 3 - 9　2004 ~ 2013 年中国公共管理和社会组织行业增加值占国内生产总值的比重变化

数据来源：中经网统计数据库（http：//db. cei. gov. cn）。

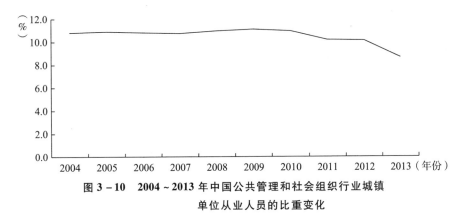

图 3 - 10　2004 ~ 2013 年中国公共管理和社会组织行业城镇单位从业人员的比重变化

数据来源：中经网统计数据库（http：//db. cei. gov. cn）。

公共管理和社会组织行业增加值及从业人员比重的下降，在一定程度上降低了社会交易费用，是一种积极有益的变化。但是，2013 年中国公共管理和社会组织城镇单位从业人员比重还是达到 8.65%，这一比重与其他发达国家相比仍然偏高。即使根据第三次经济普查的数据，2013 年公共管理和社会组织行业全部从业人员占第二、三产业从业人员的比重也达到6.07%，比2004年的6.23%降低了0.16个百分点，但是对比日本公共管理、国防和基本社会保障业2009年3.5%的就业比重和美国2008年4.7%的就业比重，中国公共管理和社会组织行业从业人员比重也仍然偏高。从表3-6可以清晰地看出，公共管理、国防和基本社会保障业就业人员比重最高的是法国和德国，分别为9.5%（2006年）和6.8%（2009年），这两个国家该行业就业比重都高于中国，但是其他五个主要发达国家就业比重都低于中国。这些数据表明，中国公共管理和社会组织行业从业人员比重甚至增加值比重仍然有进一步降低的必要和可能。

表3-6　世界主要发达国家公共管理、国防和基本社会保障业就业比重

单位：%

英国	法国	加拿大	美国	日本	意大利	德国
2013年	2006年	2013年	2008年	2009年	2010年	2009年
5.9	9.5	5.3	4.7	3.5	5.1	6.8

数据来源：美国数据来源于美国劳工统计局网站（http://www.bls.gov），其余国家数据来源于OECD网站（http://www.oecd.org/）。

（二）交易效率与非市场交易费用

公共管理和社会组织与金融业类似，其交易效率的衡量不仅要用作为社会总交易费用组成部分的行业增加值来衡量，更要以其自身功能的发挥来衡量，这与交通运输业、批发和零售业不同，后两者更多以自身投入产出情况来衡量其交易效率。公共管理和社会组织功能的发挥对于其他国民经济部门的发展至关重要，甚至直接关系总体社会制度成本的高低。

当前，中国公共管理和社会组织交易效率偏低主要表现在以下几个方面。

一是契约执行力度不足。契约是事先签订的用以约束当事者各方行为的一系列规则，契约的顺利履行是社会经济活动正常进行的根本保障，而公共管理组织是维护契约得以履行的主要责任者。当前，法院等主要司法部门在维护契约的履行方面力度明显不足，导致整个社会契约观念淡薄甚至丧失，并增加了社会经济活动中的摩擦成本，已经严重影响了社会经济活动的正常进行。

二是官本位思想严重，公共服务观念不足。由于公共服务的提供者缺

乏有效监督，同时公共服务本身又具有一定的垄断性，从而导致相关部门或者其工作人员将公共服务提供视作一种权力并加以滥用，或变相提高公共服务的价格，或向各相关方不公平地提供公共服务，严重影响了公共服务的水平和质量。

三是组织管理混乱，组织机构之间的协调性较差。公共管理部门通常是科层制的官僚类机构，极易产生各自为政、互相推诿的问题。中国处于变革之中，又政出多门，往往出现政策法规相抵触的地方，加剧了组织机构之间有选择性的彼此推诿。同时，组织机构本身也存在机构臃肿、做事效率低的问题，使组织机构的协调性进一步降低。

四是政府部门干预经济事务过多，寻租现象较为严重，导致资源出现错配问题。中国是由计划经济向市场经济转轨的发展中国家，需要政府干预的经济事务繁多，从而使相关公共管理部门拥有更大的行政自由裁量权，为"寻租"营造了充足的空间，甚至带来腐败问题，并使资源配置结构发生扭曲，社会资源配置效率下降。

五是政策法规调整混乱，影响社会经济活动的顺利进行。由于中国经济社会发展变化都比较快，需要政策适时适度进行调整以适应变化了的经济社会环境。但是，在实践过程中，却经常出现有些政策法规调整过于滞后，有些调整又过于频繁，使社会经济活动容易陷入混乱，并给相关方带来不必要的经济损失。

第三节　供给侧改革与交易效率提高

交易总费用的提升可能是专业化分工进一步深化的结果，但也可能是缺乏交易效率、过多挤占非交易部门利润空间的结果。交易部门交易效率的缺乏，既受到该部门管理水平低下和交易技术落后的制约，也受到宏观层面体制机制不健全方面的影响。提高交易效率、降低不必要的交易费用，是改善全社会资源配置效率和居民消费福利的重要前提，而要做到这一点，通过供给侧改革进一步完善交易部门的体制机制，则是必不可少的应有内容。交易效率的内涵涉及两个方面：一是对于交易部门的企业本身而言，要以低投入高产出为目标，做到微观管理有效率；二是从社会整体角度来看，交易部门价值产出要尽可能地低，同时物质产出要尽可能地高，做到宏观运行有效率。根据交易效率这一内涵，改进交易效率的供给侧改革就是一项系统工程，涉及行业发展战略、地区协调、市场进入、均衡发展、投融资效率、费用收缴、契约履行、组织效率、政策连续等诸多方面。

一 重新审视行业发展战略，效率优先兼顾公平

行业发展战略对行业交易效率的状况有重要影响。根据交易效率的定义，其本身并没有涉及公平公正等方面，但很多时候效率与公平存在一定的矛盾，主要是要效率还是要公平，是制定行业发展战略时要首先考虑的问题。在很多时候，由于规模效应的存在，发展大中型企业比发展小企业会更有效率，但是这样做的结果也会导致小微企业的发展受到抑制，特别是自我雇用的个体经营者会受到更大冲击，会导致就业单位化倾向严重，不利于全社会的灵活就业，同时消费者的福利由于只能被迫接受更大规模企业提供的服务，即使支出会减少，但时间成本和消费体验也可能出现明显下降。从这个角度来讲，行业发展战略的制定就要考虑大中企业、小微企业和消费者三个方面的利益，通过统筹考虑权衡利弊，做出能够使各方利益都尽可能最大化的方案。例如，交通运输方面的长途客运线的管理和城市出租车的管理，批发零售行业中的大中企业和小微企业竞争关系的管理等等，都是最典型的发展战略问题。总体来讲，中国现阶段还处于城市化和工业化的进程中，经济增长速度较快，每年新增的就业岗位数量非常多，城市就业问题并不严重，所以优先发展大中企业，提高交易效率，构建未来交易部门的基本发展框架，应该是行业发展战略的优先选择；但当中国经济逐渐发展到更为成熟的阶段时，城市失业问题也会逐渐加重，这时就应该适度鼓励小微企业的发展，增加社会灵活就业的机会，避免社会矛盾的过度激化。

二 加强地区发展协调，降低协调成本

中国是个幅员辽阔的大国，同时行政分割程度又很高，特别容易出现各自为政、无序竞争和地方保护的问题，所有这些问题有可能增加社会总体交易费用，影响交易效率的提高。突出表现在以下几个方面：一是地方保护主义不同程度地存在。有些地方为了保护当地企业的利益，在流通方面倾向于抑制非本地商品的流入，不仅使当地居民无法消费到更加丰富多

样的产品，而且还要为当地企业销售的产品额外付费，流通成本趋于上升；有时候地方保护主义并不禁止外地商品的流入，却会通过各种名目的收费增加非本地企业的负担，促使其流通成本增加。二是公共服务和执法之间缺乏协调。有些公共服务各个地方不能无缝衔接，例如各类证件和保险的手续，导致消费者频繁往来于不同地区，时间成本和物质成本上升；还有，法院判决有时候涉及跨区执行，异地法院有时候不能配合判决的执行，或者直接导致判决的"判而不决"，或者法院被迫花费大量的精力和成本异地执法，也抬高了交易费用。三是地区项目之间存在恶性竞争。有些地区为了争取高铁和机场等项目，倾向于使用各种不规范的竞争手段，导致最后项目的地点或者路线的选择严重偏离最优选择，增加了建设成本和物流成本，也抬高了交易费用。因此，为了提高交易效率和降低全社会的交易成本，中央或更高层级政府应敦促各地之间建立协调机制并予以监督，避免人为地抬高社会交易费用。

三　放宽交易部门市场准入，减少垄断成本

充分的市场竞争是逼迫企业致力于提高微观效率的最有力武器，垄断特别是行政性垄断则会导致更多的效率损失。随着中国的发展，服务业将迎来新的更大的发展机遇，服务业中的非交易部门如生活性服务业，通常具有较充分的市场竞争，但服务业中的交易部门，特别是交通通信和金融行业，市场竞争程度明显不足，行业发展耗费了过多的交易费用，过度挤占了非交易部门和其他交易部门的利润空间。从提高全社会交易效率的角度来讲，迫切需要对交易部门现行市场结构进行调整，尽可能放松管制，破除进入壁垒，并禁止先进入者通过设置各种隐形壁垒打压其他市场进入者；同时，对难以做到市场完全自由进入的行业，必须对市场现有垄断企业的行为进一步加强监管，特别是要废除霸王条款，并对定价实施管制或加强指导。当前在全国大多数行业经营陷入衰退的时候，金融行业和通信行业利润仍然保持着较高的增长态势，无疑增加了社会交易费用，而这种情况的出现，很大程度也因为这些行业存在较高程度的垄断性。破除垄断一直是市场的呼声，政府也出台了各类破除壁垒放宽进入的法规政策，但是效果都不很明显，仍然需要在督促各类法规政策落实方面付出努力。同时，政府为行业稳定仍然保留着一定的监管权力，这是必要的，但是不能

把监管变成对新进入者的一种禁止，应该更加强调过程监管和结果监管，防止监管蜕变为某种形式的垄断保护，破坏市场的充分竞争。

四 促进区域均衡发展，缩小人口迁徙规模

中国非均衡发展突出表现在区域发展不均衡方面，区域发展不均衡带来的负面影响通常可以通过人口迁徙流动在一定程度上予以消除，但这种人口迁徙必须是常态式的，而非潮汐式的，否则将极大地提高交通运输成本和时间成本。不幸的是，当前中国这两种情况都严重存在，春节、国庆等时期中国壮观的人口大迁徙，就是这些问题带来的后果。因此，为了降低交易费用，必须促进均衡发展，包括地区经济均衡发展以及地区人口均衡发展。在促进地区均衡发展时，具体措施包括加大对人口迁出地区交通基础设施和公共服务设施建设投入，给予优惠政策鼓励东部产业向这些地区转移等，鼓励人口迁出地区等欠发达地区的经济社会发展，使一部分人能够实现就地城市化；在促进地区人口均衡发展时，要实行户籍制度改革或者公共服务体制改革，使外来劳动力能够在工作地享受到基本公共服务，帮助其实现安居乐业，避免潮汐式的迁移，减少由此带来的社会交易费用。不过，要注意的是，促进均衡发展并不是要各地区平均发展，适度的集中可以做到规模经济和范围经济，也是另外一种节约交易费用的途径。同时，那些实在不适合发展的地区，也不能以过度倾斜的政策鼓励其发展，而应该努力通过城市户籍改革和公共服务体制改革使其外出人口在工作地实现城市化。

五 提高交易部门投融资效率，完善基础设施

基础设施及其技术水平对于降低交易部门特别是交通运输、仓储和邮政部门的交易费用具有重要的作用。但是，基础设施的投资一般建设周期和回报周期较长，社会资本参与的积极性不足，抑制了基础设施的建设发展。当前，中国正处于产能过剩时期，地方政府举债投资的能力也受到削弱，迫切需要创新投融资模式，吸引各类社会资本的广泛介入，一方面尽快改善基础设施，另一方面也可借机拉动经济发展。吸引社会资本参与的关键在于降低项目的融资成本并提高项目的回报率。在融资方面，应该拓宽融资渠道，放宽项目公司发行债务限制，探索项目股权分散转让或出售，

提高直接融资比重，鼓励银行适当降低项目贷款利率，降低间接融资成本；在投资方面，通过提高项目经营效率、财政适度补贴等方式提高投资回报率，探索基础设施周边区域综合开发模式，给予参与公司优先建设权，努力提高综合开发收益。当前，中国城市道路、高速公路、机场高铁、物流仓储等设施都处于快速发展时期，通过创新投融资模式，提高投融资效率，势必会更快地促进基础设施的改善，进一步降低社会交易费用。

六 加强对交易部门监管，降低交易部门各类收费

交通道路、大型超市、金融机构等在市场上都存在一定的垄断性，即使放宽市场准入，这种垄断也会不同程度地存在，使这些部门依然可以凭借这种地位向相关经济主体随意征收各类费用。例如，交通道路的收费，虽然各地区大多制定了征收标准，但是很多道路收费期限并没有明确界定，更不用说征收的成本收益和管理效率状况；大型超市凭借自己垄断的市场地位向供货方征收签订合同费、新品进店费和开户费等，这些收费都会不同程度地向消费者转嫁；金融机构的收费更是名目繁多，包括转账收费、卡年费、短信费等，有的收费还和贷款直接挂钩，有的金融机构甚至凭借自己的垄断地位限制没有费用或者费用更低的互联网金融企业的业务扩张。当然，除了交易部门自身对消费者或其他相关者不正当收取费用外，也存在着监管部门对交易部门的乱收费，例如交通道路执法者对过往车辆的乱罚款和乱收费等。不管是交易部门企业的乱收费还是监管机构对交易部门的乱收费，最终都会转嫁给消费者，从而增加社会交易费用，侵蚀消费者的福利。因此，除了通过改革减轻市场垄断程度外，还需要加大对市场优势地位企业的行为监管，禁止乱收费行为的发生，同时对执法部门形成强约束，避免随意执法和过度执法，最终降低交易部门的整体费用。

七 促进契约有效履行，降低市场摩擦成本

契约是市场经济的"灵魂"。契约的有效履行不仅可以减少无谓的摩擦成本，而且还可以增强人们之间的信任，进一步提高彼此之间的合作意愿，对于促进经济活动更顺利进行具有重要意义。相反，如果契约不能有效履行，就会导致很多合作机会的丧失，资源失去最优配置的机会，无论对于经济主体自身还是对于社会整体，都是一种效率损失。公共管理和社会组

织如各种行业协会和法院等，是保证契约有效履行的最后屏障，提高这一交易部门的工作效率对于促使市场经济的正常运行具有重要作用。当前，中国大多数契约可以得到很好地履行，但是也存在一些不能正常履行的情况，需要法院等司法机构或者仲裁机构进行裁决，但由于司法和仲裁机构存在地方保护主义倾向，同时工作人员任务偏重，很多时候就导致要么案件久拖不决，要么就是判而不决，难以得到真正执行，不仅耗费了过多的时间成本和物质成本，而且最终也难以得到满意的结果。此外，中国还存在着行政干预司法的情况，甚至个别领导干预司法的情况也时有发生，使契约在履行方面更难以得到切实保障。契约的不能有效履行或者履行成本过高，会使整个社会缺乏信任感，导致社会信用萎缩，交易费用上升。因此，为了降低违约带来的交易费用，政府需要更加注重仲裁机构和司法机构的建设，严明司法执法纪律，提高工作效率，强化契约履行的保障。

八　提高公共组织运行效率，提高交易效率

公共组织是提供公共服务的部门，在一定程度上具有垄断性。在过去很长一段时间，由于这种垄断性的存在和缺乏强有力的约束，公共组织机构存在比较严重的人浮于事的风气和官僚习气，公共服务的意识极度缺乏，降低了社会资源配置的效率，提高了社会交易费用。同时，由于法纪涣散，公共组织部门存在比较严重的寻租现象，资源不是按照效率原则进行配置，而是按照人情关系甚至利益导向进行配置，直接导致社会资源的浪费和交易费用的提高。因此，要降低社会交易费用，就需要对公共组织的运行效率予以改进：一要转变意识，特别是要强化服务意识；二要强化纪律管理，提高部门工作效率；三是要加强法治建设，对于接受寻租者贿赂和违反法律的人员追究刑事责任；四是规范行政自由裁量权的应用，有可能的话缩小自由裁量权。通过推动意识转变、纪律强化、法治建设和法规改进，将公共组织运行效率得到有效提高，有利于社会交易费用的降低和交易效率的提高。

九　增强政策法规的有效性，减少政策决策和执行成本

中国经济处于快速的发展过程中，一定时期的政策法规到了新的发展阶段往往已经不适应新的发展环境，导致产生额外的交易费用。不仅如此，

正是由于经济社会发展迅速，政策法规制定者也很难把握每一时期政策的精准性，出台的政策法规容易与实际产生较大的偏差，也会增加社会交易费用。例如批发零售业曾经是城市核心区的重要产业，但是随着城市人口规模的扩大。以及物流规模的增加，原有的产业政策已经与现实严重偏离，就需要对这些产业政策进行重新调整，鼓励这些产业向郊区转移。还有，西部大开发投入了大量的资金进行交通道路建设，但是由于产业发展的滞后，尽管一定程度上便利了西部地区人们的出行，但并没有达到原来的预期目标，很多交通道路设施使用强度偏低，也造成了部分资源浪费。除此之外，由于政策法规的频繁调整以及政策法规缺乏必要的衔接，部分企业的投资也难免遭受损失，从而增加了这些企业日后进行投资的顾虑，不利于投资活动的正常进行。这些问题的存在，提醒我们在以后的政策法规的制定或调整中，应该努力提高政策法规的实际可操作性，并保持新旧政策法规之间必要的衔接，尽可能将政策法规调整不得不付出的成本降低到最低程度，提高全社会的资源配置效率和交易效率。

第四章 资源流动、配置效率与
供给侧改革

第一节 资源流动壁垒与配置效率

一 资源流动与配置效率的关系

帕累托效率是经济效率概念的核心和基础。意大利经济学家和社会学家帕累托是这样定义帕累托效率的：当资源配置达到这样一种状态时，即没有一种方法能在不使其他任何人的境况变坏的同时使任何人的情况变得更好，那么这种状态就是帕累托最优的，或者说资源配置达到了帕累托效率。帕累托效率包含两个方面：一是生产效率，即企业生产达到一种状态——不能通过不减少一种产品生产的条件下而增加另一种产品的产量，这意味着企业都在生产可能性边界上组织生产；二是分配效率，即产品在生产者和消费者之间有效率地分配，以及生产要素经过企业的竞争在各企业间有效率地配置。完全竞争市场是实现帕累托效率的充要条件：需求中的自由竞争会导致所有商品的边际替代率相等；供给中的自由竞争会导致所有要素的边际技术替代率相等；需求和供给的边际转换率也相等。

当相同的生产要素在企业之间不能自由流动时，有些企业生产可能性边界有可能会小于另外一些企业的生产可能性边界，或者只在生产可能性边界之内组织生产，整个社会的生产也相应在更小的全社会生产可能性边界上生产或者在生产可能性边界之内组织生产，从而使资源配置达不到帕累托最优；当不同的生产要素资源自由流动程度不同时，生产要素的边际技术替代率可能会相等，但是由于生产要素资源的相对价格受到自由流动程度不同的影响而发生扭曲，生产要素的边际技术替代率也会受到扭曲，如果生产要素最终达到充分就业，则整个社会的产出数量和产出结构也会受到明显的影响，特别是当生产要素在不同地区和不同行业之间的自由流动程度不同时，生产要素的边际技术替代率也可能发生变化，还会造成地区和行业间产出数量及产出结构的扭曲。

以上分析表明，生产要素资源的自由流动不仅可能会影响生产可能性边界或者生产在生产可能性边界的位置从而影响生产效率，也会通过影响边际替代率或者边际技术替代率来影响分配效率。不过，需要指出的是，生产要素资源不能自由流动如果仅仅只是影响生产可能性边界或者边际替代率，即不会对生产在生产可能性边界的位置产生影响，也不会对边际技术替代率产生影响时，整个社会的资源配置仍然可能达到帕累托效率，不过此时整个社会也仍然存在通过体制改革来促进资源的自由流动实现非帕累托改进的空间。

二 要素资源在不同所有制经济之间的流动壁垒

中国是以公有制经济为主体的社会主义国家，公有制经济在经济发展中的主体地位决定了其与政府的关系已经超越单纯的所有关系，同时也因此被赋予了比民营经济或其他所有制经济更多的社会功能，政府通过自身作为公有制经济单位所有者和社会管理者的双重身份对其进行管理，公有制经济与其他所有制经济这种不对等的经济地位造成了要素资源在不同所有制经济之间不能顺畅流动。

表4-1比较了规模以上大中型工业企业和规模以上国有及国有控股工业企业的主要经济指标。从表4-1不难看出，国有及国有控股工业企业平均资产规模在2007年以前低于大中型工业企业，但从2007年开始超越后者，并且在2014年接近大中型工业企业的2倍，国有及国有控股工业企业主要通过资产重组或者企业合并扩大企业规模。不过，当考察二者的总资产贡献率时，不难发现除了2006年二者的总资产贡献率基本相等外，其余年份国有及国有控股工业企业总资产贡献率都明显低于大中型工业企业；在比较二者的成本费用利润率时，也有基本类似的发现，2003~2007年国有及国有控股工业企业成本费用利润率高于大中型工业企业，其余年份明显低于后者（见表4-1）。

表 4 - 1   国有及国有控股工业企业与其他类型工业企业的经营效率比较

年份	大中型工业企业			国有及国有控股工业企业		
	平均资产规模（亿元）	总资产贡献率（%）	成本费用利润率（%）	平均资产规模（亿元）	总资产贡献率（%）	成本费用利润率（%）
1998	3.3	7.1	2.5	1.2	6.5	1.6
1999	3.7	7.7	4.0	1.3	6.8	2.9
2000	4.0	9.4	6.9	1.6	8.4	6.2
2001	4.2	9.1	6.3	1.9	8.2	5.8
2002	4.4	9.6	6.5	2.2	8.7	5.9
2003	5.3	11.0	7.1	2.8	10.1	7.3
2004	5.6	11.7	7.4	3.1	11.0	8.4
2005	6.0	12.0	7.1	4.3	11.9	8.4
2006	6.5	12.9	7.4	5.4	12.9	9.4
2007	7.0	14.0	8.2	7.6	13.8	9.9
2008	7.6	13.2	6.8	8.9	11.8	6.7
2009	8.5	12.7	7.2	10.5	11.3	6.7
2010	9.2	14.9	8.7	12.2	13.6	8.4
2011	8.2	15.2	8.1	16.5	13.7	7.7
2012	8.9	14.3	7.1	17.5	12.8	6.5
2013	9.6	14.0	6.7	18.5	12.2	6.5
2014	10.4	13.2	6.6	19.7	11.3	5.8

数据来源：中经网统计数据库（http://db.cei.gov.cn）。

　　为了进一步比较国有及国有控股工业企业与其他类型工业企业的区别，笔者利用 DEA 技术分别计算工业行业规模以上国有及国有控股工业企业、大中型工业企业和全部工业企业的 Malmquist 指数，从而得到各类性质工业企业的全要素生产率变化率，以及由此分解出来的纯技术效率、规模效率、技术效率和技术进步。其中技术效率等于纯技术效率和规模效率的乘积，全要素生产率变化率等于技术效率与技术进步的乘积。计算软件是 Deap 2.1，样本时期为 2000～2011 年，投入变量为工业企业资产和就业人员年平均人数，产出变量为工业企业总产值。表 4 - 2 描述了不同类型工业企业全要素生产率变动及分解情况，数值皆为各年均值。从表 4 - 2 中不难看出，国有及国有控股工业企业在全要素生产率变动、技术进步、技术效率变动、规模效率变动、纯技术效率变动等方面，都低于大中型工业企业和全部工业企业。

表4-2 国有及国有控股工业企业与其他类型工业企业的全要素生产率变化及分解

企业类型	技术效率变动	技术进步	纯技术效率变动	规模效率变动	全要素生产率变动
国有及国有控股企业	0.994	1.033	1.000	0.994	1.026
大中型工业企业	0.999	1.076	1.002	0.997	1.075
全部工业企业	1.000	1.120	1.000	1.000	1.120

数据来源：吕风勇：《市场抑制、体制改革与市场决定性作用》，《经济体制改革》2014年第4期。

由以上分析可以推知，国有及国有控股工业企业与其他类型工业企业经营效率存在着明显差别，并且这种差别持续期较长，基本依此可以判定不同所有制之间存在着某种较大强度的分割力量，这种分割力量使不同所有制经济之间的要素资源不能彼此自由地流入或流出，从而使国有及国有控股工业企业虽然经济效率偏低却依然能够在市场上存活甚至发展，如果不考虑国有及国有控股工业企业可能具有的其他社会功能，这种低效率企业的维持无疑会降低全社会的经营效率乃至资源配置效率。

要素资源的流动在不同所有制经济之间存在较严重的障碍，主要有四方面原因：一是中国实行公有制经济占主体地位的经济制度，这意味着公有制经济受到政治层面的有力保护，而资源流动是按照经济效率原则进行的，政治和经济方面的冲突还没有寻找到有效的解决或协调方法；二是中国公有制经济的现代公司治理结构迟迟得不到完善，委托代理的问题得不到根本解决，企业经营管理者的经营目标并不是经营效率的提高，而是努力保持对企业更完全的控制权，其相应的选择也是封闭运行而不是积极与其他所有制经济实现资源融合；三是由于委托代理问题的存在，政府作为资产所有者与企业经营管理者在客观上存在互相不信任的问题，使后者害怕承担国有资产流失的罪名而不愿意与其他类型所有制经济通过兼并重组等方式促进经营效率的提高；四是政府作为资产所有者的主要目标除了保持公有制经济对国民经济的控制力之外，还有国有资产的保值增值。由于以上四方面的原因，保持国有资产的保值增值时仍然不能遵循经济效率最大化的原则，反而进一步提高了公有制经济的比重，更加不利于全社会要素资源的流动和配置效率的提高。

三　要素资源在城乡之间的流动壁垒

中国的发展过程也是工业化和城市化不断推进的过程，即是一个不断由农业经济向工业经济和服务经济转变，由农村生活方式向城市生活方式转变的过程。但是在这一转变过程中，要素资源的自由流动却受到较严重的阻碍，城市化推进并不顺利，特别是职业身份的转变并没有带来生活方式的彻底转变，大量从事非农职业的人员被迫不断地在工作地和生活地之间迁徙，继续过着类农业社会的生活方式。图 4-1 和图 4-2 分别描述了城镇居民家庭人均可支配收入与农村居民家庭人均纯收入的比率、工资性收入占农村居民家庭人均纯收入的比重。从图 4-1 中不难看出，1992~2014年城镇居民家庭人均可支配收入与农村居民家庭人均纯收入的比率总体呈现先升后降态势，2014 年这一比率为 2.9。而图 4-2 则显示，1992~2014年工资性收入占农村居民家庭人均纯收入的比重稳步上升，2014 年已经达到 45.2%，成为农村居民的主要收入来源。城镇居民和农村居民较大的收入差距反映了城乡之间劳动力要素流动的藩篱的存在，而工资性收入占农村居民收入比重的提高表明农民外出打工的普遍性及其对收入提高的重要性。

这种半城市化现象的广泛存在，至少带来以下几个方面的问题：一是加剧社会不公平的程度。广大的农民工本身属于收入偏低的群体，半城市化将农民排除在城市生活体系之外，无法享有与工作地居民同等水平的公共服务和社会保障，使社会不公平程度进一步加深。二是增加了时间和交通资源的浪费。农村外出打工者被迫在工作地和生活地之间频繁地迁徙，会耗费大量的时间成本和交通成本，不仅破坏了工作的连续性，而且占用了过多的不必要的交通资源。三是半城市化还使农村外出打工者更多在农村进行置业，不仅无法实现公共资源和公共服务的集约化利用，还会导致农村土地等资源的极大浪费。四是半城市化还导致城市服务业的滞后。大量农村外出打工者只在工作地少量消费，这使工作地城市的服务业发展受到较大程度的抑制，工业化进程和服务业发展不能协调推进。

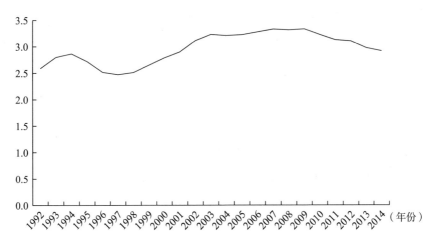

图 4 – 1　城镇居民家庭人均可支配收入与农村居民家庭人均纯收入的比率

数据来源：中经网统计数据库（http://db. cei. gov. cn）。

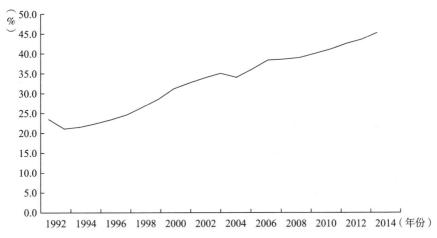

图 4 – 2　工资性收入占农村居民家庭人均纯收入的比重

数据来源：中经网统计数据库（http://db. cei. gov. cn）。

　　城乡之间土地资源的流动也存在着较严重的障碍。土地曾被视为关乎农民生存和社会稳定的基本生产要素，失去了土地就意味着失去了赖以生存的物质条件。但是，随着城镇化和工业化的迅速推进，传统农业耕作方式的经济效率已经远远落后于工业和服务业等行业，农村外出打工收入开始替代农业耕种经营收入成为农民收入的主要部分，许多地方出现了土地"撂荒"、两季耕作改为一季耕作、放任式粗放型耕作等问题，土地产生的效益不升反降。不仅如此，农村宅基地也缺乏必要的流转性，村民之间的宅基地流转或者被禁止，或者没有明确的权益保护，农村宅基地作为一种财产的属性还没有从法律上被确定，这直接导致很多农村宅基地被闲置荒废，城市中许多对农村宅基地有需求的居民也无法购买。经营性土地和农村宅基地流转存在的问题也是当前农村面临的主要问题。

阻碍农村劳动力自由流动的因素既有历史因素，也有体制因素。农村有相当一部分年岁较长的劳动力，生于传统农业社会也长于传统农业社会，主要经验在于农业生产，缺乏工业和服务业所需要的相关经验，在城市里往往是以打零工的形式从事非农活动，收入低而且不稳定，难以在城市购房置业和负担子女教育，这一部分劳动力即使能够享受充分的公共服务，也不愿意舍弃相对轻松的传统生活地而选择在城市的重压下生活。农村相对年轻的一代，基本上成年伊始就在城市或工厂工作，拥有一定的工作经验，但是工作的稳定性依然比较差，加之社会保障体制的不健全和享受公共服务的不足，家庭生计和子女教育等极易受到不稳定因素的冲击，其中相当一部分人仍然沿袭上一代人迁徙式的工作生活方式，只有少数人努力在体制许可的条件下在城镇安家生活。另有一部分从农村走出来的人，他们拥有较为稳定的收入来源，基本在城市里安家生活，只是由于在医疗、教育等方面不能享受与市民同样的待遇，其父母老人大部分仍然生活在农村，子女在参加高考时也要返乡，这部分人来往于农村和城市中的频率相对较高，不过基本结束了频繁迁徙的生活。这些分析表明，体制因素是影响农村劳动力自由流动的一个重要因素，特别是阻止了有一定收入保障但工作稳定性较差的农村群体的城市化，也给有稳定收入的农村群体的城市化造成一定的困扰，这都需要通过改革予以解决。而相对年长而收入又没有太多保障的群体，半城市化依旧是他们的最终选择，对这部分人需要改善农村地区的公共服务来提高其生活水平。

土地流转存在较多的障碍因素，情况也较为复杂。就耕地而言，有些地方的土地流转已经比较普遍，这些地方主要是那些不易耕作、耗用劳动力较多的地区，或者是土地平整但是人口稀少的地方，前者如部分丘陵山区地带，后者如东北三省的很多地区；另一些耕作条件较好、耗用劳动力较少的耕地，如果当地第二、第三产业就业机会较少，其流转性就较差，主要是因为仅仅留守的妇女和老人就可能在借助机械的情况下轻易完成土地耕作的任务，如山东和河南等平原地区的耕地。这表明耕地的流转性如何主要取决于当地的耕作条件和经济状况。不过探究根本，最主要的因素还在于农户对耕地转出收益与自耕收益的比较。事实证明，规模化经营可以解放劳动力，提高劳动生产率，但是土地亩产却低于家庭自耕地的亩产数量，从而可以付给农户的土地租金也相对较低，在没有其他更佳就业机会的情况下，农户就不愿意将土地流转出去。不过，阻碍土地流转的体制因素也较多，特别是农村居民社会保障程度过低，很多农户倾向于将土地作为基本生活保障的最后屏障，其进行土地流转的积极性也受到严重的抑制。至于宅基地的流转障碍，主要是政策层面的因素所致。一是宅基地的流转势必会导致城市周边宅基地的价格上涨，加大城市规划建设的成本，也会使小产权房变相合法化而导致无序发展；二是政府担心宅基地的流转会导致城市居民大肆购买农村宅基地或其住房，加重对土地资源特别是耕地资源的侵占和浪费；三是政府担心部分农户出于短期利益变卖宅基地及其附着物，容易引发财产纠纷或者威胁社会稳定。主要由于以上几方面的原因，政府对农村宅基地的流转制定了很严格的限制条件，使宅基地的流转面临较多的障碍因素。

四　要素资源在不同区域之间的流动壁垒

在由计划经济走向市场经济的过程中，中国政府在推动改革和促进发展方面发挥了重要的作用。但是，也正由于政府对经济所具有的较强干预能力，出于地方利益的考虑，地方政府之间存在着较强的竞争冲动，经济区的行政区化严重，自由统一的市场难以彻底形成，要素资源在跨地区的自由流动受到了严重阻碍，抑制了资源配置效率的提高。

地方保护主义阻碍外地企业的市场进入。有些地方行政主管部门采取多种形式的地方政策来抑制外地企业对本地市场的进入，这些政策包括提高外地施工企业准入门槛，增加外地施工企业投标限制，通过过度检查检测抬高外地企业运行成本，增加对本地企业生产产品政府采购数量，给予本地企业不对等的财税金融优惠政策等等。我们往往可以观察到在某些地方一个或数个本地企业会占据当地市场的较大份额而其他外地企业只占有较少的市场份额的情况，这在很大程度上就是受到地方保护主义影响的结果。地方保护主义可以使本地企业获取更多的利润，促使本地企业更快更好地发展，而地方政府也可以从本地企业的发展中获得税收和企业捐赠等好处，这些都是地方政府热衷于奉行地方保护主义的原因。

基础设施和公共服务的地方分割抑制要素资源的自由流动。以京津冀地区为代表的跨区域协调发展已成为当前中国的一个重要发展战略，但是这类战略的出台正是由于更高层级的政府认识到地方保护和区域分割所带来的一系列的严重问题已经影响到经济的持续协调发展。在某些区域，地方性或者区域性交通道路等基础设施都是由各级政府主导建设的，这使那些相邻却分属不同行政区的地区基础设施发展状况彼此相差悬殊，对要素资源的自由流动带来了一定程度的分割作用。医疗和教育等公共服务以及金融通信等基础性商业服务也带有明显的区域性特征，变成阻碍要素资源流动的一道道难以逾越的鸿沟，使要素资源的自由流动受到更大程度的约束。基础设施和公共服务的分割主要是由于每个地方政府承担的公共产品提供责任只限于本辖区，是一种个体理性的选择，而各地方政府彼此之间缺乏有效的沟通协调带来的后果却是一种集体非理性。

社会保障服务尚缺乏顺利的衔接机制也对要素资源的自由流动产生了较大的阻碍作用。尽管养老、医疗等社会保障体制改革正在积极推进之中，但是跨区域衔接机制还没有完全建立起来，距离实现全国范围的"一卡通"式的社会保障目标还相差甚远，加之更高级别、更大范围内的社会保障统筹也远没有完成，社会保障关系在异地接转时无法同时将社会统筹基金部分跨区域转移，劳动力资源在全国范围内的顺利流动也无形中受到较大程度的抑制，甚至削弱了劳动者参与社会保障的积极性，对建立长效的社会稳定机制极其不利。同时，即使社会保障关系实现了一定程度的异地接转，但是劳动者仍然不能享受社会保障的异地服务，即参与社会保险者只能在社会保障关系所在地接受社会保障服务，在外地接受医疗等服务时难以享受相应程度的保障，这也不利于要素资源跨区域的自由流动。

要素资源跨区域流动遇到的障碍主要源于地方保护主义以及现行行政体制安排下形成的层层行政壁垒。企业一般按照利益最大化的原则安排生产经营活动，它们倾向于在全国范围内进行布局和经营，而地方政府也主要按照公共支出最大化原则来从事社会经济事务管理，但由于它们只在行政层级的约束下在本辖区内进行活动，所以它们倾向于通过地方保护主义来获取更大的本地利益，同时也会将基础设施和公共服务提供排他性地限于本辖区，以至经济区的行政区化特征明显，要素资源的流动受到行政壁垒方方面面的约束，跨区域流动受到严重的抑制，降低资源的社会配置和使用效率。地方保护主义需要通过全国性的更为规范严厉的法规予以有效约束，行政分割则需要建立更大范围、更加有效的区域协调机制予以解决。

除了要素资源在不同所有制经济之间、城乡之间和区域之间的自由流动遇到较大的阻碍外，科技人才等资源从行政事业单位向非公有制单位流动时也由于社会保障关系和职称身份评定等方面存在的问题而受到较大的影响。总体而言，阻碍要素资源自由流动的因素有些是客观的，受经济社会发展特定阶段的影响，政策和体制因素无疑还是最主要的影响因素。其中，有些政策和体制仍然具有一定的存在理由，但大部分政策和体制应该根据经济社会形势的变化及时进行调整，以促进要素资源的自由流动来提高资源的配置效率和使用效率。因此，通过供给侧改革，对影响要素资源自由流动的相关政策和体制进行适时调整，在现阶段对于经济结构调整和进一步解放生产力就具有重要的现实意义。

第二节　供给侧改革与资源自由流动

资源流动壁垒严重阻碍了资源配置效率的提高，通过供给侧改革破除资源流动壁垒，对于中国扩大供给能力、提高供给效率，具有重要的促进作用。中国资源流动壁垒形成的原因，主要包括行政区划分割作用严重、地方保护主义盛行、所有制歧视、体制机制设计存在缺陷、各类政策之间缺乏协调等方面。要破除资源壁垒，就要努力在这些方面推行改革，促进资源流动程度的提高。

一　产权资本要素的自由流动

产权资本是指生产组织中具有权益性质的资本份额，它是市场经济中最核心的要素，起着引导其他要素流向的重要作用，产权资本要素在不同经营效率企业之间的自由流动，会使各类生产要素能够以更加有效率的方式重新组合，提高全社会资源配置的效率，有利于扩大供给能力。

（一）消除所有制歧视

过分重视公有制企业资产的保值增值，担心资产向其他经济主体流失，导致的结果可能是较低生产效率的公有制企业依靠补贴在市场上持续存在，降低整体经济效率，也可能是持续亏损，直至公有制企业资产的自然蒸发，与资产保值增值目标背道而驰，造成社会资源的浪费。尽管政府对公有制企业具有的控制能力较强，但是控制力并不体现在对个体企业或者企业数量的控制上，而且对微观企业过多的控制只会导致更低的生产效率。只要中央政府对部分关键行业的控制能够保持国家经济安全，那么这种控制就应该被认为是足够了。只有消除所有制歧视，客观公正地审视和判断不同所有制之间产权资本的正常转移，才能够促进产权资本要素的自由流动，推动社会资源向更高效率的配置状态迈进。

（二）破除地方保护

地方保护也是阻碍产权资本要素自由流动的一个重要因素。地方政府通常认为本地企业具有更强的社会责任心，同时担心外地企业对本地企业的兼并收购会影响当地就业，所以往往对那些本地重要企业采取一种保护或者干预的态度，人为设置各种妨碍产权资本流动的壁垒。同时，破产清算也是产权资本要素流动的一种极端形式，虽然出于无奈，但是仍然可以使部分资源向更高生产效率的企业流动。地方政府为了本地税收和就业，往往通过给予财政补贴或者其他优惠政策使低效率企业继续在市场上生存，对行业内其他更高效率的企业产生一种挤出的负效应，增加了全社会低效率供给的比重，降低整体的社会生产效率。不仅如此，地方政府通常还会给予本地企业相比外地企业更多的财税、土地和金融优惠政策，使本地企业和外地企业处于不平等的市场竞争地位，同样会通过市场不公平竞争影响资源的自由流动，看似高效实则低效的本地企业就会占用更多的社会资源。因此，地方保护会严重影响产权资本要素的自由流动，必须通过法治或者更高层级政府的约束破除地方保护。

（三）弱化行政区划的经济影响

中国是一个大国，行政区划单位繁多，很多资源配置和政策实施都是以行政区划为单位的，而且中国行政的力量较强，经济活动受到行政区划不同程度的影响，例如金融服务收费、通信服务收费和车辆违章收费等各类收费，以及各地区的人才政策、财税政策等激励性政策，都有明显的差异。这些行政区划所造成的经济分割，使产权资本也不同程度地受到影响，产权资本的自由流动可能受到各类费用、成本和优惠政策的限制，从而改变了原来可能由低向高的流动方向。例如，各地人才政策的不一致，以及各地教育质量的显著差异，都会导致部分企业高管放弃向其他地区转移产权资本的意图。这就需要采取措施适当弱化行政区划的影响。这主要包括对各地的政策进行梳理，适当限制部分地区的高收费或者强激励，至少要将其限定在一个差异相对合理的水平。同时，要加快推进公共服务均等化的进程，必要时实施"反失衡"政策，优先发展落后地区的公共服务，使其达到甚至超过部分发达地区的水平，吸引产权资本向生产要素成本低廉的落后地区流动。此外，还要更加注重不同地区之间法规政策的衔接，减少产权资本流动可能遇到的各种不适应。

（四）进一步完善产权市场

产权资本的自由流动还受到市场信息完全性和资产定价的影响，产权市场就是为供需双方提供产权资本流动信息的重要场所，同时也是具有价值发现和价格确定功能的交易市场。当前中国产权资本市场并不是很发达，很多企业兼并重组信息只有部分产权投资基金知晓，不利于产权资本的顺畅流动，政府应采取措施进一步完善产权市场。主要措施包括：一要放宽产权市场的投资准入，鼓励社会资本投资建立各种综合或者行业性质的产权市场；二要建立产权市场网络，将已经建立的各类产权市场通过网络实现有效连接，通过信息共享提高产权资本交易的效率；三是提倡国有及国有企业通过产权市场实现产权资本的有效转移，以公开的市场定价杜绝内部人交易可能对国有资产带来的侵害，同时也增加产权市场的交易品种。

（五）加大对产权资本交易的金融支持

并购是产权资本交易的重要形式，它能够实现不同规模、不同行业和不同经营效率企业的再融合，将各类生产要素更有效地组合起来，可以避免许多企业破产清算带来的社会资源浪费。然而，并购通常需要巨额的资金，对于现金流不富裕的企业，通过金融机构融资或者其他形式的金融创新融资就成为筹措资金的首要选择。当前，中国应该进一步鼓励投资银行的发展，使投资银行成为企业并购中的重要投资顾问，并通过各种形式提供并购资金。同时，要创新并购融资形式，推进并购债券发行、资产抵押和股票互换等融资形式的发展。并购基金管理的资金也是并购资金的重要来源，应该通过鼓励保险基金、各类基金会基金等投资并购基金的发展，扩大并购基金规模，使其更好地发挥促进企业并购的作用，促进产权资本交易实现更有效率的流动。

二 劳动力要素的自由流动

劳动力要素是所有生产要素中最具有主动性的一类要素，它的自由流动不仅与效率有关，还与公平有关，而且公平与否还会影响效率。当前，制约中国劳动力要素自由流动的主要因素涉及户籍制度、社会保障、劳动力市场状况和劳动力就业技能等各方面，应该在这些方面进行改革，实现劳动力要素的自由流动。

（一）推动城乡户籍制度改革

城乡户籍制度改革是当前制约中国劳动力自由流动最主要的因素。户籍制度在客观上杜绝了城市贫民和贫民窟的集中出现，对于社会稳定发挥了一定的作用。但是，这种户籍制度是建立在严重不平等基础上的，同时劳动力的不断迁徙也增加了社会交易成本，需要根据中国实际进行改革。户籍制度改革应集中在两个方面：一是放宽城市户籍制度，鼓励农村转移劳动力实现城市化；二是降低农村居民放弃户籍制度的成本，消除农民的犹豫与担忧。当前城市户籍制度改革的难点在于大中城市公共服务严重不足，生活成本居高不下，农村转移劳动力和城市自身都难以承担城市化的高额成本，这就要求政府应该更加重视中小城市的经济社会发展，避免过度集中城市化。农村居民放弃户籍的成本主要是经营用地和宅基地，很多地方在向外转移劳动力放弃农村户籍后，会收回其经营用地，使转移劳动力产生不适应城市生活再返回农村会失去基本生活保障的担忧，所以未来要提倡人走地留，并实行农村和城市户籍自由转移，以消除农村转移劳动力的后顾之忧。不过，由于当前大城市一系列城市病问题的存在，户籍改革不能一蹴而就，否则极易导致对现有居民福利的冲击和贫民窟的出现，应该根据公共服务的普及情况和城市分散发展的情况有步骤、有秩序地逐渐放开，但最终目标要实现城乡户籍待遇的完全统一。

（二）健全社会保障体系

劳动力要素的自由流动还受到社会保障体系不健全的制约。这主要表现在三个方面，一是城乡之间社会保障关系的接续和保障标准的衔接，二是跨地区社会保障关系的接续和保障标准的衔接，三是行政事业单位和企业单位社会保障关系的接续和保障标准的衔接。社会保障关系不能有效接续和保障标准的不明确，增加了劳动力转移的担忧，抑制了其自由流动的积极性。因此，应该在全国范围内就社会保障政策进行调整，使关系随劳动力自由转移，缴费标准和保障标准按照统一的公式进行套算，并最终使用统一的社保卡。为了配合社会保障体制改革，政府还应该将社保基金向更高层级的管理机构集中，一方面提高管理效率，另一方面消除各地过多考虑自身利益而消极应对甚至阻碍社会保障体制改革。只有社会保障体制趋于完善，劳动力自由流动和变更户籍才更有积极性，才有利于他们生活的稳定和工作效率的提高。

（三）加快劳动力市场建设

劳动力市场是提高劳动力流动效率的重要因素，劳动力市场的不完善使劳动力供需双方彼此无法获取信息和合理确定工资水平，过高的搜寻成本会降低劳动力自由流动的意愿。中国要建立各种综合性和专业性的劳动力市场，并使之网络化实现信息共享，鼓励各类社会资本参与劳动力市场的建设。当前，随着互联网的发展，网络劳动力市场正在蓬勃发展，政府应该加强这些劳动力市场的管理，使之更加真实可靠，减少对搜寻工作的劳动者各种可能的欺骗。同时，针对中国目前存在的结构性用工荒的现实情况，相关部门应该及时向全社会反馈这一问题，引导劳动者更好地选择岗位，矫正劳动力市场存在的结构性错配，避免工厂因缺少劳动力而紧缩供给，同时也避免劳动者因找不到合适的工作而造成要素资源浪费。

（四）推广劳动力技能培训

劳动力自由流动很多时候不仅受到外界因素的影响，而且也受劳动力自身素质或技能的影响。具备较强劳动素质和较高劳动技能的劳动力，往往比较容易再次获得工作机会，也更倾向于根据自身发展需求在不同岗位之间流动。而那些劳动素质和劳动技能较差的劳动力，或者不敢轻易在不同岗位间流动，或者失去现有岗位后长期无法获得新的工作岗位，使劳动力自由流动受到较大的阻碍。特别是在现代科技高速发展的今天，技术革新还促使工作岗位和岗位要求不断发生变化，进行劳动力培训也是迎接现代科技发展挑战、促进劳动力适应就业结构变化的根本途径。因此，促进劳动力自由流动，还需要从劳动力岗位培训着手，一方面根据社会就业增长方向选择培训的主要内容，另一方面通过学徒培训、就业训练、学校正规培训、劳动预备制培训和职工培训等各种形式的培训提高劳动力技能。同时，在培训方式上，可以根据不同类型的劳动者制定不同的培训方案，例如创业培训、特种技术培训、单位定向培训等。这要求各地政府鼓励培训机构发展，并且发挥劳动监管部门的引导作用，开展多层次多形式的劳动力技能培训。

三 技术要素的自由流动

技术是一种重要的生产要素，是最终决定生产效率提升程度的决定性因素。技术要素的自由流动，将使技术能够更好地配置于现代化生产的过程中，有力地推动生产效率的提高。而要推动技术要素的自由流动，最根本的就是要建立完善的技术市场。

（一）明晰产权所有，突出技术的商品属性

技术市场必须建立在技术要素产权明晰的基础上，只有技术要素的产权归属被明确界定，才具有流动和交易的基础。明晰技术的所有权包含两个方面：一是公立性质的科研机构里的科研成果的归属问题必须得到明确，其产权究竟是公共性质的，还是科研人员本人的。美国《拜杜法案》通过公权私授将政府资助产生的科研成果所有权授予被资助机构，甚至是其中的科研人员，对于科技创新发挥了强有力的激励作用。这启示我们也应该重视将大部分的技术成果的产权界定给具体机构或其科研人员。二是知识产权保护，一旦技术成果的产权得以明确界定，那么就要通过法律严格保护技术成果所有人的产权，以确保技术成果在市场上以一定的价值进行交易。

（二）建立多种层次的技术市场，发挥技术市场的价格发现功能和信息互通功能

技术要素具有先进性、时效性和无形性等特点，其价值的评估通常是一件比较困难的事情，第三方专业机构的评估市场的认可度也较低。技术要素价值的评估困难造成了技术要素交易障碍，技术要素的自由流动受到阻抑。因此，建立规模较大的有形或者无形的技术市场，让相似或者相近的技术要素能够放在一起进行评估和比较，有利于技术要素的价值发现和价格确定。同时，也只有建立活跃、成熟的技术市场，技术要素的买方或者卖方也才能更好地实现供需匹配，促进技术要素的更快交易，增进技术要素自由流动的速度。

（三）促进人才的自由流动，发挥人才作为技术要素载体的作用

技术要素是一种特殊的生产要素，它固然可以以单一成果的形式存在，

但是由于技术创新是连续不断的，往往技术成果产业化后还会有各种各样的后续提升要求，这时专业的技术人才就是不可或缺的，在大多数场合可以认为人才就是技术要素的载体。只有人才能够自由流动，才能促进技术要素的自由流动。当前制约人才流动的因素突出地表现在体制内外人才的评聘标准不一致，特别是职称的评定通常只有体制内单位才有权承担，体制外单位不具有职称评定的权力。不仅如此，体制外的人才通常还难以从体制内单位获得职称评定机会。制约人才流动的另一个因素是体制内的人才在体制外单位兼职或者创业受到各种纪律限制，有时才学只能被埋没在书面化的研究中，不能在丰富多彩的实践中得到施展。人才的自由流动遇到的种种障碍，严重制约了附着在人才身上的技术要素的自由流动，必须予以破除。

（四）提高技术成果产业化率，提高技术要素的交易效率

技术成果的产业化是实现技术内在价值最根本的一环。中国高校、科研院所等科研机构研究产生了许多类型的技术成果，但是相对于国外同行而言，这些技术成果停留在书面上的较多，真正被产业化并形成具有竞争力的产品项目较少。这一问题的存在主要受两个方面因素的影响：一是作为技术供给方的科研机构对科技人员的评价考核指标与实践需求相脱节，科研人员为了完成这些指标更多地采取发表论文的形式，较少将之产业化，从而导致供给与需求不匹配；二是技术成果的产业化风险较高，同时还涉及复杂的利益关系，技术成果产业化成本偏高，也降低了技术成果的产业化率。只有技术成果能够被有效地产业化，技术成果的商品要素特征才能凸显，才更有利于技术要素的转移。当前，需要改变科研机构纸上谈兵式的指标考核体系，更多以市场为导向确定研究方向；同时，要建立官、学、研、资各方紧密联系的成果转化体系，提高技术成果转化的成功率，更好地带动技术研发者将成果产业化的积极性。

四　土地要素的自由流动

土地要素作为一种生产要素，在传统农业社会对于农业生产具有特殊重要的作用。不过，随着工业化和城市化的推进，土地要素特别是农村土地要素已经失去了原来提供生活资料和维护社会稳定的意义，根据时代特征的变化，对土地制度进行改革，促进土地要素的自由流动也应尽快提上日程。

（一）加强城乡统一规划

当前土地要素的流动障碍主要存在于农村宅基地和其他经营性用地方面，在推动农村土地要素自由流动之前，必须加强城乡统一规划，通过规划先行约束农村土地要素因自由流动可能带来的土地性质无序变更、土地使用规模过度扩张等行为，避免城乡建设失控、土地市场混乱等问题的产生。这就要求经济、社会和土地等多项规划合一，突出规划的前瞻性和全局性，对城乡建设用地规模合理划分，产业区和生活区合理布局，划定规划红线，制定约束惩罚制度，使土地要素在城乡规划的框架下自由但有序地流动。

（二）制定土地流转的区别对待政策

中国农村是一个广大的区域，土地要素的流转政策不能实行"一刀切"，而应该针对不同地区不同类型的土地要素实行区别对待的流转政策。根据农村土地相对城市的距离，可将农村土地划分为市区内、近郊区和远郊区等三种类型，并且划分距离也要根据大中小城市的辐射范围来确定。在市区内城中村的土地，要严格控制自由流转，必须根据已有规划由政府进行征收统一开发，这是因为这部分土地升值主要得益于各类公共基础设施和公共服务设施的建设，必须对原有土地所有者的收益进行调节；在近郊区的农村土地，其升值部分也受益于公共基础设施和公共服务设施建设，或者由政府征收统一开发，或者由其自由流转再行开发，但土地用途应严格与城乡规划保持一致，并且要上缴一定比例的收益调节基金；在远郊区的农村土地，由于公共基础设施和公共服务设施落后，政府对其流转收益不应再征收任何形式的收益调节基金，在要求其严格遵守城乡规划的前提下自由流转，并保障流转后使用权所有者的利益。在土地流转过程中，无论是经营用地还是宅基地，都不应该再限定购买者的身份，城镇居民可以在农村购买土地并应受到法律保护，这样可以促使农村土地特别是远郊区农村土地升值，使本已处于弱势的农民获得一定的补偿。

（三）推进城乡统筹综合配套改革

当前，农村劳动力流出的规模越来越大，空心村也越来越多，必须通过城乡统筹综合配套改革来应对这种局面。一要加强规划，促使过度分散的村庄向中心村集中，但是在集中的过程中要尊重农村的传统，在一定的规划下要保持农村建设的多样性，特别是传统院落不能彻底废除，集中的目的是以更低的成本为农村提供公共基础设施和公共服务设施，以及美化农村生活环境；二要放开城镇居民和其他农村居民在中心村的土地使用权购置，吸引更多富裕阶层的人居住，适度提高中心村的消费能力和中高档产品的供给能力；三是加大农村土地流转的金融支持力度，在确权的基础上提高对土地流转的保护程度，使农村土地流转乃至附着在土地上的建筑物的流转享有与按揭贷款类似的融资政策，进一步搞活农村房地产市场；四是建立与土地流转政策相配套的教育和医疗政策，购买农村土地或其上附着物的城镇居民及其他农村居民享有与本地居民同样的公共服务。

（四）　建立农村住房保障体制

农村住房保障长期被排斥在住房保障的范畴之外，推动土地自由流转具有盘活农村土地要素和农民资产的重要作用，但是也可能带来极少数农民失地和失房的情况，虽然这是小概率事件，却会增加人们的担忧而影响土地要素的自由流转。在此情况下，农村住房保障体制必须建立起来，成为住房保障体制的完整组成部分。建立农村住房保障体制应该规定几项原则：一是仍有宅基地的农民，由于家境贫寒而难以盖得起符合一定标准的住房的，可以给予一定的住房建设补贴帮助其自建住房；二是已经没有宅基地的农民，又无力购买和建造新的住宅，可以通过住房保障在中心村提供一定面积的住宅，有条件的地方也可以采取无偿分配的形式。不过，在建立农村住房保障的过程中，一定不能过度保障，以防过多农民卖地卖房消费再申请保障住房，同时对申请保障房的农民的资格要严加审查，以防恶意套取保障住房。

第五章　企业市场化、经营效率与供给侧改革

第一节　企业经营效率状况及影响因素

企业是市场活动的主体，根据市场竞争规则、按照利益最大化原则进行经营管理是企业赖以发展壮大的基本前提，任何违背市场原则的经营管理活动都有可能导致企业投资效率和生产效率的损失，特别是市场中有较多的企业投资效率和生产效率都较为低下并且由于某些障碍因素的存在长期得不到改善的时候，整个社会的投资效率和生产效率也会受到严重影响，不仅社会资源配置结构将被扭曲，而且生产也会收缩至社会生产可能性边界之内。

一　企业经营效率的状况

企业经营效率的高低主要受到企业投资效率和生产效率的影响。其中，投资效率主要取决于投资方向是否正确和投资规模是否适当，而生产效率主要取决于企业是否能够根据成本最小化原则组织生产。企业经营效率的高低不仅与企业自身经营管理能力有关，还受一定阶段政策环境的影响。

（一）投资效率

中国企业的投资效率如何呢？在适当的时机把握适当的方向进行适当规模的投资，是提高企业投资效率的基本前提，否则将会出现企业供给能力的不足或者过剩，继而影响企业经营效率的改善。林毅夫（2011）指出发展中国家的企业很容易对下一个有前景的产业产生共识，投资上出现"潮涌现象"。"潮涌现象"深刻地表明了包括中国在内的发展中国家容易产

生的投资特点,当"潮涌现象"过于严重时,也很容易在经济发生转折时带来产能过剩,此前的投资就是缺乏效率的。

表 5 - 1 描述了中国部分行业出现的投资"潮涌现象"。从表 5 - 1 中不难看出,部分行业在某些年份的投资同比增速攀升很快,呈现出较为典型的"潮涌现象"。例如,2005 年采矿业、家具制造业固定资产投资完成额分别同比增加了 52.1% 和 79.5%,2011 年纺织业固定资产投资完成额同比增加了 63.6%,通用设备制造业 2005 ~ 2007 年固定资产投资完成额同比增速分别达到 82.4%、52.9% 和 48.8%,专业设备制造业这一增速在 2005 年和 2007 年也分别达到 69.1% 和 55.1%,而电气机械和器材制造业 2005 ~ 2011 年一直维持在 40.0% 以上。"潮涌现象"带来的一个后果是产能的过剩和投资增速急剧的反转。例如,2014 年采矿业投资转为负增长;电气机械和器材制造业投资经过连续多年 40.0% 以上的高速增长,2012 年突然急转而下,仅增长 5.1%,2013 年和 2014 年分别增长 11.2% 和 13.0%。由于部分行业企业对未来经济形势和市场变化缺乏准确的预期,有时候进行巨额投资后仅仅在短期内市场就发生了逆向变化,使产能出现严重过剩。表 5 - 2 显示,尽管 2011 年有些行业投资同比增速很高,但是 2012 年很多行业主营业务收入都出现急速的下滑,纺织业和通用设备制造业规模以上工业企业主营业务收入甚至都出现了负增长,采矿业、电气机械和器材制造业规模以上工业企业主营业务收入增速也下滑到个位数。企业投资的巨大波动,对处于工业化进程中的发展中国家而言,通常并不构成太大的威胁,只要这种快速增加的产能能够被长期增长的需求所消化就不会出现过度产能过剩,但是如果长期需求出现趋势性的转变,那么产能过剩将不可避免,投资效率也毫无疑问地显著降低。

表 5 - 1 中国部分行业投资的"潮涌现象"

单位:%

年份	固定资产投资完成额(不含农户)同比增速					
	采矿业	纺织业	家具制造业	通用设备制造业	专用设备制造业	电气机械和器材制造业
2005	52.1	38.8	79.5	82.4	69.1	46.8
2006	28.4	19.6	43.8	52.9	38.8	44.0
2007	26.6	19.6	42.3	48.8	55.1	44.8

续表

年份	固定资产投资完成额（不含农户）同比增速					
	采矿业	纺织业	家具制造业	通用设备制造业	专用设备制造业	电气机械和器材制造业
2008	30.3	1.7	32.3	39.2	34.1	45.7
2009	19.3	14.6	26.0	37.5	35.8	51.8
2010	18.7	26.7	30.0	22.4	35.1	40.5
2011	21.2	63.6	42.6	40.7	41.1	57.7
2012	13.2	8.6	28.0	10.3	44.3	5.1
2013	10.2	19.0	26.2	23.8	18.4	11.2
2014	-0.8	12.5	26.7	15.8	13.7	13.0

数据来源：中经网统计数据库（http://db.cei.gov.cn）。

表5-2 中国部分行业主营业务收入增速变化

单位：%

年份	规模以上工业企业主营业务收入同比增速					
	采矿业	纺织业	家具制造业	通用设备制造业	专用设备制造业	电气机械和器材制造业
2005	33.9	32.4	53.8	37.2	31.6	32.9
2006	28.2	20.9	31.8	30.5	30.2	32.1
2007	28.9	21.4	29.0	34.0	32.9	31.5
2008	26.1	14.1	27.1	33.6	37.5	26.5
2009	10.8	8.4	11.7	11.7	16.7	10.3
2010	28.5	25.1	28.4	29.1	29.3	30.2
2011	17.9	14.9	14.9	16.7	22.3	19.0
2012	3.0	-0.1	14.6	-5.3	10.2	8.7
2013	12.3	12.2	14.0	12.5	11.7	11.9
2014	8.9	5.9	12.5	9.9	8.6	9.8

数据来源：中经网统计数据库（http://db.cei.gov.cn）。

（二）生产效率

影响生产效率的因素包括企业生产组织能力和企业管理的规范状况。企业生产组织能力是指在一定技术水平下，经过原材料采购、生产要素投入和最终产品的形成等完整生产流程，以既定投入获得最大产出的能力；企业管理的规范状况则指企业经营管理人员遵守企业生产管理规章制度的意愿和程度，即企业经营管理人员是否积极主动地遵守企业生产管理规章制度，或者是否存在主观违反企业规章制度以满足个人私利的情况，等等。换句话讲，影响生产效率的因素包含客观能力和主观意愿两个方面。

中国广大的民营企业通常是有生产效率的，即民营企业主通常也是企业主要的经营管理者，他们在主观上致力于企业生产的成本最小化，客观上受到"优胜劣汰"市场竞争规律的鞭策而会努力提高企业的生产组织能力。国有及国有控股企业和部分所有权与经营权分离得较为彻底的股份制企业，通常容易出现生产效率低下的情况，这主要是由于这些企业存在较为突出的委托代理问题。企业经营管理者和股东的目标并不完全一致，即使客观上有提高生产组织能力的动力，但主观上追求规模最大化或者其他个人私利的努力不仅会直接降低生产效率，而且也会通过削弱生产组织能力间接降低生产效率。

表 5 - 3 描述了不同类型规模以上工业企业成本费用利润率的情况。表 5 - 3 显示，2005～2007 年，国有及国有控股企业成本费用利润率比私营企业、外商及港澳台商投资企业都要高，也比规模以上大中型工业企业平均成本费用利润率高，这应该主要得益于当时的资源价格上涨和重化工行业的飞速发展，因为国有及国有控股企业比其他类型企业更多地集中于资源开发行业和重化工行业。2008 年以后，国有及国有控股企业成本费用利润率开始明显低于规模以上大中型工业企业，在大多数年份也低于私营企业、外商及港澳台商投资企业。为了剔除行业因素的影响，表 5 - 4 进一步比较了不同行业规模以上工业企业成本费用利润率的情况。表 5 - 4 显示，相比2007 年，2014 年纺织业、通用设备制造业、专用设备制造业、电气机械和器材制造业中的私营企业，成本费用利润率都有所上升；但是，除了纺织业外，其他行业中的国有及国有控股企业成本费用利润率都有显著的下降；2007 年，黑色金属冶炼和压延加工业、通用设备制造业、电气机械和器材制造业中的私营企业成本费用利润率略低于国有及国有控股企业，其他行业中的私营企业成本费用利润率都高于国有及国有控股企业，而到 2014 年，所比较的六个行业中的私营企业成本费用利润率都远远高于国有及国有控股企业，外商及港澳台商投资企业、规模以上大中型工业企业平均成本费用利润率也都远远高于国有及国有控股企业。由比较可知，不同类型的企业生产效率一般是有较大差别的，如果生产效率较低的企业所占市场份额

过大，那么就会对全社会生产效率的提高产生较大的不利影响。

表5-3　分类型规模以上工业企业成本费用利润率

单位：%

年份	私营企业	外商及港澳台商投资企业	国有及国有控股企业	规模以上大中型工业企业
2005	4.93	5.58	8.44	7.05
2006	5.27	5.83	9.35	7.42
2007	6.08	6.45	9.90	8.16
2008	6.87	5.99	6.71	6.76
2009	6.71	7.25	6.73	7.21
2010	7.92	8.64	8.43	8.73
2011	7.99	7.59	7.66	8.05
2012	7.69	6.62	6.52	7.13
2013	7.35	6.85	6.46	6.65
2014	6.77	6.93	5.82	6.62

数据来源：中经网统计数据库（http：//db. cei. gov. cn）。

表5-4　分行业规模以上工业企业成本费用利润率

单位：%

行业	企业类型	2007年	2014年	行业	企业类型	2007年	2014年
煤炭开采和洗选业	私营企业	11.62	7.96	通用设备制造业	私营企业	6.13	7.19
	外商及港澳台商投资企业	25.46	10.92		外商及港澳台商投资企业	9.37	8.50
	国有及国有控股企业	11.36	2.25		国有及国有控股企业	6.45	3.97
	大中型工业企业	12.7	4.15		大中型工业企业	7.66	7.42
黑色金属冶炼和压延加工业	私营企业	4.57	4.37	专用设备制造业	私营企业	7.32	7.68
	外商及港澳台商投资企业	6.47	2.49		外商及港澳台商投资企业	10.62	7.78
	国有及国有控股企业	6.58	0.16		国有及国有控股企业	6.11	1.28
	大中型工业企业	6.92	2.04		大中型工业企业	8.76	6.87

续表

行业	企业类型	2007 年	2014 年	行业	企业类型	2007 年	2014 年
纺织业	私营企业	4.39	6.35	电气机械和器材制造业	私营企业	5.37	6.82
	外商及港澳台商投资企业	4.52	5.91		外商及港澳台商投资企业	5.84	6.25
	国有及国有控股企业	1.71	1.88		国有及国有控股企业	5.83	4.44
	大中型工业企业	4.78	6.13		大中型工业企业	6.03	7.00

数据来源：中经网统计数据库（http://db.cei.gov.cn）。

二　企业经营效率的影响因素

影响企业经营效率的因素有很多，既包括企业自身方面的因素，也包括政策体制方面的因素，甚至也包括发展阶段和发展道路方面的因素，对这些可能影响企业经营效率的因素进行深入分析，有利于未来通过供给侧改革促进企业经营效率的提高，并带来全社会资源配置和使用效率的有效改善。

（一）委托代理问题的存在

委托代理问题是所有权和经营权分离的企业普遍面临的问题，问题的严重程度又主要受到产权所有者对企业经营者监督管理能力的影响。通常来讲，产权所有者如果是私人性质的个人或法人，其对企业经营者的监督管理能力相对较强，而产权所有者如果是国有性质的法人或单位，其对企业经营者的监督管理能力相对较弱。国有性质的产权所有者也不是真正的国有资产所有者，而只是被政府授权的国有资产代理者，其自身行为仍然存在一种委托代理问题。由此上溯，国有资产并没有真正的所有者，所谓的全民所有，只是一种虚拟的存在。正是因为缺乏真正的所有者主体，以及层层的委托代理关系的存在，国有企业天然存在着较其他类型企业更严重的内部人控制的问题，特别是在委托代理机制僵化、法律制度不完善的情况下，企业经营者行为偏离上一层级委托者目标的程度就更为严重。作为代理方的企业经营者的目标通常是追求企业规模最大化，或者追求短期企业利益最大化，突出地表现在市场景气时期倾向于更大规模投资，这样不仅可以扩大自己所控制企业的规模，同时还可以在短期内获取更大的企业利润，即使这种投资在长期可能会导致产能过剩以及企业连续亏损也在所不惜，特别是任期制下的国有企业经营者行为更会如此。在组织生产时，企业经营者也可能尽量多地任用亲朋好友或者通过利益交换聘用寻租者，并倾向于过度职务消费，甚至走上贪腐之路，这些都会导致生产成本上升和生产效率下降。

（二）过度的补贴政策

财政补贴一直是中国政府促进特定产业发展的重要政策工具之一，它对于鼓励特定产业中的企业扩大生产、快速达到政府产业调控目标具有重要的作用。然而，补贴政策也存在几个明显的弊端：一是对某些行业的企业过度补贴，相关行业出口的产品容易招致国际反倾销反补贴的制裁，由此导致的出口规模短期内急剧下降将带来相关行业及企业产能的严重过剩；二是补贴政策有利于鼓励企业短期内扩大相关产品的生产，但是当补贴政策不可持续而过快退出时，也容易导致已投产企业因成本上升而出现亏损或者产能过剩；三是长期的补贴政策容易导致企业逐渐对补贴形成依赖而导致市场竞争意识和竞争能力弱化，抑制企业创新能力的提高和阻碍市场中企业的优胜劣汰。补贴政策的这些弊端表明，如果某些行业中的企业接受过度的财政补贴，这些企业要么可能会出现过度投资的现象，要么可能会出现生产效率低下的现象。正是因为补贴政策可能存在的这些问题，实施补贴政策需要慎之又慎，不能只关注到补贴政策实施后短期供给能力的扩大，更要关注这种供给能力的扩大是否能够最终通过生产效率的提高而可持续。例如前些年中国对光伏产业的过度补贴，最终招致了国际上对中国出口的光伏产品的反补贴和反倾销制裁，使国内光伏企业在短期内出现停产、亏损和破产的浪潮，投资效率和生产效率都受到严重的影响。

（三）企业市场预期的盲目性和不稳定性

对未来市场的预期是引导企业进行投资和生产的重要信号，预期的正确与否直接影响企业投资效率。中国处于快速的发展过程中，经济结构和政策体制的调整都很快，从而会对企业的市场预期产生干扰作用，使企业难以准确预期未来的市场变化，这种情况下，企业倾向于采取"跟随"策略来安排自己的投资，即主要通过观察别的企业特别是龙头企业的行为来决定自身的投资方向和投资规模，从而会导致投资出现"潮涌现象"，并最终由于经济形势的逆转而出现产能过剩，降低了企业投资效率。当然，有些企业即使不采取"跟随"策略，也可能难以判断未来的市场变化趋势，更无法左右可能发生的不利的政策调整，投资方向和投效规模也难以完全匹配未来市场的需求，投资效率也会受到较大的影响。对于经济结构和政策体制调整较快的经济体，这种市场预期的偏差也是难以避免的。为了降低预期偏差可能带来的投资效率的下降，除了需要企业提高自身洞察商机和感触危机的能力外，更多地需要政府对未来可能发生的政策和体制予以清晰阐明，避免随意性和短期性，引导企业形成稳定而且准确的市场预期。

（四）市场的进入和退出障碍

市场状况也是影响企业投资效率和生产效率的重要方面。当市场存在进入障碍时，相关行业将形成垄断。当垄断是企业通过市场自发形成的时候，这种市场性垄断会推高产品价格并降低产量，从全社会来看是无效率的，但从垄断企业角度而言仍是有效率的；当垄断是行政性的，垄断企业本身由于缺乏市场竞争会出现生产效率下降，而且由于政府定价或者企业自主定价，垄断企业并不担心产能扩大而导致产品价格的下跌，从而倾向于过多投资，在市场需求逆转的时候就会出现产能过剩，从而投资效率也较为缺乏。市场退出障碍同样会影响企业投资效率和生产效率。当市场退出存在障碍时，即使当初企业投资方向正确及投资规模适度，市场形势的逆向变化或者其他更有效率企业的加入，都会迫使企业产能出现过剩，如果存在退出障碍，这些产能将不能被强行消除或者被转移到其他更有效率的企业中，为了维持企业的现金流不中断以期市场好转或者保证发放企业员工工资，企业会在平均成本甚至平均流动成本之下维持生产，这样就加重了产能过剩的程度并延续市场不景气的时间，不仅面临退出障碍的企业的投资效率严重下降，行业内所有企业的投资效率也会受到较大的负面冲击。

（五）政府对经济的过度干预

中国政府存在对经济的过度干预问题，这一问题的存在源于政府在中国改革开放和发展中的主导推动地位，尽管这种干预在很多时候有其合理性甚至也会在短期内带来一定的好处，但是往往也会影响广大企业的投资效率和生产效率。政府对经济的干预体现在多个方面。作为宏观调控者，政府负有制定反周期经济政策的重责，但是政府有时容易出现对经济过度刺激或者对微观经济活动直接干预的问题，会刺激企业在短期内盲目扩大投资；作为管理者，政府特别是地方政府负有发展本地经济的责任，但是却存在使用过度补贴等政策优惠招商引资的行为，不仅造成各地之间恶性竞争和投资过度，而且政府官员任期更替还容易使投资企业失去原来的优惠政策而陷入困境，无论哪种情况的发生，都是一种投资效率的损失；作为所有者（或者说所有权的代理者），政府负有在特定领域内监督国有资产保值增值的责任，但是却会不分行业和领域，硬性要求国有及国有控股企业承担稳定就业的责任，或者为了避免企业出现亏损而直接对企业相关产品进行定价向全社会转嫁成本，这种对企业直接的过度的干预极易导致企业缺乏自我发展意愿和能力，继而降低企业的投资效率和生产效率。以上分析表明，尽管政府对经济发展承担着重要的责任，但是应该从全局角度设定长期发展目标，避免目标的狭隘化和行为的短期化，最终促进企业乃至全社会的投资效率和生产效率的提高。

（六）特定时期投资机会的缺乏带来重复投资和过度竞争

由于处于发展阶段，投资机会在不同时期并不是相同的，市场竞争状况也是不一样的。在对外贸易大发展时期，中国企业大量投资出口加工型行业，由于产能规模迅速增长，中国出口产品彼此之间展开了激烈的竞争，竞相压价现象普遍，致使中国企业通过压低劳动力工资来获得平均利润，不过这一时期中国劳动力的绝对过剩掩盖了企业投资效率低下的事实。在当前的结构转型升级时期，由于企业普遍缺乏核心创新力，也缺乏重化工业和出口业大发展时那样的大量投资机会，企业投资呈现一定的低端化和重复性，彼此之间的竞争也趋于激烈，投资效率也受到明显的影响。不过，这种由于投资机会的变动而出现的投资效率的下降，通常只是特定经济发展阶段的产物，从长期来看，只要市场自身能够健康发展，以及企业能够不断提高核心竞争力，这种类型的投资效率下降通常是可以避免的。

第二节 供给侧改革与企业经营效率提升

尽管企业经营效率直接影响的是企业自身或其投资者，但大量低效率企业的存在无疑降低了全社会的资源利用效率，也不利于全体国民福利的提高。同时，经营效率固然受到企业自身生产技术和管理经营水平的影响，但是也受到有关体制和政府政策的影响，从政府层面来说，通过体制改革和政策调整，尽可能消除影响企业经营效率的体制和政策因素，对于企业提高经营效率也具有非常重要的作用。

一　推动国有企业改革，解决委托代理问题

中国是以公有制经济为主体的社会主义国家，国有经济又是公有制经济的最主要表现形式，作为国有经济代表的国有企业，其经营效率既关系公有制经济主体地位的巩固和提高，也关系对全社会经济发展的引领作用。因此，加快国有企业改革，进一步促进国有企业经营效率的提高，是新一轮供给侧改革的重要内容。

（一）委托代理是国有企业公司治理的必然选择

影响国有企业的最主要因素是公司治理结构问题，而公司治理结构的本质就是委托代理问题。国有企业中的国有股份是属于全民所有的，全民将所有权管理委托给政府，政府又将所有权管理委托给国有资产管理部门，国有资产管理部门再将经营权委托给企业管理者，过长的委托代理链条使国有企业所有权特征逐步衰减，所有权对应的管理权限相对企业经营权而言严重弱化，国有企业管理者的经营权在企业运营中起到决定性的作用，所有权因泛化而空化，在国有企业运营中得不到应有的体现。因此进一步突出国有企业所有权在企业运营中的作用，是新一轮国有企业改革的最核心内容。

国有资产管理委员会直接作为国有资本的代表行使所有权，至少受到以下几方面的约束。第一，国有资产管理委员会是政府组成部门，贯彻的是政府意图，不能根据市场规则对国有企业进行管理；第二，国有资产管理委员会与国有企业领导者大多是由同一级政府任命，更多是同事关系，而不是明确的监督和被监督关系；第三，国有资产管理委员会对国有企业的考核限于事后几项经营指标，不能根据所有权行使重大投资决策权，无法充分行使所有权导致企业经营权凌驾于所有权之上；第四，国有资产管理委员会管理着所有的分布在不同行业的国有企业，作为财政供养单位又不可能聘用过多人员，管理委员会人员不可能通晓各个行业的经营业务，无法有效行使所有权。这表明，资产管理委员会作为国有资产最后层级的直接的所有权代理者，由于其自身定位是管理资产，而非管理资本，突出了所有权中的收益分配权，却无法行使企业保值增值过程中重大问题的决策权，所以其所有权的行使是不完整的，这既是导致国有企业所有权弱化的根本原因，也是继而导致国有企业经营权膨胀和经营效率低下的根本原因。

（二）成立资本控股公司是实现委托代理的有效方式

为了克服国有资产管理委员会履行所有权职能弱化的问题，亟须对国有资本所有权的代理机构进行改革。当前一个改革方向是建立若干资本控股公司，由其代行国有资产所有权。这应该是一个可取的改革措施，但是为了避免资本控股公司再次出现代行所有权职能弱化或增加新的委托代理环节的问题，资本控股公司在组织机构和职能行使方面必须有新的突破。

1. 资本控股公司要去行政化，推行经理人职业化

现代经济是建立在高度专业化分工的基础上的，市场也充满着激烈的竞争，要把国有企业塑造成充满活力、经营效率高的市场主体，其管理者也必须是职业化的专业人才。资本控股公司的管理者既要监督国有企业经营者行为使其遵循利益最大化原则以保证资本收益，又要参与企业重大决策和决定资本布局的战略调整，比起国有资产管理委员会只是简单盯住国有资产保值增值的目标而言更具挑战性。通过行政任命非专业人员担任资本控股公司的管理者无疑将极大降低资本控股公司的运行效率。如果没有资本控股公司强有力的管理权，那么国有企业的经营权仍然会进一步膨胀，当前国有企业存在的许多问题依然不能得到有效解决，特别是企业经营效率将无法得到切实提高。

2. 赋予资本控股公司完整的人事权和资产处置权，减少对资本控股公司的不正当干预

过去国有企业经营效率低下的一个原因是承担了太多政府要求的任务，例如项目投资、就业稳定和国家战略等，而项目投资和就业稳定是企业自身需要考虑的问题，不应由政府来限定，国家战略应由全行业共同承担，不应该落实到某个具体企业。而国有企业之所以不得不承担这些功能，除了内部人控制问题外，更多是因为国有企业管理者由政府直接任命，也只能无条件听命于政府。政府推动市场化的改革应该和资本控股公司的设立结合起来，一方面主动减少对企业的直接行政干预，另一方面赋予资本控股公司对所投资的国有企业拥有完整的人事权和资产处置权，截断政府意愿向企业传导的渠道。

3. 国有资产管理委员会应以某种形式继续存在，其主要职责是监管资本控股公司管理者行为和组织竞聘资本控股公司管理层

国有资产管理委员会应将对国有企业的考核权交给资本控股公司，转

而只对少数的资本控股公司管理者实行严格监督，主要是考察公司管理者是否尽职尽责或滥用管理权，并根据一定原则公开组织竞聘管理者。同时，继续履行国有资产保值增值的职责并进行宏观管理，分析国有资产变动的影响因素，必要时敦促资本控股公司在遵循市场规则的条件下做出相应的调整。

资本控股公司成立的重大意义是将国有资产管理委员会已弱化的所有权转移出来，并剥离国有企业本不应该过多拥有的重大事项决策权和重大事务管理权，使资本控股公司成为独立的高度专业化的市场经济主体。政府对资本控股公司的控制主要体现在其管理层的公开聘任方面，放弃的是人事任命权和对企业不正当的过度微观干预，得到的是国有企业效率的提高和国有资产的持续保值增值，以及全社会经营效率的提高和供给能力的扩大。委托代理方式可以使两个方面的问题得到缓解：一是资本控股公司管理者由于缺少国有企业的具体经营权，国有企业管理者缺少了重大事项决策权和重大事务管理权，相关管理者在受到客观环境改变的影响时权力滥用和消极怠工的概率会显著降低；二是资本控股公司管理者和国有企业管理者本身都受到政府或其代理部门的严格监督以及可能面临的严厉处置，权力滥用和消极怠工的主观意愿也会显著降低。设立资本控股公司是发展和壮大国有经济的一项重大举措，最终关系国有企业改革的成败。国有企业作为公有制经济的代表对于维护社会公平发挥着重要的作用，国有企业改革的目标是解决效率问题，国有企业的效率问题一旦得到解决，公有制经济将能实现公平和效率的统一，对于巩固公有制经济的主体地位具有重要意义。

二　完善财政补贴政策，引导行业健康发展

财政补贴是政府为了实现某些特定的政治经济目标，通过财政无偿拨付给生产者或者消费者一定数额的资金补偿。就行业发展而言，财政补贴的目标是促进某些行业的优先发展，这些行业通常对于经济社会的长期发展具有关键的战略性地位，但是由于生产成本偏高销售价格不足以为该行业带来正常的营业利润，必须通过财政补贴使之能够获得正常营业利润以保证该行业不至于萎缩消失。不过，有些时候为了宏观调控的需要，也可能对某些暂时出现发展困难的行业给予某种形式的财政补贴。

财政补贴无疑会对供给曲线或需求曲线产生重要的影响，促使供给曲线或需求曲线向右移动，在其他因素不变的情况下使产品均衡产量增加。为了使社会均衡产量达到一定的目标，财政补贴无疑是很有必要的。但是，财政补贴也存在着天然的缺陷，就是财政的过度补贴会导致该行业畸形发展，并且削弱企业自身的技术创新能力，使经营效率难以得到有效提高。财政补贴导致的另一个问题是，会过快改变行业之间的成本收益关系，可能对其他相关行业产生负面的影响。此外，财政补贴由于要直接面对众多的微观企业，在管理层面可能存在着成本过高、得不偿失的问题。尽管如此，从理论上来说，财政补贴在贯彻政府意图、实现特定行业发展目标方面仍具有积极的作用，问题主要来自实践层面，财政补贴应该进一步予以完善而不是完全取消，除非财政补贴由于实践操作的原因确实无法达到预定目标或者造成更大程度的负面影响。

（一）要尽可能精简财政补贴项目，避免财政补贴过多导致价格体系扭曲和补贴效率下降

当前中国存在着各种财政补贴，和行业发展有关的财政补贴也不在少数，需要对财政补贴项目进行梳理，特别是对地方出于竞争目的自行设定的财政补贴项目更要严格限制，以防扭曲地区之间的成本价格关系，误导资源配置。

（二）要对财政补贴政策进行精准设计，充分体现全局性和动态性，避免主观简单带来的不良影响

对某一行业的财政补贴标准不宜过高，这是因为享受财政补贴的行业的发展有可能过度挤占其他行业的发展空间，而且过度补贴也会导致受补贴行业在短期内过度膨胀并对财政补贴形成强依赖，不利于各行业的协调稳定发展。同时，财政补贴标准必须是动态的，即随着时间的推移应该逐步递减，这是因为享受财政补贴的行业自身技术和管理水平也是在不断进步的，生产成本也在不断降低，如果财政补贴标准不能动态下调，则会导致行业过度发展。不过，要将财政补贴标准动态调整的原则向市场公开，让市场投资者形成一个稳定的预期。

（三）财政补贴政策应该保持稳定连续，避免剧烈变动可能导致的投资损失

受财政补贴的行业自身发展是很脆弱的，一旦财政补贴政策出台，就不能因为财政困难、行业公平等原因轻易退出，否则极易导致大批企业破产倒闭，即使退出也需要设定一个较长的期限有步骤地进行，防止行业出现过大波动。而且，政策的稳定性和政府信誉本身也是影响市场主体投资的一个重要变量，政策的频繁调整和政府信誉的丧失，会使政府在指导和规划未来行业发展中的作用受到负面冲击。正是因为政策需要保持相对的连续性，财政补贴政策才要慎重出台。

（四）必须对享受补贴企业的行为严格监督，严厉打击骗补行为的发生

由于可以享受巨额的财政补贴，个别企业会通过虚增产量和销量的方式骗取财政补贴，弱化财政补贴的作用，侵吞财政资金。因此，在执行财政补贴政策时，政府还要注重对涉及财政补贴违法犯罪行为的防范和打击。骗取财政补贴通常都是由于财政直接补贴给供方，为了避免骗补行为的发生，条件许可的情况下也可以采取补贴需方的方式，但也要防范需方联合供方共同造假情况的发生，使财政补贴真正发挥促进行业健康发展的作用。

三　加强企业市场预期引导，避免投资失误

中国仍然处于快速发展的过程中，政策调整也比较频繁，身处其中的企业在进行投资决策时难以获得对未来产业发展的正确市场预期，致使其容易因形势误判而出现重大投资失误，降低企业经营效率。因此，政府应该在引导企业形成正确市场预期方面做更多的工作。

（一）政府应该对战略规划、体制改革和政策调整等列明一个相对详细的时间表和实施步骤

在中国从事经营的企业经营者一般都要根据国家政策来进行投资决策，但是，由于政治经济形势的复杂变化，政府战略规划、体制改革和政策措施也都呈现出一种相对混乱的状态，对企业的市场预期产生了严重干扰，从而导致许多经营决策方面的失误。例如，在党的十八大以前，中国公款消费、高端消费现象普遍，驱使许多企业经营者投资高端餐饮或会所，但是随着中央"八项规定"的出台，消费趋势急剧逆转，导致许多与高端餐饮或会所有关的经营者损失惨重。尽管这是一次非常必要的政策调整，但是也深刻提醒我们，政府政策稳定性、透明性对引导市场预期和提高企业经营效率的重要性。

（二）政府应对行业发展趋势进行预测，为企业形成正确市场预期提供宏观指导

企业经营者作为市场活动的具体经营者，大多数不具备从全局角度动态地考察行业发展趋势的能力，更多会根据过去一段时间的经历和当前的形势做出是否投资某些项目的决定，但发展中国家的特点是经济形势变化很快，行业交替转换速度非常迅速，这就极易导致企业经营者出现投资失误问题。政府作为战略规划者和宏观调控者，不仅负有对行业发展进行分析和预测的责任，也应具有相应的能力，并将分析和预测的结果向社会宣示，引导企业投资未来有较大发展前景的行业，避免对夕阳行业过多投资。

（三）政府应增强宏观调控职能，引导企业避免重复投资和过度投资

政府对经济发展具有宏观调控职能，这种职能不仅仅局限于货币政策和财政政策方面，还要与行业协会组织一道对具体行业的投资和生产活动进行跟踪监测，并且对这些活动的规模及其影响进行分析，向企业经营者传递行业存在诸如投资过热或者生产过剩的信息，提醒企业经营者重新审视投资和生产活动是否适度，力求避免出现重复投资和过度投资，以防产能过剩问题的发生及企业经营效率的严重下滑。

改革开放以来，政府已经推行了许多重大的改革，基本建立起市场发挥决定性作用的市场经济体制，但是迄今为止在引导企业市场预期方面政府做得还不够，未来应该加强这方面的工作，使政府和市场能够真正互动起来，促使资源配置更加有效，企业经营效率显著提高。

四　建立市场自由进入和退出机制，推动优胜劣汰

市场上无效率或者低效率企业的大量存在主要源于两个方面：一方面是无效率或低效率企业由于某些原因无法正常退出市场，另一方面是高效率企业由于某些原因又无法顺利进入市场。这些现象的产生根源于中国市场制度的不完善，不仅市场准入壁垒广泛存在，而且市场退出也障碍重重。要提高市场上企业的总体经营效率，必须对市场准入体制和市场退出机制做出重大的改革。

（一）要有效破除各种垄断，使资本自由流动

中国垄断带有较强的行政性垄断特征，主要是政府为了维护国家战略安全和保持对国计民生行业的控制力，在某些基础行业或者关键行业保留

了较大比重的国有经济成分，但由于受到监管成本的影响，相关行业的国有经济成分不得不相对集中于极少数的行业垄断寡头。一旦行业垄断形成，其他所有制性质的经济成分都难以获得正常进入的许可证；即使一定程度上放开进入，其他所有制性质的经济成分也会被早已占据行业垄断地位的企业通过各种不平等竞争手段进行打压，难以获得充分的发展。但是，为了提高企业经营效率，必须削弱相关行业现有企业的垄断力量，可以通过循序渐进的方式放开市场进入，以防现有垄断企业受到过大的冲击而影响行业发展。

（二）推动公平竞争，促使各类资本优胜劣汰

企业经营效率的提高有两种渠道：一是通过市场进入的"鲶鱼效应"迫使原来受保护的低效率企业努力提高自身经营效率，二是通过低效率企业的被迫破产清算降低市场中低效企业的比重。优胜劣汰是提高企业经营效率的应有之道。不过，在推动优胜劣汰之前，必须使各类资本公平竞争，如果低效率企业仍旧享受各种优惠政策的保护，甚至任由其凭借已经形成的优势地位对新进入企业进行各种形式的打压，都可能会使高效率企业而不是低效率企业遭受淘汰。

（三）减少对特定对象的过度保护，健全市场退出机制

政府为了维持就业和国有资产保值增值，甚至为了片面保持国有经济控制力的需要，常常对低效率企业提供过多的保护，任由其浪费过多的资源，降低企业总体经营效率。但是为了提高市场活力和企业经营效率，迫使部分低效率或者无效率的企业退出市场是必须推进的工作。这要求降低低效率企业破产倒闭的门槛，放宽其他企业对之实行兼并重组的标准，积极推动低效率企业有序退出市场。当然，在推动低效率企业退出市场的同时，也要健全失业保险等社会保障体制，有效化解这些企业破产清算可能引发的社会问题。

市场自由进入和退出是市场经济发展成熟的重要体现，也是市场发挥决定性作用的必要保证。逐步放宽市场准入和健全市场退出机制，应是现阶段推动供给侧改革的重要内容，也是推动全社会企业经营效率逐步提高的重要动力。

五 矫正政府与企业关系，促使企业公平竞争

中国各级政府对经济社会发展都具有规划指导的职责，同时也具有较

强动员资源的能力，所以定价很容易混淆宏观计划和微观参与的区别，以至于常常跨越界限对企业市场行为进行直接干预，扭曲企业之间的竞争关系，阻碍企业经营效率的提高。因此，需要对政府与企业关系进行矫正，既要保持政府对经济社会发展的宏观指导作用，又要避免直接干预对企业竞争关系可能造成的过度扭曲。

（一）提高政策信息的透明度，使企业拥有公平获得信息的机会

中国各级政府规定的补贴等政策名目繁多，并且都有具体的应用范围和申请程序，而其中的大多数政策没有通过有效渠道及时而准确地公布，导致很多企业并不知道这些政策信息。在政府与企业信息不对称的情况下，与政府部门关系相对密切的企业就可能优先获得这些政策信息并且享受到政策优惠带来的好处，那些没有获得这些政策信息的企业就因无法享受政策优惠而不得不处于被动的竞争地位。因此，通过网络、报纸和宣传活动等方式将各类政策信息传导到所有企业是企业能够保持公平竞争关系的重要前提。

（二）减少政府对微观经济的过度干预，特别是限定相关部门的自由裁量权

政府对企业的干预既表现在政策支持方面，也表现在执法性限制方面。有些支持性的政策并不是严格限定标准的，很大程度上是由政府相关部门在一定的范围内自行选择所要支持的企业，被选中的企业将获得更优越的市场地位。同样，在工商、税务、卫生和消防方面，政府相关部门也具有对微观经济干预的职责，但是执法的严苛程度却取决于企业与执法部门的关系密切程度。因此，应该降低政府对微观经济的干预程度，一方面尽量少出台没有严格标准的不对等的支持性政策，另一方面适当放宽法规标准，减少企业不得已进行寻租情况的发生。同时，在减少政府对微观经济的过度干预时，还要对相关部门的自由裁量权进行限定，对执法人员的结果进行定期比对分析，杜绝人情执法情况的发生，营造一个更加公平的市场竞争环境。

（三）加强法治，建立政府与企业平等契约关系

政府处于经济社会管理者的地位，企业处于被管理者的地位，如果没有平等的契约，政府很容易借助管理者的名义做出超越管理者权限的事情。而当这种情形发生时，企业也难以通过有效的法律渠道控诉政府越权甚至违法的行为来反映自己的正常诉求。因此，要理顺政府与企业的关系，不能仅仅通过政府自身的"让步"和"低姿态"来实现，必须通过赋予企业足够的法权使其有力量"抗拒"来自政府行为的不当干预。要做到这一点，就要建立和完善行政诉讼法，并切实使行政诉讼法成为企业维护自身权益的护身符。当前行政诉讼法应该着力在以下两个方面形成突破：一是简化企业行政诉讼程序，缩短审理时间，加强判决结果的执行力度；二是允许企业作为第三方受害者就政府行为提起诉讼，即就政府过度偏袒支持竞争对手的行为进行诉讼；三是允许企业参照其他企业执法情况拒绝政府过度执法行为，并享有免于被执法机构起诉的权力，即如果执法机构依据行政自由裁量权对某些企业执法过度宽松，其他企业可以要求享有同样的待遇。

第六章 创新驱动、供给效率与供给侧改革

第一节 当前阶段中国供给效率现状及成因

一 当前阶段供给效率的现状

供给效率的内涵比较广泛，它既包含生产效率，也包含交易效率，前者衡量一定投入获得最大产出的能力，后者衡量生产产出满足各类需求的能力。生产效率和交易效率也是有相通性的，例如一项新技术的出现，可能既提高了生产效率，又使产品质量更加符合需求者的需要。就中国而言，随着经济形势的变化，生产效率和交易效率都可能存在较大下滑的趋势。例如，中国现在已是世界制造业大国，"中国制造"畅销世界，但是，制造业地位的提升和制造规模的扩大，加大了中国对高端装备产品的需求，而高端装备产品主要依靠从日本、德国等发达国家进口，设备价格被大幅提升，显著降低了投入产出能力，用这些设备生产出来的产品竞争力被削弱。同时，从国外进口大量的高端装备产品存在较大的交易效率风险，即这些高端装备产品有可能因为外交关系的变化而被禁止出口，如果出现这种情况，那么中国庞大的制造业将失去工业基础设施，或者被迫采用国内较低端的装备产品予以替代，无论哪种情况，都会导致中国制造业的国际竞争力瞬间出现下滑，对经济社会稳定造成严重影响。而且，用国内大量廉价的商品出口换取昂贵高端装备产品的进口，本身也是一种交易效率的损失。同理，对于中国大量进口高端消费品牌，并不直接表现为生产效率的损失，但是在交易效率方面却存在较大的损失。

（一）生产效率

生产效率是供给效率的重要方面。劳动生产率和资本投入产出率从不同角度衡量生产效率的高低。图6-1描述了全国平均劳动生产率和三次产业劳动生产率的变化情况。图6-1显示，三次产业中，第二产业的劳动生产率最高，其次是第三产业，第一产业最低，但是1991~2014年三类产业劳动生产率上升幅度都很大，这也导致全国平均劳动生产率呈现明显上升趋势，2014年全国平均劳动生产率是1991年的24.6倍，年均增长15.0%。然而，表6-1却从投入产出的角度表明生产效率的提高远没有劳动生产率那样表现得令人鼓舞。表6-1显示，全国投入产出比率从1991年到2015年经历一个先小幅攀升继而又大幅下降的过程，2015年全国投入产出比率只有0.07，只是1991年0.92这一比率的7.6%，其中第二产业投入产出比率下降更是显著，2015年投入产出率只是1991年的1.6%。劳动生产率和投入产出比率的一升一降，既反映了生产效率一定程度的改善，也反映了这种改善主要是资本投入推动的，如果没有资本大量的投入和人均资本的大幅提高，中国生产效率提高将会非常有限。这其实也从一个侧面反映了中国全要素生产率还比较低，中国尚处于发展阶段以及伴随这一阶段的资本深化是推高中国生产效率的主要因素。但是，根据新增长理论，这种仅靠资本深化带来的发展是有一定限度的，如果没有技术进步，在达到一个均衡点以后人均产出将失去继续增长的动力，生产效率的再提高也将变得不可能。

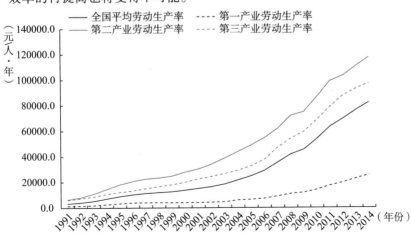

图6-1 1991~2014年分产业劳动生产率变化情况

数据来源：中经网统计数据库（http://db.cei.gov.cn）。

表 6 – 1   1991～2015 年三次产业投入产出比率变化情况

年份	全国投入产出比率	第一产业投入产出比率	第二产业投入产出比率	第三产业投入产出比率
1991	0.92	2.68	0.64	1.30
1992	1.12	3.82	0.95	1.18
1993	1.02	6.87	1.23	0.83
1994	1.14	14.09	1.21	0.99
1995	0.87	9.67	1.00	0.48
1996	0.60	5.53	0.73	0.35
1997	0.42	0.82	0.49	0.35
1998	0.26	0.52	0.19	0.28
1999	0.24	－ 0.08	0.27	0.24
2000	0.40	0.19	0.57	0.32
2001	0.38	0.88	0.46	0.32
2002	0.33	0.62	0.41	0.27
2003	0.36	0.67	0.57	0.24
2004	0.41	6.11	0.50	0.25
2005	0.34	1.10	0.43	0.25
2006	0.34	1.37	0.40	0.27
2007	0.43	3.05	0.43	0.37
2008	0.33	2.20	0.35	0.26
2009	0.15	0.42	0.12	0.16
2010	0.26	1.31	0.31	0.20
2011	0.25	1.00	0.26	0.21
2012	0.14	0.53	0.11	0.14
2013	0.12	0.48	0.09	0.14
2014	0.10	0.25	0.07	0.11
2015	0.07	0.16	0.01	0.11

注：这里的投入产出比率指产业增加值与产业固定资产投资完成额的比率。

数据来源：中经网统计数据库（http://db. cei. gov. cn）。

（二）交易效率

随着人类科技的飞速发展，生产工具的更新换代也越来越频繁，设备制造业是能够代表生产工具革新方向的重要基础产业，作为制造业大国，中国缺乏制造业基础设备，仅凭借低廉劳动力成本，很难在国际市场上赢得持久的竞争力。况且，低廉的劳动力成本本身不是我们追求的目标，相反是我们要努力超越的方面，因为只有劳动力成本上涨了，广大就业者的收入才能够增加，全体社会福利也才能显著提高。高端诊疗设备、高档数控机床、海洋工程装备、民用航天设备等，不仅是目前高端装备比较集中的领域，也代表着未来新兴产业发展的方向，但是中国在这些领域仍然比较缺乏核心技术和具有国际竞争力的高端产品。

中国每年消费的中高档数控机床中进口量占到85%左右，国产数控系统与国外产品相比，在加工精度、稳定性和可靠性方面仍然存在不小的差距。2015年，在全国投资明显下滑的形势下，中国数控机床产业也面临着寒冬，利润率下降，小型数控机床厂出现倒闭潮，另外又有大量企业不断进入该行业，由于缺乏核心技术，这些企业大多集中于低端数控机床制造领域，导致新的产能过剩，现存的企业更是无力去搞自主创新，陷入恶性循环。

中国对高端医疗器械的需求与日俱增。但是，中国医药物资协会发布的《2013中国医疗器械行业发展状况》指出："国内中高端医疗器械进口额约占全部市场的40%，约80%的CT市场、90%的超声波仪器市场、85%的检验仪器市场、90%的磁共振设备市场、90%的心电机市场、80%的中高档监视仪市场、90%的高档生理记录仪市场以及60%的睡眠图仪市场，均被外国品牌所占据。"由于中国缺乏核心技术，国外品牌很容易对中国医疗设备市场形成垄断，导致中国进口医疗设备的价格普遍比原产国价格高50% ~100%。

中国在高端消费品方面也存在严重的购买力外流现象。2014年，中国内地公民出境旅游人数为1.09亿人，支出达到1648亿美元，同比增长28.0%；中国接待入境游客人数达1.28亿，入境国际旅游收入为569.13亿美元，尽管入境人数大于出境人数，中国旅游收入仍然出现超过1000亿美元的逆差。其中的原因就在于这些出境游客倾向于在国外购买价差较大的高端国际品牌商品，而且有越来越多的出境游客开始购买国外日用品，仅仅因为这些日用品比国内所售的日用品质量略好和用着放心。这折射出中国自产的高端消费品牌比较缺乏，即使普通产品的质量和信誉也无法与国外产品相比，反映出中国在消费产品的供给方面也存在诸多不足。

二 影响供给效率提高的因素

那么，究竟是什么因素影响了中国当前供给效率提高呢？事实上，中国供给效率偏低的问题由来已久，但是这一问题长期以来并没有像现在这样严重。这是因为，中国利用劳动力资源丰富而低廉的国际比较优势，发展了大量的劳动密集型产业，同时通过学习效应和技术扩散效应，还一直不断地提高着自己的生产效率，即使这些产业的劳动生产率低于某些发达国家，但由于劳动力成本低廉，企业仍然能够获得丰厚的利润回报。从企业核算的角度来看，企业已经做到以最小的投入获取尽可能大的产出，在微观上是有效率的。但是在宏观上，中国投入同样数量的劳动力，却只能获得比发达国家低得多的回报，在宏观上相比并不是有效率的。然而，从中国自身发展角度来看，尽管横向国际比较意义上的效率较为低下，但是这种发展模式推动了工业化进程和城市化进程，已经获得比传统农业高得多的生产效率。从交易效率来讲，中国以大量劳动密集型产品的出口换取工业生产所必需的投资品，虽然贸易条件对中国不利，但是由于这些投资品可以和自身丰富的劳动力等生产要素相结合，形成更多的生产能力，提高长期供给能力，对于更快地集聚生产要素、顺利推动工业化还是非常有利的。在这一时期，尽管从宏观上看，中国生产效率低于发达国家，但动态来讲却是迅速提高的，微观企业也努力做到生产效率最大化，供给效率偏低并没有影响中国的长期发展。如果维持目前的供给状况，在更大强度的国际竞争没有出现的情况下，中国仍然能够维持一定的国际经济地位，但将出现经济发展停滞、居民收入提高缓慢的情况，最终陷入"中等收入陷阱"，这绝不是中国的发展目标。

要素成本上升，以资源禀赋为基础的比较优势逐渐消失，技术扩散效应减弱等，是中国生产效率提升缓慢的主要因素。改革开放初期，相对于世界发达国家而言，中国唯一的比较优势就是具有丰富的劳动力和土地等资源，这些资源一旦和国际资本相结合，将带动劳动密集型产业的大发展。正是认识到这一点，中国在改革开放之初，就特别重视对外商投资的引进，外商投资最终成为拉动中国经济发展的火车头。但是，一个国家的发展，最终目标是提高劳动者的收入水平，改善劳动者生活福利，所以发展到一定阶段，中国劳动力等要素成本便开始明显上升。图6-2就描述了中国城镇在岗职工月平均工资与房地产开发企业每平方米土地成交价款变化情况。
2004 年中国城镇在岗职工月平均工资只有 1335.3 元，2014 年就上升到
4780.1 元；2004 年房地产开发商购置土地时每平方米土地成交价款 726.1
元，2014 年已上升到 3001.5 元。要素资源的减少和要素成本的显著上升，
最终削弱了中国长期以资源禀赋为基础的比较优势，并降低了企业的生产
效率，严重制约了劳动密集型产业的发展。不仅如此，伴随着外资的进入
和对外贸易的发展，对中国生产效率改善长期存在显著促进作用的技术扩
散效应也在逐渐缩小，进一步抑制了中国生产效率提高的速度。

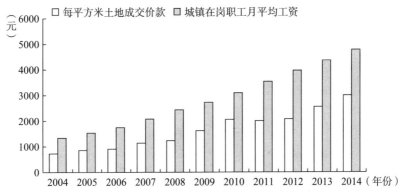

图 6-2　中国城镇在岗职工月平均工资与房地产开发企业每平方米
土地成交价款变化情况

　　中国没有能够有效贯彻"科教兴国"战略，在结构调整突然而至之际，
由于自主性技术创新缓慢，生产效率的提高缺乏新的推动力。除了通过产
业结构高度化和技术扩散效应来提高生产效率外，自主技术创新也是推动
生产效率提高的关键因素，特别是劳动力等有形生产要素被转移殆尽的时
候更是如此。但是，由于中国经济长期维持较高增长速度，以及长期以来
形成的体制性桎梏，中国在教育和科研方面体制落后，创新能力偏弱，技
术成果产业化严重不足，严重阻碍了自主技术创新对经济增长的带动作用。
利用技术差距实行模仿创新，无疑也可以提高自身的发展能力，但永远只
能跟在别国后面亦步亦趋，特别是面对当前世界技术更新换代周期越来越
短的趋势，这种模仿创新难以持续提高一国的生产效率和产品竞争力。还
有一个因素，就是中国要素资源短缺和成本上升的速度来得要比预想的要
快，再加上全球金融危机的冲击，中国经济增长动力顿失，陷入比较被动

的局面，供给结构调整的任务变得更加艰巨。仅仅依靠生产要素数量的投入，以及由此可能带动的不同生产效率产业之间的更迭，虽然也可以获得相当长一段时期的增长，甚至是人均意义上的增长，但是根据新增长理论，一个国家要获得持续增长动力，最终只能依靠技术创新。中国正是发展到这一阶段，劳动力成本的上升已经使产业结构高度化遇到严重阻碍，人均收入的提高也将趋于缓慢，这种僵局的打破只能依靠自主技术创新，通过自主技术创新持续推动经济向生产效率更高的产业进化。

第二节　供给侧改革与创新战略体系重建

在新的发展阶段，创新在中国经济社会发展的过程中将发挥决定性的作用。即使没有创新，工业化和城镇化的继续推进在一段时期内仍将使中国经济保持一定的增长速度，国内生产总值规模也将进一步提升，但人均收入的提高将逐步放缓，直至近于停滞不前，终至于掉入"中等收入陷阱"。最悲观的是，即劳动力成本的上升使中国劳动力密集型产业失去国际竞争优势，而技术差距的长期存在又使中国技术密集型产业失去国际竞争优势，同时资本密集型产业与技术的结合也越来越紧密，技术落后和创新不足也将最终影响资本密集型产业的发展。在各类产业都不具有明显的比较优势甚至处于劣势时，如果依然维持对外高度开放，那么国内经济将受到严重冲击，失业问题也将越发严重，最终影响经济社会的全面发展。尽管最悲观的情形在中国不可能发生，但是技术落后和创新不足的各种不利影响仍将不同程度的存在，中国在世界收入等级体系中的地位也不可能有明显上升。事实上，自改革开放以来，中国就尝试各种体制创新和技术创新，但创新效果更多体现在体制创新方面，在技术创新方面表现不佳。尽管其间也产生过许多国家重大科技成果，但企业层面的技术创新仍严重不足，创新多表现为"拿来主义"，即将国外技术设备通过合资或者购买的方式成套移植到国内，自身创新能力得不到应有提高。因此，通过供给侧改革，重建国家创新体系，提高创新能力，对于中国在新的发展阶段保持经济社会的较快发展具有重要作用。

一　建立技术分类体系，实行差别创新政策

不同的技术对一个国家经济社会发展的作用并不相同，各类技术的创

新模式也应有所区别。从技术对于国家经济社会发展的作用来分，可以分为瓶颈约束型技术、新兴引领型技术、基础应用型技术、产业通用型技术等。瓶颈约束型技术是指那些在产业发展中不可或缺但发展不足的技术，这类技术应该由国家组织攻关力量进行大规模投入予以克服，或者由国家向由领先企业负责筹建的攻关小组提供资助；新兴引领型技术是指能够超越传统技术、不受其约束并代表行业发展方向的技术，这类技术不需要经过长久时间的积累，完全可以凭借自身力量开辟一个新行业或者抢占传统技术的市场，这应该是经济发展后进国家高度重视的一类技术，应组织力量攻关并培育龙头企业进行自主创新，实现行业发展后来居上式的赶超目标；基础应用型技术是指同类行业中的许多产品都要应用的技术，除非呈现瓶颈状态时，一般应由企业自身组织研发力量进行自主创新，在竞争中实现优胜劣汰；产业通用型技术是指绝大多数行业应用的技术，例如互联网技术和信息技术，这类技术通常对企业的生产效率和经营模式具有改造作用，通常也应由企业自主进行研发创新，政府只需提供适宜的体制环境即可。

技术还可以根据创新的紧迫感和必需程度分类，分别是累积型技术、跨越型技术、替代型技术和系统型技术。累积型技术需要长时期的积累，难以在短期内实现突破，这就需要制定长期创新战略，通过市场和技术的不断耦合逐渐提高技术实力；跨越型技术不需要长时期市场和技术的相互耦合，仅仅单项技术的突破就可以创造出一片新的天地，通常也是新兴引领技术，是后进国家优先发展的技术；替代型技术也是一种新兴引领技术，它的出现将会对传统技术及其对应的行业形成替代作用，这不仅是后进国家优先发展的技术，更是应该高度警惕的技术，以防别国该类技术的发展对本国辛苦积累的竞争性技术形成突然替代；系统型技术是很难出现单兵突破的局面的，需要一系列技术的铺垫才能实现的技术，这一类技术与累积性技术有相似之处，但是它不需要与市场相互磨合，而是需要各项技术之间的相互作用，创新这类技术需要更加辛苦和漫长的探索。

二 调整产业政策，强化自主技术保护

产业政策是政府为了实现某些特定产业的发展目标而制定的一系列鼓励或者惩罚政策的总和。产业政策的正确实施可以快速实现促进或者限制某特定行业发展的目的，但是如果不适当也会产生适得其反的后果。在改

革开放之初，中国劳动力资源丰富，主要的产业政策是通过吸引海外资金促进海外生产设备与国内劳动力的结合，以达到快速形成生产能力占据国内外市场及促进行业规模持续扩张的目标。客观说，这样的产业政策在过去为促进行业发展发挥了非常重要的作用，至少使行业经济规模成倍增长，也由此带动中国经济的高速增长。然而，海外先进的技术设备与国内劳动力的简单结合而不是有机融合的方式带来的弊端也是显而易见的，即严重抑制了国内厂商自主创新的积极性，国内厂商任何形式的自主创新都会受到来自国际上以进口产品形式存在的先进技术的打压，从而使国内厂商最终失去了自主创新的热情和能力。

作为企业而言，进口成套技术可快速形成生产能力，凭借劳动力低成本优势通过薄利多销抢占国内外市场，能够迅速地获取足够丰厚的利润。最为重要的是，发展之初企业缺乏足够的技术力量和资金实力，也无力承担自主研究开发失败的风险，所以它们选择进口成套技术也是一种理性的选择。但是，通过进口技术实现行业"创新"的模式无法通过技术消化逐渐形成自己的创新能力，对于企业的长期发展而言有害无利。企业行为与国家的产业政策有密切关系，即产业政策鼓励这种成套技术引进的创新模式，对进口技术零部件再进行集成或者自行研究开发的创新行为缺乏足够的激励，使企业陷入一种恶性竞争的境地。如果某个企业不遵从这种简单引进国外技术快速形成生产能力的技术提升模式，而是将资金投入到自行研究开发方面，且不说最终是否能够达到研究开发的目标，仅仅来自国内同行其他企业的竞争就足以使这一企业面临巨大生存压力。当然，不排除个别企业有很强的自主研发能力而得以成功，但更多企业更可能的结果就是不得不从市场上消亡。

如果说过去中国长期鼓励先进技术进口的产业政策在帮助中国提高生产能力和成为"中国制造"的世界工厂中发挥了重要作用，那么在新的发展阶段这种产业政策必须得到调整，转而实行适度限制先进技术进口的产业政策，以保护国内厂商有足够的空间提升自主创新能力，使"中国制造"的世界工厂转变为"中国智造"的世界工厂。从发展战略上来说，如果说上一阶段的产业政策具有较多"出口导向"的特征，那么新的阶段产业政策应该带有更多"进口替代"的特征。对国内重点发展的行业，在不违反WTO规则的前提下，要采取多种措施强化国内技术保护。一是要限制国外企业对国内企业的兼并收购，避免国内企业为了短期利益而丧失长期的独立发展权；二是对新设立的合资企业的形式要进行限定，保护国内企业在发展过程中的相对独立性，增强国内企业在产品技术方面的主导地位；三是对来自国外的非瓶颈型技术设备进口，取消任何形式的技术补贴，甚至实行歧视性的增值税抵扣政策，强化进口替代；四是适度限制成套先进设备的进口，鼓励企业从不同渠道进口关键零部件，在整合组装过程中逐渐提高集成创新能力；五是提高对国内进口替代型技术的创新补贴，促进国内企业自主创新能力的提高和替代型技术的进步。

三　倡导民间创新，推动国家、企业和民间创新能力共同提高

创新是发展的灵魂，也应成为任何一个自强不息的民族的灵魂。当前，创新在促动经济发展方面发挥着越来越重要的作用，但是由于所处发展阶段的原因，中国人的创新精神还相对缺乏，更多奉行"拿来主义"，这种"拿来主义"在帮助中国快速推进工业化和城镇化方面起到不可或缺的作用，但是也一定程度上消磨了中国人的创新精神。不仅如此，长期以来中国还奉行"集中力量办大事"以及重视政府在推动国家发展中的重要作用，所以更加突出那些隶属于政府的科研院所在创新中的作用，忽略了企业和民间的创新作用，这种"金字塔式"的精英创新模式也对全社会的创新精神产生了一定程度的抑制作用。由财政资金供养的科研院所从事的创新活动，主要集中于重大项目的攻关方面，对国家整体科技实力的提高和工业技术基础的巩固起到重要的支撑作用，但是由于全社会创新精神的缺乏，企业和民间创新严重不足，而组织创新、模式创新、工艺创新和技术发明很大程度上要靠企业和民间创新来完成，与产业活动脱节严重的数量有限的科研机构只能起到为全社会创新活动奠基的作用。因此，采取措施推动国家、企业和民间创新能力共同提高，对于培养全社会的创新精神和促进全社会的创新活动具有非常重要的意义。

（一）培养非功利化的民间创新精神

创新不单是可以促进经济效率的生产要素，其本身甚至也是一种可以带来精神效用的活动，所以非职业化的创新更能体现创新最本质的内涵，而且这种非职业化的民间创新精神具有很强的示范性，能够有力促进全社会创新精神的提升。培养民间创新精神可以通过举办创新成果比赛活动、建立

创新交流平台等，使民间创新者能够形成一个团体和一股力量。同时，非功利化的创新并不代表不能带来经济效益，对可能产生经济效益的民间创新应提供中、早期扶助资金、对最终的创新成果应及时寻找渠道予以孵化等，这可以在一定程度上鼓励非功利化的民间创新精神。

（二）鼓励和资助各类民间科技研究团体的设立

尽管现代科技创新活动有许多需要高额的前期投入，并不是一般的民间科技研究团体所能承担的，但经济活动中仍然存在许多需要研究经费较少、研究成果经济效益显著的项目可以由实力相对较弱的民间科技研究团体来完成。这些民间科技团体可以是企业独立设立的研究机构，也可以是某些企业联合设立的研究机构，甚至可以是某一名科学家乃至民间创新活动者牵头成立的有明确研究方向的实验室，等等。政府应该组织专家对这些民间科技研究团体研究的项目进行评估，根据实际运行状况将其分门别类纳入国家创新体系中，采取一定的方式对其进行资助。

（三）鼓励事业科研机构人员的兴趣引领型创新

科研机构人员的工资尽管是财政资金发放的，但是并不能因此就束缚他们囿于单位划定的研究领域，斥之为"不务正业"，扼杀他们的兴趣型创新活动。这是因为，兴趣型创新活动一旦成功，虽然他们可以从中获取相对丰厚的收益，但是他们的这种活动对全社会的贡献更加巨大，创造的经济效益远远超过他们所领取的财政工资。

逐渐推动企业成为创新主体。企业是活跃在市场经济最前沿的经济主体，它们的创新活动最具可应用性，也能够带来最大的经济效益。改革开放三十多年，中国企业对创新活动的需要并不迫切，而且创新实力普遍较弱，所以政府隶属的科研机构成为创新的主要供给者。但是在新的阶段，企业对创新的迫切需要程度是前所未有的，而且自身也已经具备了一定的创新实力，政府应该引导创新资源逐渐向企业转移，使企业逐渐成为创新的主体，提高创新活动的产业化程度。

四　加强创新型人才的培养，进一步完善人才流动机制

创新型人才对于创新的重要性不言而喻，长期以来中国也一直强调创新型人才的培养，但是当前的现状却是创新型人才普遍缺乏，远远不能满足经济社会发展对创新型人才的需求。导致这一情况的发生主要是对文化

传统的误解和不成功的教育方式。中国的文化传统讲究"中庸"，强调"规矩"，很多人以此为信条，对放荡不羁、特立独行的人缺乏容忍度，对于有不同思想和想法的人视为"另类"，甚至看作是对权威的挑战。在教育方面，中国强调应试教育，以分数论英雄，过分看重知识储备过程，却忽略知识应用过程，学生创新思维能力长期得不到应有提高。即使进入大学后，各类大学在对学生的考核中更是将参与各类社会活动和各类课程的考试综合在一起计算分数，再加上各类资格考试，进一步扼杀了学生的创新本性。所有这些现象都已经成为不利于创新型人才培养的因素。

为了培养数量更多、能力更强的创新型人才，必须对现在的教育方式做出改变。教师对学生不能进行知识灌输，要引导学生亲自去探索知识，并学习知识的应用，要强调教育的本质除了包括人性和公民性的培养外，更重要的是能力培养而不是知识学习；特别是在高等教育阶段，减少学校强加在学生身上的各类考核评比负担，给学生留下足够的知识探索和自由思考的空间；在工作招聘阶段，要屏蔽甚至消除学生的分数信息，最多只给出不及格、及格和优秀等级，让招聘方通过设计各种实际问题测试学生的创新能力作为招聘的依据，而不是过多依赖学生分数作为招聘的依据。同时，还应该对中国传统文化进行深刻审视和正确宣传，避免对传统文化的误解。儒家文化传统所谓的"中庸"思想，绝非"平庸"，更多是道德和人性方面的自我约束和自我修养，做事方面更多强调"中用"，是一种张扬而不是约束，不仅意味着人尽其才，也暗含着对创新的褒扬。

单纯强调创新型人才的培养还不够，还要真正激发这些创新型人才的潜能，充分发挥他们在创新方面的作用。对于体制内人才而言，现在最紧迫的是要进一步完善人才考核机制和科研经费使用办法，摒弃任何行政化、标准化的管理方式，为科研人员创新减负，在为他们解决基本生活需求的情况下预防创新活动的功利化导向，引导他们真正遵照自己的学术兴趣开展创新活动。但是，当前人才使用方面存在的更大突出问题是人才流动机制不完善，限制了创新型人才在全国范围内的自由流动和才智发挥。要解决这一问题，倡导推行人才柔性流动机制，就是树立"不求人才为我所有，更重人才为我所用"的理念，彻底破除地域、户籍、身份、人事编制等限制，鼓励机关事业单位、各类性质的企业、民间科研团体之间的人才合理流动，鼓励地方和企业出台多样化的人才流动激励政策，鼓励各类单位之间智力咨询、交换使用、人才租赁和人才派遣等活动。只有建立合理的人才流动机制，才能盘活人才使用的激励机制和使用机制，也才能真正充分发挥人才的创新作用。

五 建立更具激励性的创新政策体系，营造良好的创新环境

创新具有高风险和高收益的特征，有些创新活动从投入到产出，再到赢利这一过程所需要的周期也非常长，同时很多创新活动也有很强的外部性。正是因为创新活动特别是重大的创新活动具有这样的特点，在推动创新活动时应采取与那些以资本和劳动力投入为主的经营活动不一样的政策，形成自成一体的创新政策体系。

（一）建立形式多样的创新平台，提高创新活动的集聚程度

创新活动是一种高级智力活动，需要人与人之间的相互交流与促进。建立多种形式的创新平台，可以适度提高创新活动的集聚度，有利于创新者之间的信息和智力交流。同时，创新活动的适度集聚，还容易形成创新活动的交易场所，创新活动的需方和供方可以减少信息不完全带来的不匹配问题。创新活动的适度集聚还有利于某些创新设施的共享，减少创新活动的投入风险，提高创新设施的效率。

（二）加大创新活动的金融支持，降低创新活动的资金门槛

创新活动更多是一种智力活动，但是通常也离不开一定的资金支持，特别是在前期阶段，由于创新活动还远远不能产生足够的效益，更需要孵化资金的支持。政府应鼓励银行增加向创新活动贷款并降低利息成本，创造条件鼓励各类产业基金、孵化基金和股权基金等对创新活动进行股权型投资，鼓励企业将更大比重的销售收入用于研究开发等创新活动。为了增强金融对创新活动的支持力度，可以通过放宽相关机构再融资条件、财政再担保、税收减免等各类措施使其提高对创新活动的投入意愿。

（三）对创新活动实行更加优惠的财税政策

创新活动特别是个人或中小企业的创新成果，进入孵化期后，收益仍然是非常微薄的，也面临着较高的经营风险。在某种程度上，产业化过程甚至比创新活动本身的投入还要大，风险还要高。因此，为了促使创新成果真正大规模地产业化并产生巨大的收益，不宜过早取消对创新活动及其产业化活动的财税优惠政策，而是应该坚定不移地实行更加优惠的财税政策。

第七章 降成本、扩产出与税费体系改革

第一节 宏观税负及其经济效应

税收和收费都是财政收入的主要形式，其中税收不规定特定用途，是各级政府一般性的筹资手段，必须依照一定的法律事先设定好的税率和程序进行缴纳，并统一纳入预算内管理；收费属于专款专用，大多是地方政府或其部门的特定筹资手段，关于收费的法规文件的层次较低，规范性较弱，收费根据具体情形可能并不需要纳入预算内管理。税收和收费在承担组织财政收入的功能的同时，还会对经济活动产生深刻的影响。总体而言，税收和收费对经济活动具有抑制作用，这种抑制作用利用得好，有利于经济结构的调整；如果利用不当，则会加大经济结构的扭曲。税收和收费总体水平的状况是影响总产出的重要因素。

一 中国宏观税负的演变

宏观税负是指一个国家的总体税收负担水平，根据研究目的的不同，宏观税负可以有不同的测算标准。在税费体系比较规范的国家，税收收入占政府各类收入的比重通常达到90%以上，此时可以用税收收入占GDP的比重来衡量宏观水平。如果税费体系不甚规范，特别是政府收入还包含有大量的罚款收入和资产出售收入等其他收入来源时，纯粹用税收收入占GDP的比重来衡量宏观税负就不能真实地反映该国总体的负担情况。中国就属于这种情况，税收收入占政府各类收入的比重偏低，仅用税收收入占GDP比重不能全面反映中国的总体税负情况。在这种情况下，中国研究者

就采用多样化的一系列指标来测算宏观税负情况，根据包含项目的多少一般可以分为小口径、中口径和大口径宏观税负。其中，小口径宏观税负指税收收入占同期 GDP 的比重，中口径宏观税负指财政收入占同期 GDP 的比重，大口径宏观税负指政府收入占同期 GDP 的比重。在 2011 年之后，全部预算外资金纳入预算内管理，使三种口径的宏观税负所包括的项目发生了变化，即原归入政府收入的预算外政府性基金收入、国有资本经营收入等项目都调整进入财政收入，即大口径的宏观税负包含项目减少，而中口径的宏观税负包含项目增加，政府收入大于财政收入的部分仅限于五项社会保险基金收入。我们分别按照调整后的三种口径来衡量宏观税负的变化情况。

表 7 - 1 描述了 1997～2014 年中国三种不同口径的宏观税负。其中，小口径宏观税负是当年税收收入占当期国内生产总值的比重，中口径宏观税负是由当年包含税收收入、非税收入和政府性基金收入的财政收入占同期国内生产总值的比重，大口径宏观税负由是包含税收收入、非税收入、政府性基金收入和五项社会保险基金收入的政府收入占同期国内生产总值的比重。从表 7 - 1 中的数据不难看出，1997～2014 年三种不同口径的宏观税负总体呈现出一种明显的上升趋势，特别是在 1997～2011 年更是如此，只在 2011 年以后上升速度有所趋缓。比较来看，小口径计算的宏观税负增长最慢，1997～2014 年 17 年间提高 8.3 个百分点，增长 79.8%，中口径计算的宏观税负增长居中，同期提高 17.6 个百分点，增长 135.4%，大口径计算的宏观税负增长最快，同期提高 22.1 个百分点，增长 150.4%。

那么，中国宏观税负为何会呈现出一种明显增加的趋势呢？总体来说，主要是有以下原因：一是经济结构变动因素倾向于提高税负，如对外贸易的增长带来的关税、进出口增值税和消费税的增加，房地产的快速发展带来的营业税增加，等等；二是名义变量变化带来的边际税率的增加倾向于提高税负，如工薪水平提高带来的适用较高边际税率的个人所得税部分；三是货币化过程的快速推进倾向于提高税负，土地的资产化和财富存量的积累以及相伴随的交易活动增加；四是人们消费行为的转变倾向于提高税负，如人们购置使用车船及旅游出行等行为的增长，都会带来相应税费的增长；五是基础设施类的大规模投资倾向于提高税负，因为这些项目需要通过举债筹资建设并以收费或者征收基金的形式回收成本，增加了非税收

表 7 - 1 1997 ~ 2014 年中国三种不同口径计算的宏观税负

单位：%

年份	小口径宏观税负	中口径宏观税负	大口径宏观税负
	税收占 GDP 比重	财政收入占 GDP 比重	政府收入占 GDP 比重
1997	10.4	13.0	14.7
1998	10.9	13.7	15.6
1999	11.8	14.9	17.4
2000	12.6	15.5	18.2
2001	13.9	16.7	19.5
2002	14.6	17.8	21.1
2003	14.7	18.3	21.9
2004	15.0	19.0	22.6
2005	15.5	19.8	23.6
2006	16.0	21.0	25.0
2007	17.0	29.1	33.1
2008	17.1	24.3	28.6
2009	17.2	25.1	29.8
2010	17.9	29.3	34.0
2011	18.5	30.0	35.2
2012	18.8	29.0	34.7
2013	18.8	30.9	36.9
2014	18.7	30.6	36.8

注：财政收入 = 税收 + 非税收入 + 政府性基金收入；政府收入 = 财政收入 + 五项社会保险基金收入

数据来源：中经网统计数据库（http://db.cei.gov.cn）和历年《中国统计年鉴》。

收入和政府性基金收入；六是缴纳基数或者税（费）率的调整倾向于提高税负，如各地五项社会保险基金收入最低缴纳基数的连年上调，以及部分收费项目费率提高等；七是缴费覆盖面的扩大也倾向于提高税负，如社会保险缴纳覆盖面不断扩大和缴纳社会保险的人群队伍的不断扩大等。根据以上分析，中国宏观税负的增加主要还是由于经济社会的发展带来结构性变化和收入水平的提高所致，但税负毕竟是一种负担，当国民收入越来越大的部分被用来上缴政府，而政府支出又不能有效地提供人们所需要的公共产品，那么这就是一种严重的资源错配，特别是税负的增加还会降低人们从事经济活动的积极性，对经济发展起到不应有的抑制作用，那么这更是一种无谓的资源耗费。

表 7 - 2 比较了经济合作与发展组织（OECD）国家的宏观税负情况。2011 年，OECD 国家平均宏观税负为 34.1%，略低于 2005 年 34.8%，基本保持平稳态势。比较来看，2011 年，宏观税负较高的国家主要是欧洲国家，丹麦、瑞典、比利时、法国、意大利、挪威和奥地利等国家的宏观税负都在 40.0% 以上，这与这些国家实行全民高福利政策有关。荷兰、匈牙利、斯洛文尼亚、卢森堡、德国、冰岛、英国、捷克、葡萄牙、以色列、爱沙尼亚、希腊、西班牙、新西兰和加拿大等国宏观税负都在 30.0% 以上，除了以色列、新西兰和加拿大，其他国家也都是欧洲国家。相对而言，OECD 的非欧洲国家宏观税负总体都较低，2011 年，墨西哥宏观税负只有 19.7%，智利只有 21.2%，美国、韩国、澳大利亚和日本宏观税负分别只有 24.0%、25.9%、26.5% 和 28.6%。工业七国中，除了法国和意大利外，德国、英国、加拿大、美国和日本宏观税负比重都不高于 40.0%，特别是经济实力最强的美国宏观税负在 2011 年只有 24.0%，2012 年略有提高也只有 24.3%，日本作为世界上福利最好的国家之一，同时老龄化也比较严重，即使在这种情况下，它的宏观税负在 2011 年也只有 28.6%，远远低于北欧高福利国家的宏观税负。

表 7 - 2　2005 ~ 2012 年 OECD 国家宏观税负比较

单位：%

年份 国别	2005	2006	2007	2008	2009	2010	2011	2012
澳大利亚	30.0	29.6	29.7	27.1	25.8	25.6	26.5	*
奥 地 利	42.1	41.5	41.8	42.8	42.4	42.2	42.3	43.2
比 利 时	44.5	44.1	43.6	44.0	43.1	43.5	44.1	45.3
加 拿 大	32.3	32.6	32.3	31.6	31.4	30.6	30.4	30.7
智 利	20.7	22.0	22.8	21.4	17.2	19.5	21.2	20.8
捷 克	36.1	35.6	35.9	35.0	33.8	33.9	34.9	35.5
丹 麦	50.8	49.6	48.9	47.8	47.8	47.4	47.7	48.0
爱沙尼亚	30.6	30.7	31.4	31.9	35.3	34.0	32.3	32.5
芬 兰	43.9	43.8	43.0	42.9	42.8	42.5	43.7	44.1

续表

年份 国别	2005	2006	2007	2008	2009	2010	2011	2012
法 国	44.1	44.4	43.7	43.5	42.5	42.9	44.1	45.3
德 国	35.0	35.7	36.1	36.5	37.4	36.2	36.9	37.6
希 腊	32.1	31.6	32.5	32.1	30.5	31.6	32.2	33.8
匈 牙 利	37.3	37.3	40.3	40.1	39.9	38.0	37.1	38.9
冰 岛	40.7	41.5	40.6	36.7	33.9	35.2	36.0	37.2
爱 尔 兰	30.1	31.6	31.1	29.2	27.6	27.4	27.9	28.3
以 色 列	35.7	36.0	36.4	33.8	31.3	32.4	32.6	31.6
意 大 利	40.6	42.1	43.2	43.0	43.4	43.0	43.0	44.4
日 本	27.3	28.1	28.5	28.5	27.0	27.6	28.6	*
韩 国	24.0	25.0	26.5	26.5	25.5	25.1	25.9	26.8
卢 森 堡	37.6	35.9	35.6	37.3	39.0	37.3	37.0	37.8
墨 西 哥	18.1	18.2	17.7	20.9	17.4	18.9	19.7	*
荷 兰	38.4	39.1	38.7	39.2	38.2	38.9	38.6	*
新 西 兰	36.4	35.7	34.5	33.6	31.1	31.1	31.5	32.9
挪 威	43.2	43.5	42.9	42.1	42.0	42.6	42.5	42.2
波 兰	33.0	34.0	34.8	34.2	31.7	31.7	32.3	*
葡 萄 牙	31.1	31.8	32.5	32.5	30.7	31.2	33.0	32.5
斯 洛 伐 克	31.5	29.4	29.5	29.5	29.1	28.3	28.7	28.5
斯 洛 文 尼 亚	38.6	38.3	37.7	37.1	37.0	38.1	37.1	37.4
西 班 牙	36.0	36.9	37.3	33.1	30.9	32.5	32.2	32.9
瑞 典	48.9	48.3	47.4	46.4	46.6	45.4	44.2	44.3
瑞 士	28.1	27.9	27.7	28.1	28.7	28.1	28.6	28.2
土 耳 其	24.3	24.5	24.1	24.2	24.6	26.2	27.8	27.7
英 国	35.4	36.3	35.7	35.8	34.2	34.9	35.7	35.2
美 国	26.0	26.8	26.9	25.4	23.3	23.8	24.0	24.3
合 计	34.8	35.0	35.0	34.5	33.6	33.8	34.1	*

注：1. * 为无法得到该数据，后表同；2. OECD 国家平均税负为没有区分权重的简单平均数；3. OECD 不包含收费和罚没等收入。

数据来源：经济合作发展组织数据库（http://www.oecd-ilibrary.org）。

　　由于表 7 - 2 中 OECD 国家的税负并不包含收费和罚没收入，为了国际比较，表 7 - 3 计算了 1997 ~ 2014 年中国两种口径的宏观税负：一是税收性质的宏观税负,即税收收入和五项社会保险基金收入之和,这是因为 OECD 国家通常开征社会保障税,类似于中国的社会保险缴费;二是包含政府性基金收入的宏观税负,即由税收收入、五项社会保险基金收入和政府性基金收入构成的宏观税负,OECD 国家政府性基金收入较少,而中国政府性基金收入规模庞大,忽略了政府性基金收入不能真实反映中国宏观税负的情况。一般来说,表 7-2 中 OECD 国家宏观税负统计口径通常大于中国税收性质的宏观税负统计口径,而小于中国包含政府性基金收入的宏观税负,但应该与后一口径的宏观税负更为接近。2014 年,中国税收性质的宏观税负为 25.0%,低于许多 OECD 国家,与美国水平相当,但包含政府性基金收入的宏观税负已经达到 33.5%,高于 34 个 OECD 国家中的 19 个国家,远超过美国和日本,与英国基本接近。但是,考虑到中国社会保障程度和社会福利水平与这些国家的明显差距,包含政府性基金收入的宏观税负还是偏高的。不仅如此,两种口径的宏观税负总体还呈现出一种逐渐上升的趋势,在当前较高宏观税负水平下,这种上升趋势如不能及时得到抑制,将会给企业和居民带来严重的支出负担。再考虑到中国企业和居民收费与罚款等方面的支出,以及企业和居民在经济活动中为了维持与执法部门"人脉关系"的隐性支出,中国宏观税负过重的问题就更令人担忧了。

表 7-3 1997~2014 年口径调整后的中国宏观税负

单位: %

年份	税收性质的宏观税负	包含政府性基金收入的宏观税负
1997	12.2	14.3
1998	12.8	15.0
1999	14.3	16.7
2000	15.3	17.5
2001	16.7	18.6
2002	17.9	20.2
2003	18.2	20.8
2004	18.6	21.3
2005	19.2	22.2
2006	20.0	23.3
2007	21.1	31.1

年份	税收性质的宏观税负	包含政府性基金收入的宏观税负
2008	21.4	26.4
2009	21.9	27.2
2010	22.6	31.6
2011	23.7	32.3
2012	24.6	31.6
2013	24.8	33.7
2014	25.0	33.5

数据来源：中经网统计数据库（http://db.cei.gov.cn）和历年《中国统计年鉴》。

表7-4和表7-5分别描述了OECD国家宏观税负结构和中国宏观税负结构。表7-5中的所得税包括企业所得税、个人所得税和土地增值税，财产税包括房产税、城镇土地使用税、车船税和船舶吨税等，商品和服务税包括增值税、消费税、营业税、关税、资源税、车辆购置税和烟叶税等，其他税收包括城市维护建设税、印花税、证券交易印花税、耕地占用税、契税和其他等。2012年，在OECD国家中丹麦收入和利润税占税负结构的比重最大，达到62.3%，并且货物和服务税占比也达到31.6%，社会保险税和财产税所占比重微不足道，这种税负结构表明企业是丹麦缴税的主体，并且消费更多产品和服务的富裕居民也会缴纳更多的税收，而由于社会保险税较低，雇员纳税负担相对较轻。斯洛伐克收入和利润税占税负结构的比重最小，只有18.9%，但也高于中国的16.8%。美国收入和利润税占税负结构的比重也较大，达到47.7%；社会保险税收入所占比重为22.3%，低于大多数OECD国家，但明显高于中国社保基金收入所占比重；美国财产税比重高达12.2%，高于绝大多数OECD国家。相对OECD国家而言，中国所得税收入比重偏低，社会基金收入比重也偏低，商品和服务税收入是中国财政收入的最主要部分，2014年达到31.6%，与OECD国家相比处于中间水平，但是由于中国政府性基金收入事实上也更多地带有商品税特征，如果将货物和服务税收入与政府性基金收入合并计算，两项收入占比则高达57.0%，远远高于OECD国家的货物和服务税收入。此外，中国财产税收入比重也略低，与美国、英国和韩国等财产税收入比重超过10.0%的国家相比，还有较大的提升空间。

表 7 – 4   2012 年 OECD 国家宏观税负结构

单位：%

国别＼项目	收入和利润税	社会保险税	财产税	货物和服务税
澳 大 利 亚	*	*	*	*
奥 地 利	36.0	34.4	1.3	27.5
比 利 时	34.7	32.0	7.5	24.9
加 拿 大	49.3	15.5	10.7	24.4
智 利	39.7	5.2	4.2	50.7
捷 克	20.6	43.9	1.5	33.5
丹 麦	62.3	1.9	3.8	31.6
爱 沙 尼 亚	20.9	35.3	1.0	42.2
芬 兰	34.4	29.8	2.8	32.8
法 国	26.8	37.4	8.6	24.4
德 国	30.4	38.2	2.4	28.4
希 腊	24.7	31.8	5.9	37.3
匈 牙 利	19.4	32.6	2.3	45.0
冰 岛	46.6	10.4	6.7	34.8
爱 尔 兰	43.5	14.7	6.5	34.9
以 色 列	34.5	17.1	9.1	39.3
意 大 利	32.8	30.5	6.2	25.5
日 本	*	*	*	*
韩 国	30.1	24.7	10.6	31.2
卢 森 堡	35.5	29.2	7.1	28.0
墨 西 哥	*	*	*	*
荷 兰	*	*	*	*
新 西 兰	54.6	0.0	6.4	39.0
挪 威	48.0	22.7	2.9	26.4
波 兰	*	*	*	*
葡 萄 牙	26.9	27.9	3.9	40.5
斯 洛 伐 克	18.9	43.6	1.6	34.5
斯 洛 文 尼 亚	19.3	40.6	1.8	37.9
西 班 牙	30.1	35.8	6.2	26.6

续表

国别 项目	收入和利润税	社会保险税	财产税	货物和服务税
瑞　　典	45.1	23.3	2.4	28.8
瑞　　士	46.1	25.1	7.1	21.7
土　耳　其	21.8	27.2	4.2	45.0
英　　国	35.7	19.2	11.8	32.8
美　　国	47.7	22.3	12.2	17.9

数据来源：经济合作发展组织数据库（http://www.oecd-ilibrary.org）。

表7-5 中国包含政府性基金收入的宏观税负结构

单位：%

年份 项目	所得类税	财产税	商品和服务税	其他税收	政府性基金收入	社保基金收入
2007	14.5	1.3	32.1	8.0	31.5	12.7
2008	18.3	2.0	38.8	6.2	18.5	16.2
2009	17.1	2.1	38.7	5.6	19.4	17.1
2010	14.7	1.7	35.3	5.3	28.3	14.9
2011	15.8	1.7	34.8	5.1	26.4	16.0
2012	16.6	2.0	35.7	5.3	22.2	18.1
2013	16.2	2.0	32.3	5.5	26.4	17.7
2014	16.8	2.1	31.6	5.6	25.4	18.6

数据来源：中经网统计数据库（http://db.cei.gov.cn）和历年《中国统计年鉴》。

二　宏观税负对供给的影响

以上笔者分析了中国宏观税负的总体及结构状况，但从中我们可以得到什么结论呢？税负问题一直是理论界和政府决策部门都十分关注的问题，特别是税负和经济增长的关系、税负和经济结构的关系等，国内外很多文献都从不同角度对其进行了研究，但由于对理论模型和计量选取上的差别，甚至数据处理时的差异等，这些文献所得出的研究结论也大不相同。笔者试图对有关研究结论进行分析和评价，在此基础上再对中国宏观税负是否适宜以及税负结构是否合理进行判断。

（一）税负与供给的关系

1. 凯恩斯有效需求理论与短期经济增长

对税负短期的分析，一般是基于财政乘数理论展开的。当税负提高时，居民或者企业可以自由支配的收入减少，消费需求和投资需求受到抑制，并通过乘数效应产生需求紧缩效应；但是，税负的提高也增加了政府可支配财力，如果所有新征税收用于公共支出，那么这种支出就会提高消费需求和投资需求，并且由于居民和企业的支出倾向通常小于政府支出倾向，这种新增需求也会大于居民和企业减少的需求，通过乘数效应产生的需求扩张效应也会大于居民和企业支出减少产生的需求紧缩效应，从而最终将提高当期全社会的总需求，相应带动总供给的增长，使短期经济增长率趋于上升。

上述分析是基于凯恩斯有效需求理论展开的，有效需求理论忽略了供给面主动变化因素，而是假设供给是无约束的，是被动适应有效需求的变化而变化的，从而是一种短期需求管理的理论，是经济周期调控政策的理论基础，而非长期经济增长或者长期供给管理政策的理论基础。尽管如此，在针对经济周期进行宏观调控时，也必须认识到有效需求理论关于供给无约束的理论假设非常严格，在现实中难以完全满足，因为个人和企业的需求结构与政府支出的需求结构是存在很大差异的，个人和企业需求的突然大幅减少，政府支出需求的突然大幅增加，势必会导致供给结构与需求结构的不匹配，这种匹配导致供给结构扭曲甚至会影响未来长期经济增长，产生极其恶劣的后果。例如，2008年全球金融危机时中国政府为了应对危机对中国的负面冲击而实行的刺激政策，甚至在没有提高税负的情况下，仅仅通过中央和地方举债大规模投资基础设施项目扩大社会需求，造成了供给与需求结构的错配，在短期推高了通货膨胀，在长期扭曲了供给结构并加剧产能过剩的程度。因此，短期需求管理也要注意不能扭曲长期供给结构，过分追求短期经济增长的后果会使长期经济增长受到更大程度地损害。

正是认识到需求管理可能存在引发通货膨胀和扭曲经济结构的问题，以费尔德斯坦和拉弗为代表的供给学派才认为供给是经济发展的决定性因素，只有生产要素稳定增加和生产效率不断提高，经济才能获得更快更持久的增长。在政策主张上，供给学派吸收了古典经济学自由市场的思想，并奉"萨伊定律"为圭臬，大力鼓吹通过减税和降低边际税率，提高劳动者工作的积极性和企业投资积极性，使供给和产出不断增加。不过，供给学派试图以供给管理代替需求管理，忽略了短期需求方面的不足，在主张减税的同时还主张大力削减政府支出，固然在一定的情况下可以对长期经济增长起到促进作用，但是短期内并不一定对经济周期运行起到立竿见影的稳定作用，所以供给学派的思想和政策有可供借鉴的地方，但也不能完全拿来指导一国的经济发展实践。

2. 税负与长期经济增长

国内外学是研究税负与经济增长关系所利用的理论都是建立在经济增长模型基础上的，这些经济增长模型都是在一定的条件假设下寻找产出的长期均衡位置，并讨论税负变化对产出长期均衡位置的影响，包括水平效应和增长效应。被用作税负与经济增长关系研究理论基础的主要是两类模型，一类是新古典增长模型，另一类是内生增长模型。可以预期的是，由于新古典增长模型的人均产出的均衡增长率完全取决于技术进步的增长速率，但模型中技术进步又是外生的，并不受模型内其他因素的影响，所以在新古典增长模型将税收作为变量纳入模型后，税收会对人均资本产生水平效应的影响，并不会对技术进步产生任何作用，所以税收的变化只在负的水平效应刚发生的瞬时产生短期增长效应，并不会对长期均衡增长率产生影响。但是内生增长模型由于将技术进步作为内生变量，并受用于研究的资本和劳动数量的影响，税收变量的引入将对资本数量产生影响，继而对技术进步产生影响，内生增长理论的一个基本结论是，永久提高税率会永久地降低长期均衡增长率。

许多学者就是围绕以上两类模型展开更丰富翔实的实证研究的。Marsden（1983）、Koester 和 Komendi（1989）等学者的研究发现，税率（税收负担）的提高对经济水平有负向影响；Scully（1991）在将国家按照不同税负比重进行分组的基础上展开研究，结果发现，税负占 GDP 比重不超过19.3% 的国家经济增长率达到最大化，而当这一比重高于 45.0% 时，经济增长倾向于 0，甚至是负增长；Peden（1991）研究发现美国 1929～1986 年主要以税收为来源的政府支出占 GDP 比重在低于 17.0% 时，比重提升有利于经济生产绩效的提高，超过这一点时则会降低经济的生产绩效；武靖国（2011）从拉弗曲线变异对中国企业进行研究，认为不同经济主体对税收负担变化的反应不同，在评价一国宏观税收负担时，应该考虑不同性质经济主体之间的行为选择差异。

由于发展中国家和发达国家资本的税收弹性并不相同，很多学者又开始将国家按照发展阶段或发展特征予以分组，在此基础上对税负与经济增长的关系进行研究，试图得到更为客观准确的研究结论。在以 OECD 国家为研究对象的文献中，Plosser（1992）计算得到利润税税收占 GDP 比重与实际人均 GDP 增长率的相关系数为 -0.52，平均税率 0.05 个百分点的提高会降低 0.4 个百分点的经济增长率；Karras（1999）和 Angelopoulos et al.（2007）也都进一步证实了税率的提高对经济增长的抑制作用。Marsden（1983）则以 20 个发展中国家为研究对象并将其分为高收入和低收入两个组别，发现税负每提高 1 个百分点，高收入国家经济增长会下降 0.34 个百分点，低收入国家经济增长率下降的幅度更大，达到 0.58 个百分点。马栓友（2001）、李永友（2004）、李俊霖（2007）、朱博文和倪晓静（2008）等将中国作为研究对象，同样发现税负与经济增长之间存在较明显的负相关关系。尽管税负提高对不同发展阶段国家的影响程度可能存在差异，但这些文献都支持税负对经济增长有负向影响这一结论。

尽管以上文献都持税负与经济增长是负相关的观点，但是也有文献不认为两者存在明显的负相关关系，甚至在某些情况下还会呈现正相关关系。Oakland（1978）及 Leibfritz et al.（1997）发现税负变化只有比较微弱的经济增长效应；Carlton（1983）、Easterly 和 Rebelo（1993）、Slemrod（1995）则发现税负变化与经济增长之间不存在显著的相关性；孙玉栋（2007）将中国分为东中西部地区，利用 1994~2004 年数据研究发现，东部地区在高税负下高速增长，西部地区在低税负下低速增长；董志勇和邓丽（2010）研究发现，与政府支出增加促进经济增长的正效应相比，降低宏观税负产生的增长效应既微弱又不可持续；王麒麟（2011）利用 1995~2006 年的数据进行模拟分析发现，无论是大口径还是小口径的税负增加，GDP 增速都会相应提高，从而两者存在正相关关系。

此外还有一类文献认为，即使税负与经济增长呈现负相关关系，但并不能由此就得出应该降低税负的结论，这是因为税收并不仅限于对经济增长产生负向影响，它还会由于支持了财政支出的增长而对居民福利产生正向影响，税收负担合理与否应该综合考虑两者对社会总福利的共同影响情况，最优税负理论正是在这种思想基础上发展而来的。

（二）税负结构与供给的关系

当税负结构存在显著差异时，同样税负水平对供给的影响也是不同的。以上诸多文献所研究的税负与供给之间的关系不尽相同，除了受到所采用的模型、时期、国别和发展阶段等因素存在差异的影响外，不同国家税负结构差异的影响也是不容忽视的。研究税负结构与供给的关系，对于通过税制结构优化促进经济增长具有重要的政策指导意义。

较早的研究不同税负结构对经济增长影响的文献，通常将税类分为直接税和间接税，考察并比较这两个税类对经济增长的不同的影响。有一些研究者指出直接税和间接税组合的变化对经济增长的促进作用非常小（Harberger，1964），另有一些研究者则得出直接税与经济增长呈负相关关系、间接税与经济增长呈弱相关关系或正相关关系的结论（Branson，2001；Koch et al.，2003；马拴友，2001；范广军，2004）。由于直接税和间接税的分类过于简单粗糙，不利于对各具体税种的作用进行深入分析，也不利于对税制结构的优化调整，很多研究者开始分税种研究税负结构的不同经济效应。

在对所得税的研究中，国外大多数研究者得出所得税倾向于降低经济增长率的结论。Rebelo（1991）和 Pecorino（1993）运用内生经济增长模型、Devereux 和 Love（1994）运用两部门内生模型对所得税经济效应进行研究，都发现了所得税会降低经济增长率。Lee 和 Gordon（2005）对全球70个国家样本的实证研究进一步证实公司所得税率与经济增长显著负相关。

尽管如此，仍有学者不赞成这种结论。Jones 和 Manuelli（1992）用世代交叠模型研究发现，促进经济增长的最优所得税率为正，Aiyagari（1995）、Domeij 和 Heathcote（2004）、Widmalm（2001）、Angelopoulos et al.（2007）也验证了这一结论。国内研究者也基于中国数据研究了各税种与经济增长的关系。苏明和徐利君（2008）基于中国 2000～2005 年的地区面板数据，研究得出企业所得税会抑制经济增长、营业税会促进经济增长、个人所得税对经济增长没有明显负面影响。何茵和沈明高（2009）也认为营业税对经济增长的负面影响最弱，但认为个人所得税的负效应最强。李涛等（2011）则通过研究得出增值税、企业所得税和地方费类与经济增长都呈现负相关，但是增值税的负效应要大于企业所得税，而地方费类更是具有显著的负效应。刘海庆和高凌江（2011）则发现车船税和增值税对经济增长存在正向影响，企业所得税、个人所得税和营业税等对经济增长产生负向影响。

　　另外一种关于税负结构的经济效应研究关注对各类生产要素征税对经济增长的影响。Milesi-Ferretti 和 Roubini（1998）运用包含人力资本积累的内生增长模型研究发现，对劳动所得和消费征税的长期最优税率为零。Easterly 和 Rebelo（1993）、Widmalm（2001）、Angelopoulos et al.（2007）也验证了劳动税率与经济增长负相关。Angelopoulos et al.（2007）还发现资本所得税与经济增长呈现正相关，只是在统计上不显著。不过 Mendoza et al.（1997）在未对公共支出类型进行区分的情况下，并未发现有效劳动所得税和资本所得税与经济增长有统计意义上的相关性。刘溶沧和马拴友（2002）基于中国数据研究发现对资本征税会降低投资率和全要素生产率，并对经济增长产生负向影响；对劳动征税会使劳动供给增加，但会降低投资率从而降低经济增长率；对消费支出征税，会提高储蓄从而提高投资率，最终不妨碍甚至会促进经济增长。严成樑和龚六堂（2009）对中国要素税负的经济增长效应进行了数值模拟，发现消费税负与经济增长率呈现正向影响，劳动税负与经济增长率呈现负向影响，资本税负与经济增长则呈现倒 U 形相关关系。

　　以上关于税负及税负结构与经济增长之间关系的研究文献所得出的结论比较繁杂，有些具有相对一致的认识，有些则迥然不同。之所以会出现这样复杂的情况，正如上文所说，是由于这些研究文献受到所采用的模型、时期、国别和发展阶段等因素存在差异的影响。例如一次性总税形式的税收，会在需求曲线和供给曲线之间形成一个楔子，从而通过抬高需求者面临的产品价格和降低供给者面临的产品价格，最终使真实均衡产出小于无税收时的均衡产量，减少社会总供给。但是得出这种结论的一个前提是，政府不会提供任何公共产品，税收转化成政府支出仅仅是形成当期需求，并不会增加长期供给能力。而现实却是政府通过税收组织收入并最终形成公共支出，这种支出不仅对社会正常运转、降低交易费用是必要的，甚至对增加和维护各类基础设施也是必不可少的，从而会扩大未来供给能力，至少会维持现有供给不变。特别是当公共产品严重不足时，提高税负增加支出弥补这种公共产品提供的不足，将会对经济增长有促进作用，从而税收所具有的增长效应是正向的；反之，如果公共产品提供已经比较充足，或者税收收入并不用来提供所需要的公共产品，而仅仅是用作政府消费，那么就有可能对经济增长造成负向冲击。还有，在大多数学者研究发现所得税与经济增长是负相关的情形下，Jones 和 Manuelli（1992）却发现促进经济增长的最优所得税率为正，主要原因是他们所使用的世代交叠模型中市场自发的经济行为存在动态无效率，计划者征税有可能通过征税对资源重新配置消除这种动态无效率，从而提高经济增长率。还有，对劳动者征税可能直接产生两种效应，一种是替代效应，这会使劳动者减少劳动供给；另一种是收入效应，这会使劳动者增加劳动供给。在不同的文化环境中，或者在不同的收入阶段，对劳动者征税，这两种效应的大小是不一样的，从而在这一国家对劳动者征税有可能减少劳动供给，在另一国家对劳动者征税却有可能增加劳动供给。正是现实的复杂性，才使诸多研究者对不同国别、不同时期税负和税负结构的研究所得出的结论千差万别，也告诉我们在合理确定税负水平和进行税制优化时，一定要根据具体发展阶段灵活制定政策措施，避免盲目绝对地遵从某一理论或某一结论的指导。

第二节　促进税费改革扩大供给的政策建议

一　当前阶段中国税负比重及其结构存在的主要问题

（一）宏观税负水平上升过快，居民和企业负担偏重

1997～2014 年，中国大口径税负占 GDP 比重已经由 14.7% 快速上升到 36.8%，如果考虑到第一产业税负贡献率极低而忽略第一产业不计，那么大口径税负占第二、第三产业比重将接近 40.0%，而且基层执法人员也存在较严重的"吃、拿、卡、要"等现象，同时政府支出也并不足以建立一个体系健全和运行高效的社会保障网络，全社会税费负担整体感受偏重。特别在走向新常态经济阶段的过程中，众多企业在承受着结构转型的阵痛，普遍出现利润率下降和债务率增加的情况，这种税费负担过重的感受就更加强烈，要求改革税制、降低税费负担的呼声也越来越高。1997～2014 年，中国税收收入占 GDP 比重由 10.4% 上升到 18.7%，非税收入、政府性基金收入和社会保险基金收入占 GDP 的比重更是成倍上升，其中政府性基金收入比重由 1997 年的 2.1% 竟然上升到 2014 年的 8.5%。正如前文所述，宏

观税负水平的上升很大程度上是货币化因素和结构性因素带来的，为了保持政策的连续性和财力的稳定政府没有相应调整税费政策，这并不是政府管理的故意为之。当这些因素对税费收入的影响渐渐消失时，宏观税负将会出现一定程度的回落，但在此之前，宏观税负偏高特别是部分税负的转嫁能力很强，这会为部分经济主体带来过重的税费负担，仍是值得密切关注的，并且在时机成熟时应该尽快通过改革化解这些矛盾。此外，还有一些因素是发展中的问题，如政策调整的滞后为相关经济主体带来了本不应承担的税费，并在一定程度上加剧了收入分配差异程度，这就必须通过及时的政策调整来予以解决。但不管原因是什么，宏观税负水平过高加剧了社会总体税费负担，政府管理部门应该采取一定的措施来有效应对。

（二）政府性基金收入比重过大，不利于资金使用效率的提高

2014 年，全国政府性基金收入达到 54093 亿元，比上年增长 3.5%，占当年 GDP 的 8.5%。政府性基金的设立具有明确的项目支撑意图，有很多项目是经济社会建设所必需的，但有些项目缺乏科学的论证，特别是通过基金的形式强迫相关群体支付项目成本，不仅可能造成不公平，而且也极易造成支出效率损失。例如，三峡工程建设基金，通过将收费隐藏于电价的形式向全民征收，虽然体现了社会主义"集中力量办大事"的优越性，但是也不利于工程建设主管方集约使用资金和提高资金使用效率，造成资源的浪费和加重国民的负担。又如与民航发展相关的民航机场管理建设费和民航基础设施建设基金，分别按照乘机人次收取 50 元和 20 元，并不区分乘坐距离的远近，带有较明显的垄断收费的特征。最令人惊诧的是国有土地使用权出让收入，2014 年达到 42606 亿元，占到当年 GDP 的 6.7%。尽管这部分收入中的绝大部分被用作基础设施建设费用，但也有很大一部分是拆迁安置成本，购房人的财富被过多拆迁浪费掉，或者转移到原住民手中，这种通过大拆大建增加国有土地使用权出让收入的做法也值得商榷。

（三）社会保险基金收入比重偏高，特别是缴费个体负担过重

2014 年，全国五项社会保险基金收入占 GDP 的比重为 6.2%，尽管低于绝大多数 OECD 中欧洲国家的社会保险税收入占 GDP 的比重，但是仍然高于美国、以色列、加拿大、爱尔兰和冰岛，与英国、韩国相近（见图 7 -1）。考虑到中国的发展阶段、收入水平以及社会保障程度，这一比重显得过高。但是真正的问题还不在于总体社会保险缴费负担，个体负担过重的现象才是更令人担忧的。据估算，当前在全国绝大多数地区的五险总费率已达到企业工资总额的 40.0% 左右。出现这种情况是因为全国还存在部分从业者或者居民并没有缴纳"五险"，社会保险基金收入总额比重不能真实反映缴费个体的真实负担。还有一个值得关注的问题是，社保体系还不完善，还存在较多的制度漏洞，例如医疗保险"套保"现象突出，主动或者被动过度医疗现象十分普遍，导致医疗保险基金使用效率低下，只能被迫提高缴费率，保险费用缴纳者的负担加重，却不能相应提高享受保险的程度。同时，随着中国老龄化社会的到来和城乡一体化进程的推进，养老保险和医疗保险支出仍然存在着刚性增加的趋势，如果不完善社会保险体系和提高资金管理效率，势必会进一步加大缴费者的负担，引发更为激烈的社会矛盾。

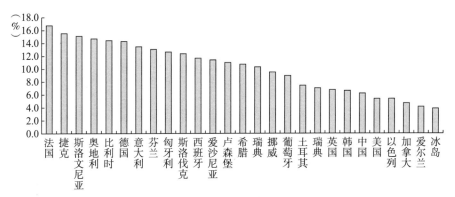

图 7-1　社会保险税（费）收入占国内生产总值比重的国际比较

注：中国为 2014 年数据，其他国家为 2012 年数据。

数据来源：中国数据来自《中国统计年鉴》（2015 年），其他国家数据来自 OECD 经济合作发展组织数据库（http://www.oecd-ilibrary.org）。

（四）区域发展不平衡助推"分税制"沦为"分钱制"

1992 年以"分事、分税和分管"为核心的分税制财政体制的建立是中国财税体制改革的一个里程碑式的内容，此次改革勾勒出中国税制体系的基本架构，对于中国经济的发展发挥了重要的作用。但是，"分税制"执行的结果却是越来越多税收收入被集中到中央财政手中，地方有"事责"，却没有相应充足的"权利"，导致地方不得不大量发行债务，或者请求中央财政的转移支付，"分钱制"特征凸显。根据事责确定地方的财权，本是"分税制"改革的核心，但是由于经济结构及其带来的各税种收入贡献度的变化，以及此后多次小规模的税制调整，中央财政收入比重占全国财政收入比重不断上升。那么，重新划定地方税种和提高其共享税分成比例是不是就可以解决这一问题呢？进行如此改革的确能一定程度上提高地方财政收入比重，以及提高地方事责和财权的匹配程度，但问题是中国区域发展水平存在着巨大的差异，各地面临不同的事责，地方财政组织收入的能力也千差万别，地方财政收入比重的提高，会削弱中央财政转移支付、推动地区公共服务均等化的程度。还有，地方政府存在着发展经济的冲动，地方竞争不可谓不激烈，在此情况下，提高地方的税权和财力，如何有效约束地方可能发生的过度竞争，也是一个需要深入讨论的重大问题。

（五）经济下行压力较重，减税政策面临财政减收威胁

由于宏观税负的不断增长，企业和居民普遍感到税费负担偏重，为了在短期扩大需求，并在长期内提升供给能力，减税似乎已是势在必行的政策选择。但是，当前经济增长不断趋于放缓，原来那些促使税收收入增加的因素的影响力也在逐渐减弱，减税空间受到较为严重的制约。事实上，宏观税负的不断攀升主要是受政府性基金收入和社会保障基金收入的影响，税收收入增长的影响相对较弱。而 2011 年以来，宏观税负的上升趋势有所减缓，特别是税收收入占 GDP 的比重基本保持稳定，维持在 18.0% ~ 19.0% 的水平，在这种情况下，试图通过税收的大规模削减来扩大需求和供给能力，势必没有多大的回旋空间，这也是近几年减税政策断断续续，无法通过彻底改革来达到减税政策目标的主要原因。在这种情况下，政府应该更多地通过税制结构的调整来达到扩大供给的目的，对各税种进行重新废立或者进行税率调整，在适度减税而不是大规模减税的情况下发挥税制改革的结构性效应，并配合以完善财政支出结构和提高财政资金使用效率的措施，推动中国供给能力的提升。

二 当前经济发展阶段的特征与税费改革

在新的发展阶段，经济社会结构将继续发生变化，这些变化也将对税费收入继而对宏观税负产生深远影响，有些因素可能会推动税负趋于增长，也有些因素可能会推动税负趋于下降。推动税负下降的因素主要包括以下几个方面：一是对外贸易对税负增长将产生负向效应。一方面对外贸易增长速度会放缓，它所带来的税收收入增速也将下降；另一方面国内的自由

贸易区和国际上国家间自由贸易区不仅数量会越来越多，规模也会越来越大，减税的影响程度也会增大。二是房地产市场的高库存、城市化进程的放缓、人口数量和结构的调整也会使税收收入增速下降。三是经济的虚拟化和存量资产的货币化进程都会逐渐趋稳，对税收的贡献程度会下降。四是随着经济增长向中高速换挡，居民收入增长速度也会最终趋于放缓，个人所得税提高速度将下降。五是经过多年发展，基础设施趋于完善，大规模的基础设施投资将减少，用于支撑项目投资的非税收入和政府性基金会减少。这些因素都会对税费收入的增长起到一定的抑制作用，可能会导致税负增长速度低于 GDP 增长，它们对财政收入的影响程度在推行减税政策和进行结构调整时必须予以密切关注。

在新的发展阶段出现一些新的问题，也需要通过税费调整来予以主动应对，特别是要以税费改革为突破口，提高均衡产出水平和供给效率。税费改革要坚持"结构调整、总体减负"的原则。中国已经初步建立起比较合理的税费体系，税费改革应在现有税费体系基础上稳步推进，保持政策的相对连续性，坚持对现有税费体系进行结构调整，逐步建立起更加符合现代市场经济和专业化分工的税费体系，同时还要明确税费改革要保证总体减负，极力避免企业税费负担进一步加重。

（一）促进专业化分工深入发展，全面推行"营改增"

市场经济是以专业化分工为基础的经济运行模式，税收体系必须体现维护和促进专业化分工的特征。20 世纪 90 年代的税收改革基本建立起了有利于专业化分工的税收体系，即撤销了产品税，并在大部分生产行业设立了增值税，使企业的购置缴税可以从销售缴税中抵扣。但是，由于增值税在征收管理方面的复杂性，为了简便和可操作的目的保留了营业税，即对在境内提供应税劳务、转让无形资产或销售不动产的单位和个人，就其全部营业额征收一定比例的营业税。这种营业税和增值税并行的流转税体系只是一种权宜之计，在一定程度上割裂了国民经济各行业之间的循环交互关系，特别是营业税导致营业额中购置比例高的企业税负偏高，购置比例低的企业税负偏低，无法体现税收的公平性。随着征收手段的完善，以及服务业逐渐成为国民经济的主导行业，将营业税全面改为增值税理应成为税费改革的最核心内容。同时，"营改增"也应该发挥降低总体税负的主要作用。十二届全国人大四次会议已经明确在 2016 年 5 月 1 日全面实行"营改增"，如果能够顺利推进，不仅能够促进服务业的长期发展，也会刺激服务业在短期内出现明显的回升，对稳定当前的经济发挥重要作用。

（二）增强收入分配调节，加快个人所得税结构化改革

税收除了具有组织财政收入和调节生产的职能外，还具有调节收入分配的功能。当前中国收入分配差距过大，不仅加剧社会不公平，而且已经影响社会消费边际倾向的提高，迫切需要发挥税费改革对收入分配差距的调节作用，特别是要推动个人所得税结构化改革。目前个人所得税存在的问题是，征收方面分类过细而综合不足，税前抵扣方面过于综合而分类不足，这导致个人所得税无法对不同收入来源、不同家庭状况、不同区域差异进行有效调节。推动个人所得税结构化改革，就是要适当归并不同来源的收入，提高综合征收的程度，并且以家庭而不是个人作为纳税主体，根据家庭基本生活成本支出计算税前抵扣金额。从收入来源、家庭收入和家庭支出等方面对个人所得税进行调整，总体原则是适度增加高收入家庭的税负和降低低收入家庭的税负，综合税负也应有所降低。以家庭为单位的综合所得税更能体现社会公平，同时根据基本生活成本确定税前抵扣金额也可以很好地解决不同地区的税负公平问题，避免全国实行统一口径个人所得税免征额带来的地区不公平问题。不过，个人所得税结构化改革也对征收管理水平提出更高的要求，要通过分步实施、循序渐进的方式推动个人所得税结构化改革，避免一步到位可能导致的税收征管方面出现的混乱局面。

（三）推动地方财政收入稳步增长，适时开征财产税

地方财政对于保障地方民生、教育、医疗和道路等公共产品的供给至关重要，特别是随着工业化和城镇化的推进，地方经济发展的任务在逐渐淡化，社会民生保障任务愈加繁重，需要建立财政收入稳定增长机制。当前中国很多地方不同程度地存在着职住割裂的情况，即工作地和生活居住地分布在不同地方，而企业和个人的缴税都是在工作地，生活居住地难以收到足够的税收。这种情况在大中小城镇都有不同程度的存在，即使户籍改革以后，人口在大城市和小城镇之间的迁徙仍然会不同程度地存在。大城市提供就业机会但也可以获得相应的税收，小城镇提供生活居住地，但无法获得足够的税收。为了解决这一问题，迫切需要开征属地原则的财产税，具体来说就是房地产税。但是由于财产税是与个体家庭密切相关的税

种，它的开征必须慎重，开始征收的时候要设定较高的免征额和较低的税率，只使少部分家庭成为纳税主体，随着时间的推移和大家对征税的认可，逐渐自然地将更多家庭纳入征税范围。遗产税也是一项重要的税种，它的开征更是要慎之又慎，在当前仍然只能当成储备税种，在未来根据经济社会发展形势再酌情征收，降低社会矛盾集中爆发的可能性。

（四）减少和清理各类收费，降低企业缴费负担

对特定企业征收的费用，符合使用者原则，具有存在的合理性，但是，由于收费征管的不规范，很容易出现过度收费的问题，名目繁多的收费种类，铺天盖地的检查检验，让企业付出过多的财力和精力加重了企业的负担。应该进行更为彻底的税费改革，将部分收费并入税收体系由税务部门依法征收，部分收费进行归并，部分收费降低标准，部分收费简化征收手续。特别是要针对企业收费成立专门接受企业申诉的综合性收费监督部门，避免收费督察由各部门自行管理导致"官官相护"问题的发生，增强对收费人员的束缚和管理。同时，还要简化行政诉讼手续，为企业通过法律维权提供方便。建立收费信息公开制度，让各类企业对自己或者其他企业的各类缴费情况能够互相了解，增强对执法人员的监督，减少寻租现象的发生。

（五）构建间接税和直接税双主体的税收体系，并逐渐过渡到直接税为主体

处于成熟发展阶段的国家，通常是以直接税为主体的税收体系，这种税收体系相对间接税为主体的税收体系，纳税者负担会更加公平。市场经营者如果没有盈利或者盈利较少，可以上缴较少份额的税收。而在间接税为主的税收体系下，无论市场经营者的盈利状况如何，只要有营业活动和营业收入，就必须缴纳一定数量的税收，从而加大了经营者的风险，特别不利于创新创业活动的进行。所以，建立以直接税为主体的税收体系，应该成为中国税收体系的最终目标。然而，直接税为主体的税收体系存在的最大问题是，企业经济效益较差时，税收收入会急剧减少，对于仍处于发展阶段的国家和以工业生产为主的国家而言，这种税收体系将加剧财政收入波动的风险，对保持公共财政收支的稳定带来严重威胁。当前中国的税收收入中，间接税仍然占据着绝大部分的份额，在经济发展水平和企业经营状况没得到较大幅度提升的时候，不能贸然向直接税体系转变，只能

通过大幅提高所得税税率的方式来实现，但是这对致力于经营效益提高的先进企业会带来沉重打击，削弱其提高质量和降低成本的积极性，也不利于经济的稳定发展。因此，中国必须坚定不移地以建立起直接税为主体的税收体系为目标，但这一目标应作为长期目标，近期目标还是要先建立起直接税和间接税并重的税收体系，再采取循序渐进的方式，随着经济社会的发展不断提高直接税的比重，最终建立直接税为主体的税收体系。

第八章　去产能、结构调整与有效供给

第一节　产能结构性过剩的现状与形成机制

当前，产能结构性过剩已经成为社会各界关注的焦点问题之一。产能过剩迟迟不能化解，导致相关行业产品供给量过大，产品销售价格持续下行，严重侵蚀了行业内企业的经营利润，财务杠杆率趋于攀升，甚至会危及金融系统安全。然而，产能过剩的类型并不尽相同：有的行业属于绝对过剩，即现在的生产能力已经能够充分满足未来长期发展的需要，甚至还有绝对的剩余；有的行业属于相对过剩，即主要是受周期性需求变化的影响暂时出现产能过剩，未来随着需求的恢复正常，行业产能还需要进一步扩张；有的行业属于结构过剩，即中低端产品供给过剩，但是高端产品的供给还相对不足，未来产能仅会发生结构性调整。同时，产能过剩的形成机制也不尽相同，有些是由于国外替代品的增加导致出口产能过剩，有些是技术替代能力的提高导致部分行业存量产能竞争力下降而出现产能过剩，有些是伴随消费结构调整而至的需求萎缩导致的行业供给产能过剩，有些是新进入者成本更低导致的先进入者产能过剩，等等。只有把握未来经济长期发展趋势，清晰区分产能过剩的不同类型和不同性质，才能更好地理解中国产能过剩的本质和更加有针对性地采取措施予以彻底化解，以避免盲目压缩产能可能带来的社会资源浪费以及产能过剩不能及时化解可能带来的金融风险。

一 产能过剩的现状

尽管影响产能过剩的因素有很多，但其直接表现就是在一定时期内供给相对于需求过大，有效需求不足，导致现有生产能力不能被正常利用。从这个意义上讲，产能过剩反映的是供给与需求的关系，未来需求变动的方向也就成为产能是否会出现动态过剩的关键影响因素。

（一）需求的趋势性转变与产能绝对过剩

尽管当前中国产能过剩较为严重，但是短期内绝对产能过剩的行业仍然属于少数，这些行业通常都是受明显趋势性转变影响的行业。那么，中国发生明显趋势性转变主要表现在哪些方面呢？一个共识就是城镇化率的提高速度会放缓。其根本原因有两个：一是由于成本的上升和国际竞争的加剧，中国对外贸易增速会倾向于下降，从而吸纳劳动力的能力会下降；二是随着工业体系的日臻完善和家庭工业品消费的日益饱和，中国工业化进程也将进一步放缓。2015 年中国以人民币计价的进出口额同比下降7.0%，其中，出口同比下降 1.8%，进口同比下降 13.2%，这表明了当前中国对外贸易面临的困境。图 8-1 描述了 2005~2014 年部分工业品生产量累计值与 2014 年末家庭总户数的比值。图 8-1 显示，2005~2014 年家用电冰箱产量与全国家庭总户数的比值达到 1.4，房间空气调节器、家用电风扇和家用洗衣机这一比值分别达到 2.2、3.5 和 1.2，尽管这些产品有一部分用于出口供应全世界，但至少表明中国工业化能力已经达到一个新的程度，工业化程度的进一步提升将会明显趋缓。正是主要由于以上两个方面的原因，工业部门就业人口的增速也会减慢，继而影响城镇化的速度。

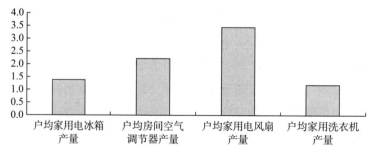

图 8-1 2005~2014 年部分工业品生产量累计值与 2014 年末家庭总户数的比值

数据来源：国家统计局编《中国统计年鉴》（2015）。

城镇化速度的放缓直接影响房地产部门的增长，并通过传导效应再影响到钢铁水泥等建筑材料生产部门，对这些行业的生产形成持久的冲击。表 8 - 1 显示，从 2011 年开始，年末城镇就业人口增加数已经开始呈现下降趋势，城镇化率提升的百分点数也从 2010 年的 1.7 降到 2015 年的 1.2，房地产开发企业房屋建筑竣工面积从 2015 年起开始由升转降，房地产开发企业房屋建筑竣工面积与城镇就业人口新增数的比率也开始下降，与房地产开发密切相关的钢材和水泥等建材部门的绝对产量也开始下滑。1999～2014 年房地产开发企业房屋竣工套数总共为 7480.4 万套，其间年末城镇就业人口增加 17694 万人，每名就业者平均对应 0.42 套房。按照一个家庭两个人在城镇就业，每个家庭平均对应 0.84 套房，即 1999 年以来尽管房地产开发规模很大，但是相比潜在住房需求而言并不严重过剩。然而，当我们观察房地产开发企业房屋建筑竣工面积与城镇就业人口增加数的比率的时候，就会发现这一比率在 1997 年仅为 18.4，而到 2014 年已达到 100.4，在 2015 年才开始下降。这表明，尽管从总体数据来看，中国房地产开发并不是严重过剩，但是由于城镇就业人口有很大一部分不在城镇购房置业，这部分人的潜在住房需求并不能转化为真正的城镇购房需求。而且，由于当前房地产开发企业房屋建筑竣工面积与城镇就业人口增加数的比率已经达到 100 左右，表明了近些年住宅供应量相对于需求量要比前些年大得多，在这样高的比率下，房地产开发规模根本无法维持下去，势必会出现一定程度的并且是趋势性的下滑，这也注定了钢材和水泥的产量也会随之向下调整。由于这些行业的固定资产投资设备具有很强的专用性，加之部分行业又是国有企业，存在较大的退出障碍，产能出现绝对过剩也将是必然的。

除了与房地产部门密切相关的一些行业会出现产能绝对过剩外，受对外贸易增速放缓的影响，甚至可能出现出口绝对下降的局面，相关行业也可能会出现产能的绝对过剩，例如纺织服装等劳动密集型产业以及上文提到的产能巨大的家电类行业，都有可能随着时间的推移出现绝对过剩。事实上，纺织类行业的企业有很多已经开始向成本更为低廉的海外地区转移，表明该行业已经出现产能绝对过剩的迹象。不过，与钢铁和水泥行业有所区别的是，这些行业通常具有较强的海外转移能力，尽管这种转移会影响中国整体经济的增长，但是就具体行业而言，产能由于存在退出渠道，其绝对过剩延续的时间也会相对较短，对企业经营效率的影响也相对较弱。

表 8－1　中国城镇化进程的变化对房地产及建材生产部门的影响

年份	年末城镇就业人口增加数（万人）	城镇化率（％）	房地产开发企业房屋建筑竣工面积（万平方米）	房地产开发企业房屋建筑竣工面积与城镇就业人口增加数的比率（平方米/人）	钢材产量（万吨）	水泥产量（万吨）
1997	859	29.8	15819.7	18.4	9978.9	51173.8
1998	835	30.6	17566.6	21.0	10737.8	53600.0
1999	796	31.4	21410.8	26.9	12109.8	57300.0
2000	739	32.1	25104.9	34.0	13146.0	59700.0
2001	972	33.1	29867.4	30.7	16067.6	66104.0
2002	1036	34.3	34975.8	33.8	19251.6	72500.0
2003	1071	35.6	41464.1	38.7	24108.0	86208.1
2004	1063	36.6	42464.9	39.9	31975.7	96682.0
2005	1096	38.0	53417.0	48.7	37771.1	106884.8
2006	1241	39.5	55830.9	45.0	46893.4	123676.5
2007	1323	41.1	60606.7	45.8	56560.9	136117.3
2008	1150	42.6	66544.8	57.9	60460.3	142355.7
2009	1219	43.9	72677.4	59.6	69405.4	164397.8
2010	1365	45.6	78743.9	57.7	80276.6	188191.2
2011	1227	47.0	92619.9	75.5	88619.6	209925.9
2012	1188	48.4	99425.0	83.7	95577.8	220984.1
2013	1138	49.7	101435.0	89.1	108200.5	241923.9
2014	1070	50.9	107459.1	100.4	112513.1	249207.1
2015	1050	52.1	100039.0	95.3	112350.0	234796.0

　　注：2015 年年末城镇就业人口增加数和城镇化率为估计数。

　　数据来源：中经网统计数据库（http：//db. cei. gov. cn）。

（二）供需关系的短期错配与产能相对过剩

　　产能相对过剩与绝对过剩的区别在于：绝对过剩的出现主要受到经济结构的趋势性改变的影响；而相对过剩的出现主要受到经济波动或者短期供求关系的变化的影响；产能绝对过剩只能通过产能的退出来消解，相对过剩却可以通过未来经济发展或者需求的日益增长来化解。换句话说，产能绝对过剩行业在总量意义上不能有新增加的投资，相对过剩却依然可以有总量意义上新增加的投资，只是要求投资增速小于未来需求的增速。不过，这并不是说产能相对过剩不可怕，如果相对过剩程度足够大，需求增长短期内无法消解过大规模的供应量，相对过剩延续的时期就会拖长，相关行业中的企业也会由于出现较大额的亏损而倒闭，从而也会对资源配置效率带来严重的损害。

由于产能过剩的相对性，不同时期产能相对过剩的行业也是不同的，但新兴产业最容易出现相对的产能过剩。LED 被称为第四代光源，相比传统光源具有不可比拟的优势，但是当前竟然也出现了产能过剩，许多 LED 企业都陷入亏损。碳纤维、风电、多晶硅、锂电池、光伏等行业也都存在不同程度的产能过剩。

新兴产业出现产能相对过剩的主要原因有两个：一个原因是各级政府对新兴产业存在过度补贴的问题，各地又缺乏统筹协调，重复投资造成产能的过度扩张；另外一个原因是新兴产业领域企业普遍缺乏核心技术，企业生产能力主要集中于产业低端，不能对新的进入者产生任何阻碍性壁垒，从而使整个行业陷入无序竞争中。在很多传统产业出现绝对产能过剩或者需求提升出现瓶颈的时候，政府和企业大多对新兴产业的未来增长前景抱有乐观预期，最终导致大量重复投资问题的发生，宏观产业产值的较快增长与微观企业产值的相对过剩同时存在，部分企业甚至因亏损而倒闭，龙头企业也由于经营效益受到冲击而使创新能力严重下降，这些不利于新兴产业的长期健康发展。

根据高工产研 LED 研究所数据，2015 年中国 LED 行业总产量达到 3967 亿元，同比增长 15.1%，虽然还维持在较高水平，但是相比 2014 年 30.6% 的同比增速，仍然显得增长乏力。单就 LED 芯片市场而言，2015 年 LED 芯片产量同比增长 60%，然而产值只增长 8.3%，产量和产值的不对等增长表明 LED 芯片价格出现了大幅下跌，市场竞争可谓残酷。在相对过剩的环境下，很多企业停产或退出，龙头企业乘机展开并购，市场的集中度越来越高。2014 年中国 LED 企业达到 2 万多家，2015 年受严酷的市场竞争的影响，约有 4000 家企业被迫退出市场。图 8-2 则描述了中国光伏产业主要产品的产量变化情况。2010 年，在各地政府的大力扶持下，中国光伏业呈现爆发式增长，多晶硅、硅片、电池片和组件产量增速分别达到惊人的 125.0%、150.0%、120.0% 和 220.0%，产量都比上年翻了一番多，2011

年仍然都维持在 80.0% 以上。但是迅速扩张的产能并没有相应的需求来支撑，导致产品价格出现断崖式下跌。从 2011 年 5 月开始，多晶硅价格从每吨 70 万元下降到 21 万 ~ 25 万元，2012 年 12 月，光伏组件价格从 2008 年前的每瓦 3.8 美元降至每瓦 0.6 美元，受此影响有大批企业亏损倒闭或被并购。2012 年，美国和欧盟对中国光伏征收高额反倾销税，成为压倒中国光伏产业的最后一根稻草，当年中国光伏产业中多晶硅产量出现负增长，电池片和组件产量增速降到个位数，硅片产量增速也有大幅下滑，从 2013 年起才又开始恢复性增长。但是，2015 年光伏产业主要产品产量增速又开始比上年有所下滑。中国光伏产业将会是长期保持高速增长的新兴行业，但是短时期的过度重复投资仍然会导致相对过剩，对行业发展及企业带来一系列严重的负面影响。

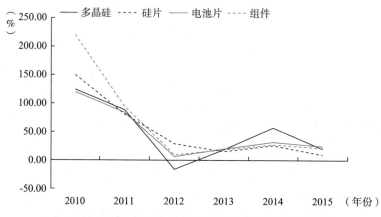

图 8 - 2 2010 ~ 2015 年中国光伏产业主要产品产量增速

数据来源：中国光伏业协会网站（http://www.chinapv.org.cn）。

（三） 供给结构失衡与产能结构过剩

产能结构过剩并不是与绝对过剩和相对过剩同等层次的概念，绝对过剩和相对过剩通常是针对整个行业或者至少是某一类产品而言的，而结构过剩则是针对某行业或者某一类产品的内部构成而言的。产能的绝对过剩和相对过剩都可能包括产能的结构过剩。如果某一行业出现产能过剩，那么这种产能过剩并不意味着行业全品类产品都过剩，可能只是其中某些小类产品的产能过剩，也或者是同类产品中不同质量和品质的产品特别是低劣产品的产能过剩。前一种情况的结构过剩由于品类之间的替代性差，对行业内其他类产品的影响就会相对较小，后一种情况的结构过剩由于不同质量产品之间的替代性强，对同类产品的影响相对较大，不过对行业内其他类产品的影响也相对较小。一般情况下，如果一个行业内只有一部分类别产品或者其中不同质量和品质的产品出现产能过剩，那么就可以认为这个行业的产能过剩是结构性的，如果大部分类别的产品出现产能过剩，就不能再认为是结构性的。结构过剩由于只是行业内部特定产品的产能过剩，它的存在对行业发展的全局和长期影响通常是比较弱的，但并不能对此有所忽视。一是产能的结构过剩如果非常严重，可能会破坏整个行业市场的正常竞争秩序；二是结构过剩凸显了产业发展中的内部结构矛盾，指明了产业发展可以着力改善的环节或领域。在中国，有不少行业产能过剩属于结构过剩，突出表现在低端产能过剩，高端产能反而不足，但由于这些行业中低端产能占据了全行业产能的主要部分，这种低端产能的结构过剩就带有很强的全行业产能过剩的性质，其危害也就更大。因此，认真审视和对待行业的结构过剩问题，对于促进市场平稳运行和行业长期健康发展都具有重要意义。

2011～2014年，中国造船业的造船完工量、新订单量和手持订单量连续四年居世界第一，但全球航运市场低迷，各项指标都有不同程度的下降，2015年中国造船业失去了新订单量世界第一的地位。从全球航运市场来看，造船业的产能过剩带有一定的绝对性，产能过剩约达到40%，但同时也具有很强的结构过剩特征，像LNG船这种新型环保的运输船订单一直维持较快增长，但是技术难度高，中国造船企业缺乏相应的技术实力生产，也就失去大量的订单。

中国汽车市场增速也逐渐进入拐点期，汽车行业增速已经降低到个位数，将来有可能陷入负增长，也会呈现产能绝对过剩的特征，但结构过剩特征更为突出。例如，交叉车型市场会趋于萎缩，相关产能将出现过剩；随着新能源车型的销量大增，传统汽油车型也会出现更大程度的过剩；品质高、质量好的车型受到市场的欢迎，品质低、质量差的车型将被市场遗弃，其产能也相应出现过剩。聚丙烯是被广泛应用于农业、工业、卫生、医药等领域的化学原料，随着中国石化产品市场的对外充分开放，从中东地区低价进口的通用聚丙烯产品开始对中国聚丙烯市场产生剧烈冲击，聚丙烯产品中的通用料开始出现产能过剩，而高端专用料由于中国国内产能不足仍需要大量进口，从而聚丙烯也呈现出较强的结构过剩特征。这些结构过剩产能，大多属于低端产品，但高附加值产品产能不足，这要求中国将来以更大力度来推进相关行业的转型升级，消除低端产品的结构过剩，并不断扩大高端产品的产能。

二　产能过剩的形成机制

在市场经济条件下，产能过剩是一种常态性现象，但是严重的产能过剩则成为一种阶段性问题。正如上文所述，供给与需求之间关系的变化，是引起产能过剩问题的直接原因，但还有更深层次的原因，正是这些更深层次的原因才最终使产能过剩问题愈演愈烈。

（一）发展阶段的更替更容易导致供需结构错配

一个国家的经济发展阶段一般会经历起步、腾飞和成熟等几个阶段，随着发展阶段的更替，最终需求和引致需求也会发生明显的变化，并带动产业的次序更替。如果一个国家的发展速度相对迟缓，每一个发展阶段有足够长的时间来对前一个发展阶段进行更替，供给和需求的结构失衡程度就会比较小，从而产能过剩的问题也相对轻缓一些，否则就容易导致严重的供需结构错配而带来产能过剩问题。

（二）企业普遍缺乏具有一定垄断性质的核心竞争力

当一个行业内的企业彼此都具有一定垄断性质的核心竞争力，新进入者的进入存在一定的技术壁垒时，行业重复投资带来的产能过快扩张才能在更大程度上被避免。如果行业内存在的大多是生产同质性低端产品的企业，行业重复投资就更容易发生，市场变化带来的共振效应也更强烈，极易导致供求关系的剧烈变化而出现产能过剩。中国的竞争优势在于低廉的劳动力等要素成本，大量企业主要生产同质性很强的产品，具有一定垄断性的创新能力缺乏，在市场迅速增长的时期，企业之间的竞争激烈程度并不变，但是当市场出现萎缩的时候，大量低端同质的产品供给的过剩程度会上升，彼此之间的同质性竞争就趋于激烈甚至残酷。

（三）地方无序竞争加重了"潮涌现象"问题

地方政府为了政绩和创收的需求，通常会通过一系列优惠政策进行招商，特别是喜欢招商重化工类大项目。同时，重化工企业有一大部分属于国有及国有控股企业，其经营者由于预算约束的软化而对项目投资的赢利前景缺乏更为准确的判断，在地方政府招商热情的鼓励下其往往会投资过度，使产能无序扩张。重化工业通常是工业化进程发展到中后期阶段的主导产业，工业化后期或者后工业化时期市场需求将逐渐发生趋势性的转移。若重化工业的投资规模过大，在需求发生趋势性转移的时候极易带来严重的产能过剩。

（四）财政过度补贴生产促使产能过快扩张

中国通常会使用产业政策来引导产业发展，新兴产业就是中国产业政策大力鼓励的领域，这些产业往往可以享受大额的财政补贴。财政的过度补贴在短期内确实可以达到鼓励生产和提高产能的目的，但是也容易带来地方之间投资的无序竞争，继而容易导致供给过多而带来产能相对过剩。当相关企业习惯依赖财政补贴而不是垄断性创新来获得利润的时候，行业发展迅速而企业发展缓慢的情况就会发生，在产能过剩出现和财政补贴削减的时候，往往会出现企业倒闭潮，带来资源的严重浪费。

（五）退出机制缺乏及由此带来的过度生产加大了产能过剩

当前产能过剩的行业中存在着许多国有及国有控股企业，所有制的性质决定了这些企业很难通过市场的途径实现破产或者并购重组，只能勉力维持生产甚至成为僵尸企业。在成为僵尸企业之前，这些企业为了偿还债务和发放工人工资，必须获得一定的现金流用以维持生存，只要生产能够获得足够的现金流，哪怕发生严重的亏损，企业依然会努力进行产品的生产，根本不会通过成本收益核算来合理安排生产的规模，致使市场上产品供应长期处于过剩状态，并压低产品价格，对行业内正常经营的企业也带来较大的负面冲击。在变成僵尸企业之后，这些企业便依靠政府救助、银行贷款或者资产变卖来维持形式上的存在，不仅使存量资源无法得以盘活使用，还进一步耗费财政和银行资源，造成资源的严重浪费。

（六）区域成本差异吸引的新进入者加剧供求失衡

尽管很多地区或行业都存在产能过剩，但是由于发展阶段的不同步，区域成本差异也较大，有可能后发展地区对产能过剩产业的投资依然可以获得正常的经营利润。在这种情况下，这些区域依然会存在较多的市场进入者，这本来也属于正常的市场行为，但是由于原有地区的企业存在退出障碍，整个市场无法实现此消彼长式的产能调整，行业总产能规模相对于既有需求规模仍然可能会出现过剩。

（七）收入分配差距过大也会削弱需求对产能的消化能力

如果一个社会的收入分配差距过大，消费结构的顺利升级就会受到阻碍，需求结构不能相应地实现顺利转变，进而导致部分产业产能不能充分释放，从而出现产能过剩。当前中国收入分配差距明显偏大，部分群体对住房的潜在需求受购买能力的制约无法转为现实需求，对住房市场乃至相关的上游企业生产都产生了较大的影响。由于收入分配差距的扩大以及对未来的不稳定预期，居民储蓄倾向仍然居高不下，消费意愿和消费能力偏弱，大多数工业品消费受到较大程度的抑制，进一步加剧了产能过剩问题。

第二节　供给侧改革与结构性"去产能"

供需关系的波动是市场经济的基本特征，当供给严重大于需求并且长期得不到缓解时，通常就会产生马克思所论述的"经济危机"。当前国内的产能过剩主要是结构性的，而且政府也正在进行强有力的宏观调控，系统性、具有强大破坏力的"经济危机"不会在中国爆发。尽管如此，"经济危机"特征在中国仍有一定程度的显现，例如部分行业产能绝对过剩、工业领域出现通货紧缩现象，产能过剩仍然给中国经济带来了明显的负面冲击。除了正在进行的需求管理外，主要通过供给侧改革有效消解产能过剩是一项更为紧迫的任务。总体来说，在尊重市场规律的前提下，应该通过"关"、"限"、"禁"、"疏"、"转"五大措施来有效消解过剩的产能和降低产能过剩对企业效益的影响。

一　关停低效企业，减少市场冲击和资源浪费

市场上非国有的低效率企业基于成本收益对比情况，会在出现较大亏损时宣布破产清算，从而可以及时退出市场，减少市场供给总量，改善供给和需求关系。但是国有企业通常不根据成本收益对比情况来选择是否停产或者退出市场，而是通过贷款、出售资产等方式获得赖以生存的现金流，直到资不抵债、现金流断裂时才可能退出市场，而且退出市场时甚至也不采用公开破产清算的形式，名义上仍会以法人的身份继续存在，银行等债权人无法通过企业资产拍卖等形式回笼贷款，企业资产也只是在风雨中兀自损耗，对社会资源造成了严重的浪费。因此，主要对国有性质的僵尸型企业进行清理和关停，是减少低效产能对市场带来的冲击和盘活企业闲置资源的必要之举。

处置僵尸企业也存在一些困难。一是当前产能过剩的行业大多集中于煤炭、钢铁、有色等行业，这使相关行业中的企业经营状况普遍不佳，哪些企业是暂时的经营性困难及哪些企业是长期性的经营不善，也是在实际操作中很难判断的事情，同时即使对某些企业进行关停并转，也难以找到其他愿意或者有能力接盘的企业，简单进行关闭则会导致专用性资产的闲置浪费。二是关停僵尸企业将遭受企业员工的坚决反对，他们从自身利益出发更希望政府伸出援助之手帮助企业解困而不是关停。这既有国有企业员工视企业为"家"的感情色彩在里面，也有其对关停之后的生活状况的担忧。三是僵尸企业甚至银行等债权人对以关停的方式对企业进行处理通常持较坚决的反对态度。企业经营者反对关停是可想而知的，银行等债权人持反对态度则是担心企业关停后银行贷款中的不良贷款会显性化，提高银行坏账率，当然另一方面还由于他们幻想着熬过一段时间后市场可能会出现好转，看不到这次结构调整是一种难以出现逆转的趋势性调整。四是企业注销手续复杂，在法律层面上走破产程序耗时耗力。当前很多僵尸企业仍然在法律上存续的一个重要原因是遇到关停的手续问题，主要是工商注销要求企业无重大债权债务申明，但事实上这些企业大多存在着历史性欠税和复杂的债权债务关系，真正要走注销破产程序是一件过于耗费精力的事情，也使这些企业没有动力申请破产程序。五是地方政府对僵尸企业的保护。有些僵尸企业原来是地方的重要利税大户，出于地方利益的考虑，这些企业所隶属的地方政府并不愿意这些企业被关停并转，特别是不愿意通过破产的方式对这些企业进行清理。这是因为，有些僵尸企业只要还在生产，哪怕亏损严重，仍然可以为地方上缴一部分税收，并且地方政府也希望有朝一日市场形势变化可以帮助这些企业解困，而实现破产之后将再也没有这种可能。

由于关停低效企业存在着以上一些困难，要真正通过关停实现削减市场整体产能还有相当长一段路要走。但是，由于低效企业在市场上的存在对市场带来的冲击容易产生"劣币驱逐良币"的现象，还会造成资源的过度浪费，这些企业必须通过合适的方式关停。一是通过给予金融和税收优惠政策鼓励行业高效率龙头企业并购低效企业，特别是开辟民营企业对国有企业进行并购的新渠道，通过国有资产作价入股或者国有资产转让，实现民营企业对低效企业的实际控制；二是对没有其他企业愿意进行并购的已经停产半停产的企业，坚决启动破产清算程序，并简化工商注销手续和破产程序，迅速推动资产处理和债务清算；三是对仍在生产、亏损额不是特别大的低效率企业，限令其定期整改，通过自身限产、裁员、提效、减支等方式改善经营状况，整改到期后仍不具有自负盈亏能力的开始启动破产清算程序；四是对于产能大、属于落后产能的低效率企业，即使其具有一定的赢利能力，但不符合环境保护和行业质量标准的，也要坚决予以关停。为了推动对低效率企业的关停，中央或者上一级地方政府应该成立专项检查小组，对过度袒护地方企业敷衍了事的地方政府官员进行处罚，同时对破产企业员工就业制定专项帮扶办法，解决就业问题，保证社会稳定。由于产能落后的企业，当初投资时通常也是经过相关部门批准的，当关停涉及民营企业的时候，要给予其一定的资金补偿，避免民间投资者成为调控损失的主要承担者。

二 增强行业协调，倡导过剩行业实行限产

不仅低效企业的存在增加了市场上的无效供给，相对高效企业的生产也会增加市场上的无效供给，加重供给需求关系的失衡。对于民营企业而言，效率低的企业一般会在认识到扭亏无望的时候退出市场，效率高的企业也会基本遵从成本收益原则进行生产。但是对于国有企业而言，不仅低效率企业退出市场存在诸多障碍，高效率企业也会出现过度生产的情况。这可能有两种原因：一是高效率的国有企业前期盈利剩余较多，现金流不存在问题，可以承担较大规模的亏损，为了职工福利或者完成税收目标，即使在亏损状态下也可能以降价换市场维持正常生产；二是高效率的国有企业即使前期盈余剩余不多，但是要获得正常的现金流维持一定规模的生产，只要产品售价能够维持在流动成本之上即可，在这种情况下，企业如果不进行大规模的固定资产更新，固定资产折旧基金就可以弥补亏损掉的现金流，从而使企业能够维持现金流的正常循环。尽管国有企业的亏损经营有可能将民营企业挤出市场并在市场好转时占有更大的份额，但是对于全社会而言还是非效率的，更高效率的民营企业的消失会降低全社会的生产效率，最后会威胁到全民福利的提高。因此，应该倡导仍在市场上正常存续的企业增强协调，共同限产，以促进市场供需关系的平衡，维持市场价格的稳定，并避免"劣币驱逐良币"现象的发生和社会生产效率的整体下滑。

进行限产时也需要遵守一定的原则。一是限产是在对部分企业关停的基础上进行的，不能以"限"代"关"。关停的企业本身属于低效率企业，是一些即使在正常的市场环境下都不应该存在的企业，如果不能被并购，就必须予以彻底关停，而不能以"限"代"关"，使其仍然混迹于市场之中。二是限产应该主要集中于国有企业，但也应有民营企业的参与。由于国有企业存在过度生产问题，市场供给需求失衡加重，国有企业理应担负更多的限产责任。但是，为了更快地恢复市场供求平衡，避免民营企业借机过多抢占市场，民营企业也应承担一定的限产责任。当然，民营企业的限产应更多采取引导的方式，避免使用行政命令。三是限产不能平均化，处于行业领导地位的企业应承担更大的限产责任，以发挥对市场供求双方的示范引导作用，加快协调限产的进度。第四，在限产的时候应建立一定的协调机制，并成为将来行业发展的日常协调机构。限产应该是在政府的倡导下，由政府提供市场供求关系变化的基本数据，由行业协会或者其他形式的行业协调机构具体负责执行，避免政府命令的盲目性可能对企业经营带来损害。

三　加强宏观调控，合理开发新产能

由于国有企业的预算软约束和地方政府发展经济的迫切愿望，即使在行业产能存在过剩的情况下，仍然可能会有新产能出现，这无疑会进一步加重市场上产能过剩的程度。尽管企业投资是市场活动，但是由于国有企业和地方政府的投资行为在很大程度上会偏离市场化轨道，仍然需要政府对国有企业对过剩行业项目进行的投资予以坚决的调控，即要采取严厉措施禁止新产能。此外，由于中国幅员辽阔，某些地区具有一定的成本优势，即使是过剩行业仍可能会产生较好的效益，从而吸引国有企业和民营企业进行投资。尽管这类活动符合市场竞争规则，不过政府仍然可以为了实现削减产能的宏观调控目标而牺牲自身作为国有资产直接所有者应得的利益，对国有企业的投资进行禁止和管制。然而，正是由于这类投资活动符合市场竞争规则，如何对待民营企业在产能过剩行业的投资就成为一个问题，因为对民营企业投资进行禁止和管制缺乏必要的法理依据，特别是在全面深化改革、充分发挥市场决定性作用的大政方针下，政府不能采取任何强制的手段干涉正常的市场活动。虽然政府也可以通过土地、税收、金融等

政策手段限制甚至禁止民营企业对过剩产能行业进行投资，但也要非常慎重，除非民营投资企业有明显的过度违规行为，否则不能对其进行歧视性的区别对待。更可取的策略应该是引导，向其阐明当前行业产能过剩形势和可能存在的经营风险，如果民营企业仍然坚持自己的投资活动，那么政府还是应当允许其进行投资的。

尽管民营企业有权利根据自己的成本收益核算情况对产能过剩行业进行投资，但毕竟产能过剩行业主要集中于资源型行业和重化工行业，国有及国有控股企业在这些行业里占据主导地位，只要能够有效禁止国有及国有控股企业对产能过剩行业的盲目投资，基本就可以避免新产能的过多形成，减少产能过剩行业的经营压力。禁止产能过剩行业投资有多种政策手段，例如严格和停止项目审批、减少土地供给、银行贷款定向指导等等。不过，禁止新产能还是要特别注意结构问题，这是因为产能过剩通常都呈现一种结构性，有些产品虽然属于产能过剩行业这一大的分类，但是细分行业却不属于产能过剩行业，或者至少本产品不属于产能过剩产品，其投资活动仍然需要鼓励而不是禁止。同时，对于产能过剩行业的产品升级投资也需要鼓励，因为升级后的产品替代的是国外产品，升级后落后产能的减少也有利于市场供求关系的再平衡。禁止产能过剩还应更多约束地方政府的行为，规模宏大的投资如果没有地方政府各方面的大力支持，通常都是难以顺利推进的，上级政府应对地方政府严重违规行为进行追责，哪怕其愿望仅仅是为了追求经济尽可能快的发展。

四 深化改革创造需求，有效疏解过剩产能

对于产能绝对过剩的行业，应该以关停行业中的低效企业为主，同时也要对现有产能进行限产，并禁止新产能的形成。对于产能相对过剩的行业，除了"关"、"限"、"禁"之外，还要注重"疏"，即通过供给侧改革降低企业生产成本及提高产品质量。产能绝对过剩的行业，也可以通过供给侧改革降低企业生产成本和提高产品质量。不过，由于产能绝对过剩行业通常属于传统行业，关键技术的提升非常缓慢，而且未来全部市场容量有限，难以通过降低生产成本和提高产品质量自行创造出更多的需求，如果可以，也只是个体意义上的，对于行业整体而言需求难以有效扩大，过剩的产能不太可能通过疏解的方式来消化。相对过剩行业大多属于战略性

新兴行业，技术进步和工艺改善的速度很快，产品生产成本降低显著，产品质量也可能在短时期内得到提高，同时未来的潜在需求也非常巨大，成本的降低和产品质量的提升将会把潜在需求转化成现实需求，从而能够有效疏解过剩的产能。当前束缚战略性新兴产业发展的因素还有很多，例如人才流动机制僵化、知识产权保护不力、创新激励体制不完善、新产品应用受到较多的政策约束，等等。通过供给侧改革对这些问题进行重新审视并予以逐一解决，消除技术研发、成果转化、新产品销售等各环节存在的体制性障碍，激发企业创新奋进，攻克关键技术，促进研究成果快速产业化规模化，显著降低生产成本和提高产品质量，使其自行创造出更大的需求，疏解可能存在的过剩产能。

除了通过降低成本和提高产品质量的方式推动相对过剩行业自行创造需求来消化过剩产能外，还可以通过释放需求来疏解过剩产能。严格说，释放需求来疏解过剩产能的做法更多属于需求层面的管理而不是供给侧改革。通常来说，上游行业企业创新或者企业自身创新推动成本降低创造的需求，都属于供给侧自行创造的需求；而下游行业企业创新带来的引致需求，也可以看作间接的供给侧创造的需求；但是由宏观政策扩张带来的任何需求都不能看作是供给侧创造的需求，而是需求管理的结果。不同做法对于产能过剩的影响也不尽相同，由供给侧直接或者间接创造的需求具有稳定性，能够持久有利于过剩产能的疏解，由宏观政策扩张创造的需求则具有短期性和阶段性，可以在某一特定时期发挥刺激需求和疏解过剩产能的作用，长期疏解过剩产能的效果并不显著。并且只对相对过剩行业的产能疏解有一定作用，而对绝对过剩产能并没有太多作用。不过，通过体制改革来释放久被压抑的需求，尽管这种需求不是供给侧创造的，但是对疏解过剩产能也会产生长期的积极影响。从这个意义来说，疏解过剩产能既要依赖供给侧改革，也离不开需求侧改革，二者的有效配合才是疏解过剩产能的最佳方式。至于扩张性的宏观政策，对于防止过剩产能的周期性加剧也是具有积极意义的，只是应注意政策的力度，避免矫枉过正。

五　鼓励行业转型升级，加快开拓国际市场

行业产能过剩更多是国内意义上的，但绝对过剩产能从宏观层面来看仅仅立足于国内是难以得到消解的，如果放眼世界市场，却可以发现另一

条疏解国内过剩产能的有效途径，即使该行业是世界性过剩的，但是仍然有可能通过努力扩大国际市场份额，实现消解国内过剩产能的目标。中国传统行业的过剩产能总体来说是比较低端的，需要关停一批，剩余的产能相对高端些，但是技术含量和产品质量仍然偏低，还需要大力推动技术改造和组织改革，实现产品品牌形象的提升和生产效率的提高，政府也应改革技术创新体制和贸易体制，帮助企业实现向海外市场进行扩张的目标。同时，有条件的企业还可以选择直接在海外投资办厂，将部分设备和人员转移到海外，实现在海外的直接生产和销售，并以此减少国内产能受到的剧烈压力。政府可以对产能过剩行业中的企业在海外投资给予金融和财税优惠政策，对现行可能束缚企业对海外投资的政策和体制进行调整，激发企业对海外投资的积极性。

政府除了鼓励过剩行业中的企业向海外寻求市场和进行直接投资外，还应鼓励它们进行国内的转型升级，不仅要鼓励它们持续提高产品质量和生产效率，更要鼓励它们寻求向其他行业领域的发展。企业向其他行业领域的转型升级，可以帮助企业摆脱产能过剩的困扰，开辟新的发展道路，改善企业经营业绩，避免在原来产能过剩行业的重复投资，并可以通过新的业务获得对原有技术进行改造创新的资金，实现新业务与原领域的相互促进，从而推动企业进入良性循环的发展状态。企业在进行转型升级时，可以从与本行业密切相关的业务领域入手，也可以整合利用现有资源开辟全新的业务领域，但无论哪种情况，都要更加谨慎小心，避免陷入新的产能过剩领域或者遭受新的亏损，进一步加大企业经营困难。政府应该对企业转型升级进行引导，并且给予其较大力度的政策支持，以实现产能过剩行业企业的新生。

第九章　供给与需求管理相协调的产业政策

第一节　需求结构变动与产业发展趋势

需求是引领供给的决定性力量，所谓的"供给创造需求"是建立在人们对某种商品有需要的基础上的，虽然这种需求可能是现实需求，也可能是潜在需求。正是在这个意义上，需求决定了商品供给的数量和结构，也决定了产业的发展趋势，并最终形成一定的产业结构。那么，在新的阶段，中国需求层面会发生哪些变化？哪些需求是建立在人们收入水平提高基础上的？哪些需求又是通过生产替代和竞争争夺转移而来的？哪些需求又是受技术推动由潜在需求转化而来的？分析需求结构的变动趋势，可以对未来中国产业发展趋势有一个前瞻性、战略性的认识，对通过制定产业政策推动相应产业的发展，更好地满足相应增长的需求具有重要指导意义。

一　当前中国产业结构的现状及历史演变

改革开放 30 余年，中国产业结构发生了巨大的变化。图 9 - 1 显示，1978 年，中国三次产业结构为 27.9：47.6：24.5，而到 2014 年，三次产业结构变为 9.2：42.7：48.1，第一产业增加值占国内生产总值比重显著下降，第二产业增加值比重也出现一定幅度的下降，第三产业增加值比重则呈现较快上升趋势。表 9 - 1 更详细地描述了国民经济细分行业 2004 ~ 2013 年的行业增加值占国内生产总值比重的变化情况。表 9 - 1 显示，第一、二产业细分行业中，除了建筑业增加值有所上升外，其他细分行业都有一定程度的下降，第三产业中，交通运输、仓储和邮政业增加值比重，住宿和餐饮业增加值比重都有较明显的下降；信息传输、计算机服务和软件业增加值比重，公共管理和社会组织增加值比重也有微幅下降；批发和零售业增加值比重，金融业增加值比重，房地产业增加值比重，租赁和商务服务业增加值比重，科学研究、技术服务和地质勘查业增加值比重则有显著的上升。

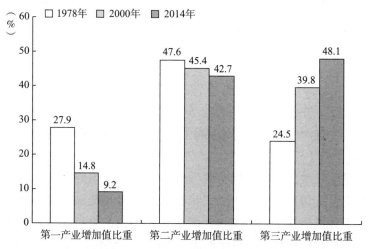

图 9 - 1　三次产业增加值比重变化情况

数据来源：中经网统计数据库（http：//db. cei. gov. cn）。

表 9 - 1　主要行业增加值占国内生产总值的比重变化情况

单位：%

年份 行业	2004	2005	2006	2007	2008	2009	2010	2011	2012	2013
农、林、牧、渔业增加值比重	13.3	12.1	11.0	10.7	10.6	10.2	9.9	9.8	9.8	9.7
采矿业增加值比重	4.8	5.6	5.6	5.0	6.2	4.8	5.1	5.4	4.7	4.3
制造业增加值比重	32.2	32.3	32.7	32.6	32.4	31.9	31.9	31.6	31.0	30.1
电力、燃气及水的生产和供应业增加值比重	3.6	3.7	3.7	3.6	2.6	2.4	2.7	2.6	2.6	2.5
建筑业增加值比重	5.4	5.6	5.7	5.7	5.9	6.5	6.7	6.8	6.9	6.9
交通运输、仓储和邮政业增加值比重	5.8	5.7	5.6	5.5	5.2	4.8	4.6	4.5	4.5	4.4
信息传输、计算机服务和软件业增加值比重	2.6	2.6	2.6	2.5	2.5	2.4	2.2	2.1	2.2	2.3

续表

年份 行业	2004	2005	2006	2007	2008	2009	2010	2011	2012	2013
批发和零售业增加值 比重	7.8	7.5	7.6	7.8	8.3	8.4	8.8	9.0	9.3	9.6
住宿和餐饮业增加值 比重	2.3	2.3	2.2	2.1	2.1	2.0	1.9	1.8	1.8	1.7
金融业增加值比重	4.1	4.0	4.6	5.7	5.8	6.3	6.3	6.3	6.6	7.0
房地产业增加值比重	4.5	4.6	4.8	5.2	4.7	5.5	5.8	5.8	5.9	6.1
租赁和商务服务业增加 值比重	1.6	1.7	1.7	1.8	1.8	1.8	1.8	2.0	2.1	2.3
科学研究、技术服务和 地质勘查业增加值比重	1.1	1.2	1.2	1.3	1.3	1.4	1.4	1.5	1.6	1.7
水利、环境和公共设施 管理业增加值比重	0.5	0.5	0.4	0.4	0.4	0.4	0.4	0.4	0.5	0.5
居民服务和其他服务业 增加值比重	1.5	1.7	1.6	1.5	1.5	1.5	1.6	1.6	1.5	1.5
教育增加值比重	3.0	3.1	2.9	2.9	2.8	3.0	2.9	3.0	3.0	3.1
卫生、社会保障和社会 福利业增加值比重	1.6	1.6	1.5	1.5	1.5	1.5	1.4	1.5	1.7	1.9
文化、体育和娱乐业增 加值比重	0.7	0.7	0.6	0.6	0.6	0.7	0.7	0.7	0.7	0.7
公共管理和社会组织增 加值比重	3.8	4.0	4.1	4.0	4.4	4.4	4.0	3.7	3.8	3.7

数据来源：中经网统计数据库（http://db.cei.gov.cn）。

中国产业结构为什么会发生这样巨大的变化呢？人本心理学家马斯洛在 1943 年发表的《人类动机的理论》（*A Theory of Human Motivation Psychological Review*）一书中提出了需求层次论，将人的需求分为五个层次，即生理需求、安全需求、社会需求、尊重需求和自我实现。通常情况下，收入水平越低，人们对生理需求或安全需求等低层次的需求更为重视；收入水平越高，人们则会越重视更高层次的需求。中国在改革开放初期，物质还比较匮乏，人们首要的需求是生理需求，主要是满足吃、穿、住、行等方面的需要，对精神层面的需求还不那么看重，经济发展在初期主要就是为满足人们这些需要的。而随着收入水平的提高，人们越来越重视物质之外的东西，包括娱乐、休闲和精神方面的追求等，在这一阶段经济发展会更多地提供服务等非物质形态存在的产品。人类需求层次这样的更迭，竟会成为主导产业结构演变的力量。

当然，以上论述具有一般性，还不能深刻说明中国产业结构迅速发生变化的具体原因。事实上，正是改革开放为中国经济发展扫清了前进的障碍，并找到最初增长的动力。改革使中国开始迎接市场经济的到来，各种束缚需求和供给的经济体制相继被破除，而开放则使中国能够充分利用国外资金和市场，并使之与中国丰富廉价的剩余劳动力相结合形成具有强大竞争力的生产力，再通过向世界大量出口商品来促进原始资本积累和居民收入水平提高，最终培育形成中国的自我需求和自我供给能力，推动中国这样一个体量巨大的国家步入发展的快车道。在为国内和国外提供大量物质商品的同时，中国的劳动分工也越来越趋于专业化，迂回生产的链条也越来越长，效率越来越高，不仅不断推动着国内需求的增长，而且也使自我供给的能力不断提高。在这一过程中，中国学习国外先进技术的能力也得到锻炼，与国际先进技术的差距趋于缩小，比较优势逐渐由劳动力低成本优势转向技术和资本联合性优势，商品供给能力不断得到增强。正是在这样的情况下，中国居民收入水平不断提高，需求层次不断向更高层级迭变，推动第三产业逐渐上升为产业结构中的主导性产业。

二 新阶段需求结构变动的动力来源

以上笔者简单描述了中国产业结构的现状和历史演变情况，以及需求因素可能对产业结构演变所产生的影响。那么，在新的经济发展阶段，产业结构又会发生什么变化呢？或者说，产业发展的方向和趋势又有什么不同呢？要回答这个问题，我们仍然需要回到需求层面来，因为只有需求才是最终可能影响产业结构的主要因素。马斯洛需求层次理论只是介绍了一般性的规律，它立足于人本身的需求，并没有完整分析为满足这些需求进行投资生产所引发的迂回生产需求，而且人的潜在需求的实现路径也并不仅仅依赖于收入水平，还受限于技术的突破。其原因在于马斯洛本人是一位人本心理学家，他可以探讨人类的需要，却不能深入探讨满足人类需要的具体渠道，而后者正是经济学需要解决的问题。因此，笔者将从人的需求、引致需求、潜在需求和竞争需求等角度来探讨需求结构可能发生的变化以及这些变化的主要推动力。

（一）收入提高与生活性服务需求的提升

收入水平是影响人们消费需求的重要因素，随着收入水平的提高，人们不仅对物质产品的消费会有较大的提升，而且对非物质产品的消费也会大幅增加，甚至最终会超越对物质产品的消费而成为主导性消费，这反映到经济活动中，就是生活性服务需求的提升。这些生活性服务需求包括餐饮与商贸需求、医疗与健康需求、儿童服务需求、养老服务需求、家政服务需求和信息服务需求等方面。表 9 - 2 表明，随着中国经济的发展，2000~2014年，中国城镇居民人均消费性现金支出中，交通和通信支出比重有明显的增加，文教娱乐由于义务教育的普及所占比重先是下降继而从 2010 年开始增加，医疗保健主要由于医疗保险的完善个人支出部分才略有下降。表 9 - 3 进一步描述了 2012 年中国分收入组人均消费性现金支出结构情况，表中数据显示，收入水平越高，交通和通信、文教娱乐等生活性服务现金支出所占比重也越大。图 9 - 2 又显示，2008 年以前中国最终消费和居民消费占GDP 的比重基本呈现下降趋势，而此后开始呈现上升趋势。由于生活性服务需求比重基本上是随着收入水平的提高而增加的，而当最终消费和居民消费占整个产出的比重也逐渐增加时，生活性服务需求的日益增长更是显而易见的。

表 9 - 2　2000~2014 年中国城镇居民家庭人均消费性现金支出结构

单位：%

年份	食品	服装	居住	家庭设备及用品	交通和通信	文教娱乐	医疗保健
2000	39.4	10.0	11.3	7.5	8.5	13.4	6.4
2001	38.2	10.1	11.5	7.1	9.3	13.9	6.5
2002	37.7	9.8	10.4	6.4	10.4	15.0	7.1
2003	37.1	9.8	10.7	6.3	11.1	14.4	7.3
2004	37.7	9.6	10.2	5.7	11.7	14.4	7.4
2005	36.7	10.1	10.2	5.6	12.5	13.8	7.6
2006	35.8	10.4	10.4	5.7	13.2	13.8	7.1
2007	36.3	10.4	9.8	6.0	13.6	13.3	7.0
2008	37.9	10.4	10.2	6.2	12.6	12.1	7.0
2009	36.5	10.5	10.0	6.4	13.7	12.0	7.0
2010	35.7	10.7	9.9	6.7	14.7	12.1	6.5

续表

年份	食品	服装	居住	家庭设备及用品	交通和通信	文教娱乐	医疗保健
2011	36.3	11.0	9.3	6.7	14.2	12.2	6.4
2012	36.2	10.9	8.9	6.7	14.7	12.2	6.4
2013	35.3	10.0	10.2	7.3	15.0	12.9	6.2
2014	35.2	9.7	9.7	7.3	15.8	12.8	6.2

数据来源：中经网统计数据库（http://db.cei.gov.cn）。

表9-3 2012年中国分收入组人均消费性现金支出结构

单位：%

项目	最低收入户	困难户	较低收入户	中等偏下收入户	中等收入户	中等偏上收入户	较高收入户	最高收入户
食品	45.3	46.8	43.2	40.9	38.6	35.8	33.2	27.4
服装	6.8	6.4	7.8	8.3	8.2	8.3	8.0	8.0
居住	11.4	11.9	9.6	9.4	8.8	8.6	8.4	8.3
家庭设备及用品	5.6	5.2	5.9	6.2	6.6	6.8	7.1	7.5
交通和通信	8.3	7.8	9.9	11.3	13.1	14.9	16.7	21.2
文教娱乐	9.9	9.6	10.8	10.8	11.4	12.4	13.3	14.4
医疗保健	7.5	7.3	7.0	6.8	7.0	6.3	6.1	5.2

数据来源：中经网统计数据库（http://db.cei.gov.cn）。

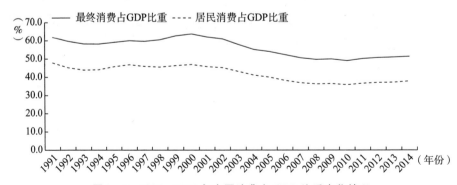

图9-2 1991~2014年中国消费占GDP比重变化情况

数据来源：中经网统计数据库（http://db.cei.gov.cn）。

（二）分工深化与生产性服务需求的增长

专业化分工是生产效率提高的重要源泉。专业化分工的最重要表现形式是不同产品生产的专业化，这种专业化导致不同产业不同行业的出现；随着企业生产规模的扩大和管理的现代化，产品不同生产环节也出现了专业化分工的趋势。最初这种专业化分工只限于企业内部，表现为不同的工序分工，继而随着经济的发展和市场容量的扩大，具有一定通用性的服务形式的专业化分工环节开始从原有企业独立出来并服务于更多的企业，形成一种新的行业，即生产性服务业。Riddle（1986）认为，"服务业是促进其他部门增长的过程产业（process industries）。……服务业是经济的黏合剂，是便于一切经济交易的产业，是刺激商品生产的推动力"。具体来说，生产性服务业的发展主要有以下原因：一是技术的飞速发展使现代生产越来越趋于复杂化，导致企业内部某些服务活动专业化程度提高，需要这些服务部门从企业独立出来实现专业化运行以提供更加专业、更加先进的相关服务，即这些专业化服务难度较大而必须通过专业化来提高效率。比如，信息服务业和管理咨询业等。二是现代产业组织也趋于复杂化，这要求企业更加专注于核心职能部门发展，非核心部门特别是通用性服务需要从生产企业中剥离出来，即这些专业化服务技术含量过低或可通过社会化服务雇佣即可实现，如保安、后勤服务等。三是知识经济的发展使创新型中小企业大量涌现，这些企业通常由于规模较小无法独立承担某些服务环节，而整个市场容量又大到足以使这些服务功能得以独立运转，即企业规模较小和市场规模较大使带有共享性质的生产性服务业获得发展的良机。

就中国而言，生产性服务业也处于即将大发展的时期。这是因为经济的发展使中国生产性服务业的市场规模快速扩大，专业化水平的提高也使中国生产性服务业的国际竞争力越来越强；而且，劳动力成本的提高导致工业生产利润率下降，使生产性服务业利润率相对上升，生产性服务业吸引资本投资的能力也逐渐增强，同时还使企业通过外包非核心的生产性服务来降低运行成本的动力增强。图9-3描述了2004～2013年中国部分生产性服务业增加值占GDP比重的变化情况。2004年金融业增加值、租赁和商务服务业增加值及科学研究、技术服务和地质勘查业增加值占GDP的比重分别为4.1%、1.6%和1.1%，2013年这一比重分别上升到7.0%、2.3%和1.7%，呈现出一种明显的上升态势。由于以上所描述的原因，这一上升趋势仍然会持续下去。

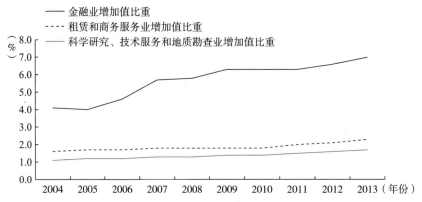

图 9 – 3 2004 ~ 2013 年部分生产性服务业增加值占 GDP 比重的变化情况
数据来源：中经网统计数据库（http://db. cei. gov. cn）。

（三）技术突破与潜在性需求的转化

科学技术是第一生产力，现代科学技术的发展是保证人类步入现代文明社会的重要力量，历史上每一次重大技术突破，都会推动人类社会实现跨越式发展，它不仅仅会推动 GDP 的提高，还会带给人们各种新奇有益的科技产品，形成一个崭新的蓬勃发展的新兴行业。尽管如此，这些技术的革新仍然是建立在满足人们需要基础上，虽然在技术革新之前没有相关产品的存在，但是人们对这些相关产品仍然存在潜在的甚至不为自己所知的需求，只是技术革新使这种潜在需求有了实现的可能。在这个意义上，技术革新也仍然是建立在需求基础上的。当前，由于技术能力或者生产成本的制约，人们许多的潜在需求还远远不能被满足，但是这也正给许多相关技术留下了产业化发展的巨大空间。就当前来说，人们存在迫切潜在需求的产品有新能源产品、新材料产品、生命生物工程产品、信息化和智能化产品、节能环保产品等。这些产品中有的产品与人类生活密切相关，有的产品能够改善人们生活生产的环境。同时，这些产品的生产技术也已经有了一定基础和积累，只需要关键技术形成突破就可能立即向社会提供相关产品来满足人们的需求，并由此形成规模巨大的产业，为经济增长提供新的动力。因此，潜在需求向现实需求的转化程度，也将是影响中国未来需求结构变动的重要因素。

中国新能源行业、新材料行业、生命生物工程行业、信息化和智能化行业、节能环保行业都处于较快的发展过程中，同时这些行业也存在较多的关键技术需要突破，只有实现这种技术突破后潜在需求才能进一步被释放。国家制造强国建设战略咨询委员会发布的《〈中国制造2025〉重点领域技术路线图》，涵盖新一代信息技术产业、新材料等十大重点领域，23个重点方向，每个重点方向又分了若干重点产品，列明中国未来重点技术突破方向及技术成果产业化的领域。可以想象，这些重点领域技术的突破和成果的产业化，势必会带来相关需求的迅猛增长。

（四）生产替代与竞争性需求的转移

还有一类比较特殊的需求，就消费者或者企业而言这类需求并不会发生根本性的变化，但是需求产品的来源却可能发生改变，这就是竞争性需求。这类需求过去是存在的，将来也会继续存在，但是过去这类需求可能主要由国外生产商来提供相关商品，将来可能会由国内生产商来提供，即生产替代造成竞争性需求的转移。中国存在着大量可能发生转移的竞争性需求，这将为中国企业创造巨大的市场空间。例如，现在很多企业使用的高端数控机床，大部分由德国和日本等西方发达国家制造，国内企业只能生产销售较低端的数控机床，将来随着中国企业研发能力和生产效率的提高，高端数控机床可能将会在国内生产并出售给国内甚至国外企业。还有，很多富裕起来的中国人喜欢购买高档消费品，但是中国高档消费品品牌相对较少，使这些高端消费者不得不向国外厂商购买国际品牌商品，如果中国企业能够不断提升自身的品牌形象和产品质量，那么就有可能让这些中国人购买自己的品牌商品。这是一种生产替代的策略，可以使中国企业占领更多的国内国外市场，并促进企业乃至本行业的快速发展。不过，这种生产替代策略的贯彻执行是非常艰难的，毕竟发达国家经过上百年的发展，它们高端产品的竞争力是难以在短期被轻易撼动的。尽管如此，高端产品的生产替代，仍将是中国众多企业未来奋斗的坚定方向，也势必会持续推动中国产品国际竞争力的提高和中国经济的持续增长。

中国在重大装备技术方面正在不断通过自主研发来打破国际市场对中国形成的技术垄断，产生了显著的生产替代效应。国防科技大学研制的拥有自主知识产权的磁流变、离子束两种超精抛光装备，航天科工十院研制的3000马力大功率液力变速器技术，航天科工研发的全向移动装备，科工四院重工公司研制生产的可载重220吨的多轴电动轮重型矿用自卸车，航天科技集团利用液体火箭推进剂输送等技术转化开发的长输管线输油泵，都打破了相关国际垄断，极大地激发了国内市场对国产装备的购买需求。

三　需求结构变动对产业发展的引领作用

上文关于需求结构变动的分析表明，中国生活性服务需求、生产性服务需求、可能实现的潜在需求、可能转移的竞争性高端产品需求都存在较快增长的趋势，供给的作用就是向需求者提供他们所需要的产品，所以未来的产品供给也将更加关注以上几类需求，并借此带动相关产业的发展。具体来说，生活性服务需求将带动生活性服务业的发展，生产性服务需求将带动生产性服务业的发展，潜在需求的实现将带动战略性新兴产业的发展，竞争性高端产品需求的实现将带动高端装备制造业和传统制造业等相关产业的转型升级。

（一）生活性服务业

生活性服务主要包括住宿餐饮、居民和家庭服务、健康、养老、旅游、体育、文化、法律、批发零售和教育培训服务等行业，生活性服务业的发展不仅可以扩大内需和提升消费，并由此带动经济的增长，而且生活性服务业提供的服务本身也正是能够被居民最终直接消费并直接提升其福利的产品。生活性服务业的发展可以推动生活消费方式由生存型、传统型和物质型向发展型、现代型和服务型转变，对于改善人们生活质量和提高人们的福利效用具有重要意义。

中国生活性服务业面临着较大的发展机遇。居民收入水平提高使消费者对旅游、文化、健康等自身体验型的服务业需求增加，在带动生活性服务业发展特别是结构提升方面发挥着重要作用。除此之外，城镇化的推动也不断将农业人口向工业或服务业转移，这不仅带动了这部分人口收入水平的提高，而且由于工作生活方式的转变，还使之对养老、家政等社会化服务的需求不断增强。中国过去受到户籍制度和社会保障制度的制约，大量在第二、三产业就业的人口并没有真正实现城镇化，在新的发展阶段，推动户籍人口城镇化将成为政策目标，户籍改革和社会保障政策有望进行调整，城镇户籍人口或者拥有居住证的人口将增加，越来越多的人口将能够在城镇正常工作生活，这将为生活性服务业的更大发展提供良机。

（二）生产性服务业

生产性服务业包括交通运输业、现代物流业、金融服务业、信息服务业和商务服务业等行业。生产性服务业实现了工业生产服务的专业化，有利于提高工业生产服务的质量和效率，对工业劳动生产率的提高具有重要的意义。当前中国工业化进程正进入后期，分工程度日益向纵深化发展，生产性服务业的独立发展将获得更大的空间。同时，由于中国过去的发展方式过于粗放，较少考虑投入产出比，纯粹凭借低廉的生产要素成本获取国际竞争力，对生产性服务业的需求相对较少，而将来中国要转变发展方式，更多要靠全要素生产率的提高来促进经济增长，从而对专业化的生产性服务业的需求将猛增。还有，过去几十年，中国大量的生产加工能力是外商投资形成的，他们只对在中国进行产品的简单加工生产有兴趣，对中国国内生产性服务业的需求极少，而将来这部分生产能力将逐步让位于中国本土生产企业，而后者对生产性服务业的需求要远远超过外商，这也为生产性服务业提供了发展机遇。不过，生产性服务业也面临着较多的国际挑战，这是因为生产性服务业本身也存在着效率高低的竞争，它是知识、技术和管理等要素密集型的产业，中国的生产性服务业由于发展时间较短，人才要素和管理经验相对欠缺，在面临国际竞争时会承受更大的国际压力。例如，所谓的四大国际会计师事务所普华永道（PWC）、德勤（DTT）、毕马威（KPMG）和安永（EY），五大房地产专业服务公司戴德梁行、第一太平戴维斯、世邦魏理仕、仲量联行和高力国际，五大管理咨询公司麦肯锡咨询公司、波士顿咨询公司、罗兰贝格咨询公司、普华永道咨询公司和德勤咨询公司等，业务都在中国做得风生水起，占据了中国很大一部分高端市场份额，国内商业服务公司很难与其形成正面竞争，这也是发展生产性服务业过程中需要密切关注的问题。

（三）战略性新兴产业

战略性新兴产业是提供那些符合人们未来消费需求和生产需求的产品的行业。这些需求或者是潜在的，目前没有合适产品能满足，只待技术形成突破；或者是现实的，但是由于产品生产成本较高，潜在需求还没有完全得到释放。发展战略性新兴产业正是要在关键技术上形成突破，或者通过生产和管理组织变革，来提供消费者或者生产者能够负担得起的新产品，最终满足他们的潜在需求。由于有强大的潜在需求在引领，战略性新兴产业供给能力的提高在未来将完全能够被需求驱动而实现，并推动经济增长速度的提高，不会像传统行业那样容易形成产能过剩，并拖累经济发展的步伐。战略性新兴产业由于处于产业发展的初期，成本较为高昂，现实需求相对较少，就需要一定的政策支持，通过扩大生产规模降低生产成本，并在发展的过程中不断提高技术效率和管理效率，逐渐培育起独立的市场竞争力，再逐步走向发展壮大。战略性新兴产业基本是技术和知识密集型的，同时又面临着激烈的国际竞争，从而需要大批的创新型科技人才不断努力工作获得自主创新的知识产权，提高技术核心竞争力和市场国际竞争力。因此，战略性新兴产业是中国经济新的增长动力，对于中国科技生产能力和整体经济实力提高都具有重要作用，是需要通过各种方式大力支持和保障发展的关键产业。

（四）高端装备制造业

改革开放30多年，中国建立起比较完整的国民经济体系，特别是轻工业产品和机电产品畅销国内外。尽管如此，中国制造业的核心竞争力并没有真正培育起来，劳动密集型的轻工业产品竞争力很容易随着劳动力等生产要素成本的上升而逐渐丧失，而机电产品由于既拥有一定的技术优势又拥有一定的成本优势，因此竞争力相对较强，但假如生产要素成本进一步上升，核心技术又不能形成突破，那么机电产品的竞争力也会逐渐减弱。因此，只有那些能够拥有自主创新能力和核心技术的产业，才能够最终在国际市场上赢得一席之地。中国是制造业大国，但是制造业的基础是各种机器设备，特别是先进制造业包括机电产品的制造，都离不开高端自动数控机床等高端装备产品，可以说，制造业大国的地位严重依赖于高端装备制造业的发展。但是当前中国的现实是，畅销国内外的工业产品，很大一部分高端生产设备是从国外引进的，如果不进口这些高端设备，中国生产效率会大幅下降，或者就无法生产原有的产品。因此，未来进一步巩固国民经济的工业基础，高端装备制造业是必须大力发展的关键性行业，并且在发展高端装备制造业的时候，还要格外注重核心技术的研发，要掌握一大批关键性的自主知识产权，这样高端装备制造业才能真正赢得国际竞争力，保持持续不衰的发展动力。

第二节　产业发展政策与供给结构调整

中国部分行业存在着绝对产能过剩的情况，这些行业的过剩产能应通过关停或者限产的方式来予以消解，但是这样做的结果会对总产出产生负面影响，不利于经济的快速增长。因此，在消解过剩产能的同时，还要着力创造新的符合人们长期需求的供给，并且通过体制改革或者政策调整清除影响人们需求的障碍因素，促使新供给和新需求相匹配，推动总产出达到新的均衡增长水平。

一　生活性服务业的发展政策

生活性服务业的发展不仅有利于经济增长，也有利于居民福利的提高。此外，很多生活性服务业具有投资少、规模小等特点，对推动创业和提供就业也起着重要作用。当前生活性服务业的发展存在着一些比较突出的问题。在需求层面，半城市化和户籍制度对于生活性服务业的发展起到显著的阻碍作用，社会保障制度不完善抑制了人们边际消费倾向的提高，而且消费金融服务的发展也明显不充分，这些问题不同程度地抑制了人们对生活性服务业的需求。在供给层面，市场化程度比较高的餐饮、美容美发和居民家庭服务等社区类生活性服务业，通常存在经济成本过高、税费负担偏重、融资难度太大和布局不合理等问题，再加上政府管理混乱和市场监管缺位等问题，部分生活性服务业的服务产品多样化不足、服务质量较差和价格过高，无法满足居民日常的有效需求；对于选择消费类生活性服务业，如旅游、文化、娱乐、健康、养老等，产业与事业的定位不清晰，市场化程度较低，进入存在较多体制性壁垒，也导致这些生活性服务业提供的服务产品在高品质、多样化和便利性等方面都存在着严重不足，无法满足人们日益增长的消费需求。为了促进生活性服务业的较快发展，政府需要在以下方面推动体制改革和政策调整。

（一）完善社会保障制度，减少预防性储蓄和提升居民边际消费倾向

完善社会保障制度是一项复杂的系统工程，既要通过放松城市落户管制促进城乡保障一体化，也要推动跨区域社会保障的异地接续，更要扩大社会保障制度的覆盖面，建立以社会保险制度为主、社会救济为辅、社会福利制度为补充的完善的社会保障制度，并进一步提高义务教育年限和推动教育均衡化，使教育基本保障也成为社会保障制度的一部分，使人从生、养、教到老、病、死，都能享受基本水平的保障，鼓励居民减少储蓄，提升居民对生活性服务消费的需求。

（二）降低企业经营成本，鼓励企业提供更多价低质优的服务产品

应进一步清理减免生活性服务业的收费，加强对收费行为的监督管理，促进市场公平竞争；推动生活性服务业"营改增"并降低征收税率，对小微企业实行长期减免税政策，提升小微企业的活率和活力；鼓励商业银行对存续时间较长、正常经营的生活性服务业小微企业给予一定额度的无抵押授信，并允许商标等无形资产充作抵押物进行贷款；在确保生活性服务业中的灵活就业人员被纳入社会保险体系的情况下，降低其社会保险缴费标准，降低企业用工成本。

（三）破除存在垄断现象的生活性服务业的市场进入壁垒，提高行业自由进入程度

在保持对文化、娱乐、健康、养老等行业进行严格监管的前提下，降低这些行业的市场准入门槛，并在土地、金融和税收方面给予相应的支持，吸引各类社会资本进行生活性服务业投资，提高市场竞争程度，扩大市场有效供给，为居民提供更加丰富多样和质优价廉的生活性服务产品。

（四）进一步增强行业管理，防范生活性服务业经营风险

生活性服务业和人们的日常生活密切相关，直接关系人们的生活感受和人身安全，在放开生活性服务业市场自由进入和自由竞争的同时，必须对行业进行严格管理，特别是对餐饮、食品药品经营、旅游服务、健康养老等关系人们生命安全的行业，更要时刻保持高度警惕，保证市场竞争活而不乱，使生活性服务业真正发挥提高居民消费福利的作用。

二 生产性服务业的发展政策

生产性服务业的发展将实现产品制造过程中的技术流、物流、信息流和资金流的专业化管理，对提高产品制造业的生产效率具有重要促进作用。同时，生产性服务业本身也是具有较高附加值的产业，它的发展不仅有利于摆脱中国对海外生产性服务业的过度依赖，也有利于提高国内就业者的收入水平。当前生产性服务业存在一些问题：部分行业存在一定程度的垄断，市场进出不自由；生产性服务业中的企业大多属于"轻资产"类，在抵押融资方面也受到较大约束；生产性服务业过度聚集于大城市，中小城市的生产性服务业严重不足，不利于区域均衡发展；国内普遍存在的洋品牌崇拜现象也对中国发展国内生产性服务业品牌产生了较大的抑制作用。

这些问题的存在对中国生产性服务业的发展具有较强的阻碍作用，需要通过更深入的体制改革和政策调整消除这些问题的负面影响，不断促进生产性服务业的发展。

（一）放开市场准入和简化审批程序

生产性服务业中的金融、租赁和现代物流等行业具有很强的垄断性，但正是这些行业对制造业乃至全社会各行业具有非常重要的影响，应该通过放开市场准入和简化审批程序促使这些行业进一步市场化，扩大服务产品供给和降低服务产品价格，以此帮助社会各类企业可以以较低的价格获得相应的生产性服务。

（二）建立各类交易市场和信息平台，有效沟通供需双方

生产性服务业提供的服务产品都是无形的，难以像物质产品那样被形象地展示和评价，供需双方之间彼此缺乏服务产品的供需信息和价格形成信息。建立包括技术在内的各类交易市场和信息平台可以有效沟通供需双方，促成服务产品交易更有效率地完成。

（三）降低咨询、管理、营销策划和研发设计等生产性服务业的成本

生产性服务业不仅包含很多规模庞大的金融和物流等企业，还包含很多规模小、人数少但专业化和智能化很高的企业。这些企业对于活跃市场和促进社会经济发展非常重要，但是它们消耗的社会物质资源特别少，主要是人力资本的价值化，特别需要对这类企业税费进行减免，鼓励智力创造发挥更大的作用。

（四）鼓励各类企业特别是大型企业将属于生产性服务业的业务进行外包

尽管生产性服务业的发展有利于社会专业化分工的推进，但是受传统经营思想和控制权的考虑，很多企业仍然不愿意将运输、研发和物业服务等业务外包，一定程度上降低了生产效率。可考虑通过引导或者给予一次性奖励的方式鼓励企业将非核心业务外包，特别是对行业内的大型企业，可以通过一定期限的减免税方式鼓励其成立具有法人资格的生产性服务业企业独立运行，并通过行业协会在全国范围内倡导非核心业务的外包行动。

（五）增强行业管理，促进各种性质的企业公平竞争

尽管生产性服务业不直接生产物质产品，但是却对物质产品生产效率和质量有重要影响。保证生产性服务业企业公平竞争，对于减少劣质服务产品的提供是非常重要的任务。当前需要对与行政部门关系密切的生产性服务业加强监管，切断二者之间的利益纠葛；加强对监理、会计和审计等行业责任监管，避免这些企业为了利益而不负责任地出具各类证明；对外资生产性服务业进行严密监管，保证其守规守法经营，对于可能涉及国家机密资料的单位的服务需求，原则上限制聘请外资生产性服务业。加强对行业的规范管理，将对生产性服务业健康发展产生良好的促进作用。

三 战略性新兴产业的发展政策

战略性新兴产业发展状况是决定一国未来产业竞争力的最重要因素。战略性新兴产业通常具有物资消耗低、对其他产业改造能力强、新增附加值高的特点，它的发展将使一个国家在国际贸易中处于更加有利的竞争地位，也会显著提高本国居民的收入水平。当前，由于中国正处于由传统劳动密集型产业向战略性新兴产业转型过程中，战略性新兴产业的一些核心技术还比较缺乏，创新基础和创新能力也不太强，技术成果的转化成功率偏低和产业化成本偏高，处于战略性新兴产业低端价值链环节的企业重复建设和恶性竞争现象普遍。这些问题将在很大程度上制约中国战略性新兴产业的发展，需要通过供给侧改革释放创新活力、提升创新能力和改进生产效率，并通过改善政策环境降低战略性新兴产业的市场运营成本。

（一）持续提高核心技术的自主创新能力

核心技术是战略性新兴产业发展的心脏，是最根本的推动力，如果缺乏核心技术就只能停留在战略性新兴产业附加值最低端的组装环节，无法真正发挥战略性新兴产业提高国家竞争力的作用。要提高自主创新能力就必须在人才培养、科研体制等方面做出重大战略调整，消除一切可能扼杀人才创新精神和创新潜力的障碍因素。

（二）增强技术创新的市场导向，提高技术成果产业化率

战略性新兴产业作为一个产业，技术水平是影响其经营绩效的重要因素，但不是唯一因素，技术成果还必须能够产业化，以较低的产品成本和价格占领更大份额的市场。要促进技术研发与市场的紧密结合，提高技术创新成果的产业转化率。同时，要筛选出部分关键性技术，从国家层面组织力量集中攻关，消除产业发展过程中的技术短板，促使产业顺利发展。

（三）营造更宽松的政策环境，鼓励新技术产品的市场化应用

推动风险孵化基金的发展，鼓励金融机构提高产业孵化贷款比重，构造高效的战略性新兴产业融资体系，破除新产品市场化的资金瓶颈；创造条件鼓励新技术产品在市场上的应用，允许以国内新技术产品替代国外进口技术产品的企业在加速折旧、抵扣税等方面享受相应的优惠政策；破除制约新技术产品市场化应用的障碍因素，合理引导社会对新技术产品需求的稳定增长。

（四）完善战略性新兴产业补贴制度，减少低水平重复建设

国家为了鼓励战略性新兴产业的发展，往往会出台许多财政补贴政策，但在实践操作中容易导致许多地方对战略性新兴产业的过度投资，造成全国层面的产能过剩和恶性竞争。政府应针对战略性新兴产业不同环节制定不同补贴政策，提高核心技术研发过程的财政补贴力度，降低市场应用环节的财政补贴力度，并将"补供给"改为"补需求"，同时制定明确的财政补贴退出步骤，引导市场形成合理的投资预期。

（五）拓宽战略性新兴产业融资渠道

战略性新兴产业的发展对未来可能产生的影响是不可估量的，但是战略性新兴产业都是技术密集型的，用于融资的抵押物明显不足，需要放宽金融机构对战略性新兴产业的贷款条件。同时，战略性新兴产业在技术研发和孵化期，也很难获得足够的盈利，甚至会多年亏损，但因其良好的成长性，仍然为社会经济发展所必需，需要放宽相关企业上市融资所需要的盈利门槛，增强其直接融资能力。

四　高端装备制造业的发展政策

高端装备制造业是技术密集型产业，具有附加值高和带动作用强等特点，是现代工业体系的中流砥柱。大力发展高端装备制造业，对于加快转变经济发展方式和实现"中国智造"目标具有重要作用。然而，当前中国装备制造业仍然主要集中于低端装备制造业，高端装备制造业占比很低，高端装备制造业产品进口成为中国获得高端装备提高工业基础的主要渠道。2015年，外资企业在国内高端装备市场的份额达到67.0%，国内企业市场份额只有33.0%，其中，80%的集成电路芯片制造装备、40%的大型石化装备、70%的汽车制造关键设备及先进集约化农业装备都依靠进口。当前，

德国提出"工业 4.0"战略,美国提出"再工业化"战略,无非要在高端装备产业抢占制高点,这无疑为中国的高端装备业发展带来了巨大压力。但是,美国、日本和德国等主要高端装备产品生产国,都奉行技术垄断,通过高价策略以攫取高额市场利润,使中国贸易条件恶化,也逼迫中国不得不奋起直追,在高端装备制造业领域不断实现重大突破。

(一) 推行高端装备制造业"进口替代"战略

尽管进口高端装备可以迅速提高中国在相关领域的工业生产能力,但是却对国内高端装备的生产形成严重的打压,因此,对部分高端装备实行"进口替代"是必需的。具体来说,就是选择那些关键技术已经形成突破,只是生产成本或者使用成本较高的高端装备制造业,取消对此类高端装备产品的进口优惠政策,并且通过财政补贴或者税收减免等方式适当补贴国内高端装备产品的使用者,推动高端装备国产化,使中国高端装备产业能够获得源源不断的发展动能。

(二) 对高端装备制造业领域的中外合资或者外商独资企业适当限制,避免对国内企业带来过大的冲击

尽管通过中外合资或者外商独资的形式在国内设厂可以为国民提供更多质优价廉的产品,却为短期利益而牺牲了长期利益,使高端装备制造业不得不长期依附于他人。中国航天航空领域的快速发展,一个重要原因就是没有受到中外合资或者外商独资企业的冲击。事实上,在中国境内生产并销售中外合资和外商独资企业的产品,能够很大程度上绕过"进口替代"战略,使中国达不到预定战略目标,所以政府需要适度加以限制。

(三) 提高技术研发能力,创新多方合作研究机制

高端装备制造业发展的重要支撑是要掌握核心技术,但是核心技术的研发能力更显重要,它是持续提高核心竞争力的主要保障。中国当前有许多装备制造业企业,具有一定市场和研发能力,可以作为核心技术研发的平台,同时要整合科研机构的研发资源,寻求能够使二者深度融合的新体制。由于技术产业化后,很多产品的技术参数表现需要在实践中获得,业务相同或相类似的企业也应彼此加强合作,共享技术参数变化数据,缩短产品技术参数调整所需要的积累时间。

(四) 要加强政策支持,创造宽松的政策环境

要引导银行和高端装备制造业企业建立新型银企合作关系,保证重点

领域高端装备制造业企业的发展需要，而不必区分所有制性质。要通过财政补贴、税收优惠和人才激励等政策，鼓励企业对关键技术展开密集研发活动，鼓励保险公司设立研发风险保险，并由政府设立一定额度的担保基金，对研发失败造成重大损失的企业给予较大额度的创新风险补偿，提高企业从事关键技术研发的积极性。

第十章 体制改革下的长期消费
需求与供给

第一节 消费需求抑制及其成因

一 消费需求抑制与需求结构

2015 年，中国全社会固定资产投资完成额同比增长 10.0% ，比上年同期回落 5.7 个百分点，而社会消费品零售总额同比增长 10.7% ，只比上年回落 1.3 个百分点，消费对扩大内需和稳定经济发挥了更大的作用。根据商务部的公告，2015 年前三季度最终消费支出对国内生产总值增长的贡献率为 58.4% ，比上年同期提高 9.3 个百分点，社会需求继续向以消费为主导的需求结构转变。尽管如此，这一比重仍然低于许多发展中国家，更远低于发达国家。2015 年第一季度，"金砖国家"中的巴西消费对 GDP 的贡献率达到 84% ，南非这一贡献率为 83.2% ，印度为 72.5% ，俄罗斯消费对经济的拉动作用也有 65.7% ，发达国家中的英国、美国、法国、日本和德国消费贡献率更是分别达到 85.0% 、82.7% 、80.9% 、77.3% 和 74.6% ，都明显高于中国消费对 GDP 的贡献率。图 10 - 1 描述了 1978 ~ 2014 年中国三大需求对 GDP 的贡献率变化情况。改革开放后中国最终消费对 GDP 的贡献率变化幅度较大，但是总体呈现不断下滑的趋势，1978 ~ 1985 年最终消费贡献率平均为 70.4% ，1986 ~ 2000 年平均为 59.4% ，2001 ~ 2014 年平均为 49.7% 。2011 年以来，由于资本形成总额、货物和服务净出口增速都出现明显的下滑，最终消费对 GDP 的贡献呈现走高趋势，但平均也只有 54.8% ，这一比重仍然相对较低。

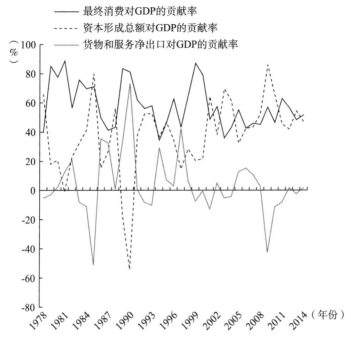

图 10 - 1　1978 ~ 2014 年三大需求对 GDP 的贡献率

数据来源：中经网统计数据库（http://db.cei.gov.cn）。

二　消费需求抑制的成因

导致中国消费需求受到抑制的原因较多，既有发展模式的因素，也有体制的因素，同时还有收入分配方面的因素。

（一）促生产抑消费的发展模式导致投资消费结构失衡

中国最终消费贡献率下降与资本形成总额、货物和服务净出口贡献率的上升是一致的。这种情况的出现和中国的发展模式密切相关。改革开放初期，中国收入水平比较低，普遍缺乏购买消费的能力，但多的是剩余劳动力。在这种情况下，中国采取了鼓励投资的发展模式，特别是对外资给予更多的优惠政策。在这些鼓励投资的政策刺激下，除了个别年份出现周期性波动外，国内外投资长期处于较为亢奋的状态，大量资源被用于投资生产，消费受到抑制。具体来说，中国低廉的劳动力和鼓励投资的政策为广大企业生产出口产品创造了强大的竞争力；国内劳动力长期处于绝对过剩状态却抑制了劳动力成本的上升，居民的收入得不到应有的提升，消费也难以相应提高；同时，较高的利润率还吸引更多的居民将收入用于储蓄进行间接或者直接投资，进一步对消费产生抑制作用；不仅如此，经济发展也伴随着经济货币化进程和商品结构性变化，中央银行为此发行了大量货币，并通过银行体系将之注入实体经济用于投资，这导致通货膨胀长期处于较高水平，使得居民储蓄实际购买力受到严重削弱，但社会投资规模由此被进一步放大，消费对经济的贡献率也呈现节节下滑趋势。图10－2描述了1990～2014年金融机构三年期法定定期存款利率和居民消费价格指数涨幅情况。图中显示，金融机构存款利率与居民消费价格指数上涨幅度非常接近，若干年份甚至低于居民消费价格指数涨幅，这表明了居民储蓄存款在很大程度上被较高的通货膨胀所侵蚀，如果再考虑到居民在金融机构中大量的活期存款对应的存款利率水平更低，以及住房等资产价格的过度膨胀，居民实际购买能力应该有较大程度的下降。图10－3则列明了若干年份金融存款机构居民储蓄存款占各项存款的比重，图中数据显示，2015年底这一比重已经比1999年下降了14.1个百分点，这尽管有居民存款"脱媒"现象的影响，但一定程度上也表明了居民财富在社会总财富中比重的下滑，以企业资产形式存在的财富所占比重相应上升。

图10－2　1990～2014年金融机构三年期法定定期存款利率与居民消费价格指数涨幅

注：存款利率是当年年底金融机构存款利率水平。

数据来源：中经网统计数据库（http://db.cei.gov.cn）。

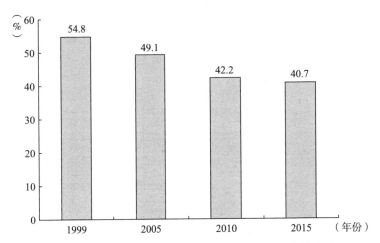

图 10 - 3　金融存款机构居民储蓄存款占各项存款的比重

数据来源：中经网统计数据库（http://db.cei.gov.cn）。

（二）不确定支出风险较大，预防性储蓄比重居高不下

如果说居民消费率过低、资本形成比重过大主要是由于过去一段时期中国经济发展模式所决定的，那么预防性储蓄则进一步增强了人们的储蓄意愿。对于一个家庭而言，存在着一个支出周期，例如养老储蓄、医疗储蓄、教育储蓄、失业储蓄和购房储蓄等，特别当一个经济体社会保障体系不完善或者保障程度较低的时候更是如此。中国长期处于大发展和大变革的时代，社会保障体制一直不完善，即使纳入社会保障体系的人员，也普遍担心未来养老金发放过少、医疗报销比重过低等情况，同时大多数的人还要担心孩子的未来教育费用，甚至也要预留孩子的婚嫁费用等，更是促使人们把更多的收入用于储蓄而不是消费。由于中国人口数量巨大，职场上的竞争也非常激烈，很多人普遍担心失业或者重新择业问题，无形中也加大了储蓄的意愿。城市规模的持续扩大还提高了住房价格，并使之达到令人咋舌的程度，仅仅为了积累首付，很多人迫不得已把收入中的相当一部分拿来储蓄，消费进一步减少。图 10 - 4 描述了 2009 ~ 2015 年 40 个重点城市商品住宅销售价格平均增速情况，除了温州有所下降外，其他城市商品住宅销售价格都保持较高的增速，其中深圳平均涨幅达到 15.0%，南京、乌鲁木齐、合肥、昆明、南昌和厦门等城市房价涨幅也都超过 10.0%。住房价格的过快上涨无疑极大地加重了居民负担，未购房而进行的储蓄存款也被迫趋于上升。住房价格的变化还会给部分拥有住房的家庭带来财富效

应，从而刺激这些家庭增加消费，但通常拥有多套住房的家庭才可以比较强烈地感受到这种财富效应，在城镇大多数的家庭都只拥有一套自住房的情况下，这种财富效应远远不如被动储蓄效应那样显著，从而住房价格的过快上涨对消费的综合影响仍然是负面的。

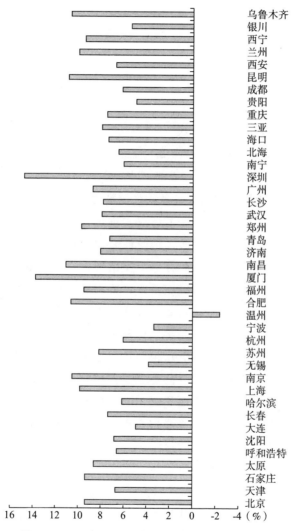

图 10 - 4 2009～2015 年 40 个重点城市商品住宅
销售价格平均增速

数据来源：中国房地产信息网（http://www.realestate.cei.gov.cn）。

（三） 收入差距趋于扩大，降低了社会总体边际消费倾向

2015 年国内生产总值同比增长 6.9%，全国居民人均可支配收入 21966 元，比上年名义增长 8.9%，扣除价格因素实际增长了 7.4%，超过 GDP 实际增速；同时，2015 年全国居民收入基尼系数为 0.462，自 2009 年来连续 7 年下降，此前国家统计局公布的基尼系数分别为：2009 年 0.490，2010 年 0.481，2011 年 0.477，2012 年 0.474，2013 年 0.473，2014 年 0.469。这些数据说明了中国收入分配正朝着有利于提高劳动者和低收入者收入的方向前进。尽管如此，当前中国收入差距仍然较大，2014 年城乡居民人均收入比仍达 2.73 倍。国家卫生计生委在 2014 年组织开展了"中国家庭发展追踪调查"，根据调查结果，收入最多的 20% 的家庭是收入最少的 20% 的家庭收入的 19 倍左右。同时，西南财经大学中国家庭金融调查与研究中心（CHFS）根据住户调查结果测算得出 2010 年中国基尼系数为 0.61，其中，城镇基尼系数为 0.56，农村基尼系数为 0.60；中国经济体制改革研究会收入分配课题组基于全国各地 5344 户城镇居民的家庭情况调查结果，测算得出 2011 年按家庭分布的城镇居民收入基尼系数是 0.496。以上两个调查报告测算得出的基尼系数也都高于同期国家统计局公布的基尼系数。这些数据和讨论至少都表明中国当前收入分配差距还比较明显，而收入分配差距较大又会对消费产生较大的负面影响，突出地表现为较高收入者的边际消费倾向偏低，较低收入者的边际消费倾向偏高。在社会财富一定的情况下，如果较低收入者的财富被过多转移到较高收入者手中，社会总体边际消费倾向就会走低。图 10-5 显示，2012 年城镇居民家庭分收入组人均现金消费性支出占人均可支配收入的比重，最低收入户人均现金消费性支出占人均可支配收入的比重达到 88.9%，而最高收入户这一比重为 59.0%，从而可推知，如果更多的财富聚集在较高收入者手中，势必会减少较低收入者可支配和可消费的财富，抑制整个社会边际消费效用的提高。

（四） 消费金融不足使储蓄呈现刚性并对消费产生压制作用

主流经济学理论认为，代表性主体会对整个生命周期的消费进行最优化决策，如果金融市场是完全的，那么可以选择持有与未来风险相对应的证券，通过当前证券的静态配置来实现动态最优，或者通过动态安排资金借贷来实现动态最优。但中国的金融市场并不完善，股票市场面临的风险与未来经济的风险几乎完全脱节，其他的证券市场又不发达，居民几乎不

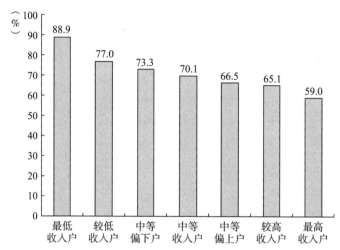

图 10 - 5　2012 年城镇居民家庭分收入组人均现金消费性支出占人均

可支配收入的比重

数据来源：中经网统计数据库（http://db.cei.gov.cn）。

可能根据最优消费计划选择相应的证券，同时银行体系贷款主要面向企业，居民贷款比重相对较低，家庭难以通过银行借贷来灵活地实现最优消费计划。证券市场和信贷市场的不完善使得消费金融发展严重不足，对人们安排生命周期中的最优消费几乎难以发挥作用。消费金融的不足会使居民无法根据最优化原则安排自己的消费，即使他预期未来会拥有充足的现金流，但他当期却无法通过信贷等金融渠道获取用于消费的现金流，从而抑制了其当期的消费；而现金流充足的，又会担心未来某一时期可能会出现现金流不足的情形，其也被迫增加储蓄以应对这种情形。图 10 - 6 描述了 2010 年 2 月至 2015 年 11 月中国金融机构住户短期和长期消费性本外币贷款余额占全部境内本外币贷款余额的比重。2010 年底住户短期消费性本外币贷款余额占全部境内本外币贷款余额的比重只有 1.6%，长期消费性贷款余额比重只有 12.1%，2015 年底这两个比重都有所上升，但短期消费性贷款余额比重只有 4.3%，长期消费性贷款余额比重也只有 15.4%。消费性贷款占比过低反映金融机构把绝大部分的贷款当成经营性贷款借出去了，这与中国投资主导型的经济结构相一致，也是中国长期以来"促生产、抑消费"发展模式的重要支撑。

　　以上是导致中国出现消费抑制问题的主要因素，此外，消费观念扭曲、消费结构畸形等问题的存在也加重了消费抑制的程度。消费抑制无助于消费型主导社会的建立，并会对供给形成抑制，使供给结构发生相应的扭曲。

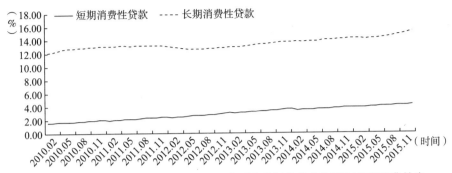

图 10 - 6　2010 年 2 月至 2015 年 11 月中国金融机构住户短期和长期消费性本外币贷款余额占全部境内本外币贷款余额的比重

数据来源：中经网统计数据库（http：//db. cei. gov. cn/）。

因此，要扩大供给和调整供给结构，必须采取措施消除消费抑制并形成合理的长期消费需求结构，使消费和供给协调共进，避免消费的过度波动或变化导致供给的结构性过剩或者结构性不足，提高全社会的资源配置效率和供给效率。

第二节　消费结构扭曲及其成因

储蓄和投资只是增加和提升消费的手段，只有数量适当、结构协调的消费才是提高消费效用和最终增加全社会福利的根本渠道。消费主导型社会是中国经济社会发展的必然趋势，也是当前中国发展的重要目标。然而，当前中国消费市场还存在着很多不完善的地方，消费结构扭曲比较严重，这种扭曲不仅会降低消费带来的效用，还会导致供给结构发生扭曲。因此，我们还需要对国民消费观念、消费结构和消费体制等做深入详细的梳理，在此基础上鼓励引导人们树立正确的消费观念和形成合理的消费结构，并通过体制改革建立顺畅的消费机制，最终建立一个有利于福利最大化的消费型社会。而且，这种消费型社会的建立，也有利于扩大总供给，引导供给结构进行合理地调整，并带动经济稳定增长。

一　消费结构的特征

（一）消费结构演变迅速

改革开放三十多年，不仅城乡居民收入大幅提高，而且经济社会结构也发生了深刻变化，甚至生产技术水平以及由此带来的商品供给的多样性也明显增强，这些都导致了居民消费结构演变剧烈。表 10-1 描述了若干主要年份中国城镇居民消费结构的变化情况。从表中不难看出，食品、衣着和居住等生存型消费占消费支出的比重不断下降，1985 年这三个项目占消费支出的比重合计达到 71.6%，2014 年下降到 54.6%；相反，同期家庭设备及用品、交通和通信、文教娱乐和医疗保健等发展型或享受型消费比重则由 21.4% 上升至 42.1%。在所有项目中，食品消费占消费支出的比重（恩格尔系数）下降最为明显，三十年间下降了 17.0 个百分点。同时，服务型消费占城镇居民消费的比重也越来越高，1985~2014 年，交通和通信这一比重由 2.1% 上升到 15.8%，文教娱乐比重由 8.2% 上升到 12.8%，医疗保健由 2.5% 上升到 6.2%。导致消费结构由生存型向发展型或享受型演变的最主要原因是城乡收入水平的提高，不过家庭和年龄结构等也是重要的影响因素，如医疗保健消费比重的提高就一定程度上受老龄化社会到来的影响。此外，体制改革也是影响消费结构的重要因素，2005~2014 年在老龄人口迅速增加的情况下医疗保健支出比重竟然止升回跌，很大程度上就是受到医疗保险体制完善的影响。

表 10-1　中国城镇居民消费结构变化情况

单位：%

年份	食品	衣着	居住	家庭设备及用品	交通和通信	文教娱乐	医疗保健
1985	52.2	14.6	4.8	8.6	2.1	8.2	2.5
1990	54.2	13.4	4.8	8.5	3.2	8.8	2.0
1995	50.1	13.5	8.0	7.4	5.2	9.4	3.1
2000	39.4	10.0	11.3	7.5	8.5	13.4	6.4
2005	36.7	10.1	10.2	5.6	12.5	13.8	7.6
2010	35.7	10.7	9.9	6.7	14.7	12.1	6.5
2014	35.2	9.7	9.7	7.3	15.8	12.8	6.2

数据来源：中经网统计数据库（http://db.cei.gov.cn/）。

（二）新型消费品消费占比上升

随着经济社会的发展以及电子信息和通信等新兴技术的出现及普及，中国商品的供给效率也有大幅提升，许多新型消费品价格下降幅度明显，开始成为收入逐年提高的城乡居民争相消费的热点。这些新型消费品主要是以移动通信和信息为代表的通信信息消费、以私人汽车为代表的消费等。表 10−2 描述了中国城镇居民新型消费品消费情况。1997 年，城镇居民每百户家庭家用汽车拥有量仅有 0.19 辆，计算机拥有量只有 2.6 台，包括移动电话在内的电话普及率只有 8.11%，但是到了 2014 年，城镇居民每百户家庭家用汽车和计算机的拥有量分别达到 25.72 辆和 76.23 台，包括移动电话在内的电话普及率达到 112.26%。从表 10−1 也可以看出，城镇居民交通和通信消费占消费支出的比重已经达到 15.8%，这也是城镇居民在家用汽车、计算机和移动电话及与之相关的汽油和网络等方面消费明显增加的表现。新型消费品的出现会在一定程度上创造需求，特别是当这些新型消费品生产技术有重大突破、生产效率迅速提高、销售价格明显下降的时候，会自行创造出大量的消费需求。

表 10−2　中国城镇居民新型消费品消费情况

年份	城镇居民每百户家庭家用汽车拥有量（辆）	城镇居民每百户家庭计算机拥有量（台）	电话普及率（包括移动电话）（%）
1997	0.19	2.60	8.11
2000	0.51	9.72	19.10
2005	3.37	41.52	57.22
2010	13.07	71.16	86.41
2014	25.72	76.23	112.26

数据来源：中经网统计数据库（http://db.cei.gov.cn/）。

（三）梯次消费阶层逐渐形成

改革开放以来，中国过度平均的收入分配格局被打破，居民收入分配差距逐渐被拉大，形成金字塔状的收入分配结构。这种收入分配结构有利于消费结构层级的最终形成，而消费购买力呈现梯次形状对于产业结构梯次演变非常重要，它避免了产业结构出现断崖式的跳跃，商品品类和质量档次更加丰富多样，有利于成熟消费型社会的建设。图 10−7 描述了 2012 年中国家庭年收入分组及比重情况，中国家庭收入基本上呈现"中间大、两头小"纺锤状形态，这反映了中国居民收入分配的基本格局，也能够反映中国居民不同购买力消费阶层的大致格局。不过，图 10−7 也显示，最大多数收入组的收入水平仍然偏低，也决定了中国消费结构仍然是以普通商品消费为主的结构，品牌和质量仍然不是中国消费的主流。根据国家统计局数据，2012年城镇家庭人均收入18374.8元的为中低收入组，按照三口之家算，家庭收入大致为55124.4元，农村家庭人均收入分组标准低于城镇家庭人均收入分组标准，结合图10-7，2012年全国最低收入组、较低收入组和中等偏下收入组占所有家庭的比重应该大于88%，而当年中等偏下收入组的恩格尔系数仍然达到40.9%，意味着全国绝大多数的家庭食品支出仍然占据着比较高的比重，成熟的消费型社会还远远没有到来。

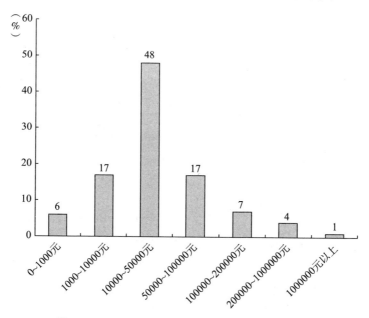

图10-7　2012年中国家庭年收入分组及比重情况
数据来源：搜狐财经2013。

（四）消费品国际化特征日益明显

尽管中国是世界制造工厂，但是就消费品而言，产品质量和品牌还远远无法跟国际相应产品相比，所以，在消费品进出口贸易方面，中国出口的是价格低廉、质量相对较次的产品，而进口的则是价格高昂、质量过硬的知名品牌。特别是加入WTO后，中国的消费市场对外开放程度与日俱增，居民特别是高收入组别的居民，倾向于购买国际品牌，高端消费品的国际化趋势特征明显。2014年，中国食品类消费品进口额是2001年的9.4倍，饮料及烟酒进口额是2001年的12.7倍，而总进口额只是2001年的8.0倍，消费品的进口额明显高于总进口额的平均增速。再如，2014年中国小轿车进口数量超过了 47 万辆，是 2001 年的 10.1 倍，而进口额更是增长迅猛，达到 2001 年 22.2 倍。进口商品的快速增长，表明中国居民消费国际化趋势增强，同时也表明高收入人群的不断增长，带动了中国对高端消费品的消费需求，在国内消费品供给质量和结构不能有效改善的情况下，这一国际化趋势还会继续加强。

二 消费结构的扭曲问题

尽管中国消费结构由生存型消费向发展型或享受型消费转变，也正在由物质产品消费为主逐渐向服务产品消费为主转变，符合国际上消费结构升级的一般规律，但是如果深入分析，就会发现消费结构仍然存在着较多扭曲的情况，这种扭曲不利于消费者以同等支出获得更大的消费效用。

(一)"看病难、看病贵"问题突出

就医一直是人们普遍关心却又难以妥善解决的问题。虽然医疗保险体制可以使就医者大部分的就医费用得到报销，但是如果计入个人和单位缴纳的医疗保险费，特别是考虑国家对医疗保险和医疗体系的补助，人们的就医费用是明显偏高的。医疗只是为了使人们的身体可以恢复健康，不至于使之产生副效用，但也不会增加人们的正效用。除了"看病贵"之外，还存在着"看病难"问题，特别是声誉较好的医院更是一号难求，"黄牛"横行，进一步加剧了"看病贵"的问题，也浪费了求医者大量的时间。"看病难、看病贵"问题的出现有多方面的原因。一是中国高端医疗设备绝大多数是进口的，而且由于供给垄断的因素，这些产品的价格也偏高，增加了诊疗的成本；二是由于激励奖惩机制的不健全、制度管理的漏洞和医院具有一定的垄断性，医院从医药代表手中高价购进药品，再通过"过度医疗行为"强迫就医者以更高价格购买和消费其可能并不真正需要的药品；三是医疗保险体制不完善，部分医疗机构通过招徕部分轻微病患者住院进行骗保的问题突出；四是中国经济发展伴随的环境污染问题使人们生存环境恶化，患病概率增加，同时人们医疗观念落后，个体过度医疗现象也时有发生；五是公共医疗服务分布不均衡，部分级别较低或者偏远地区的医院诊疗水平过低，也迫使患者异地、越级就医现象突出。以上因素都导致或者加重了"看病难、看病贵"的问题。

(二)过分重视学历教育，教育存在"过度消费"问题

教育的目的有多种，一是培养人的道德情操和提高文化素养，二是学

习专业技能作为未来参加工作的手段。中国人普遍重视后者而轻视前者，同时存在着重视学历而轻视能力的问题，在专业的选择上也存在着追热点、缺判断现象。其结果是大量家庭把很多的支出都用在为孩子寻找好学校、上各种辅导班上面，甚至为此不惜购买价格高昂的学区房，但在孩子毕业以后，由于专业与工作岗位的错位，大量毕业生找不到符合自身专业的职位，高昂的支出并不能获得相应的理想回报。尽管这种问题的存在很大程度上是家庭自身选择的结果，但是这种选择产生的影响却对整个社会发展不利，它不仅降低了家庭可以用于其他方面的消费娱乐支出，还不能为社会提供真正急需的人才。教育在学历教育上的"过度消费"，受到人们教育观念的影响。中国家庭普遍存在轻视职业教育、热衷追求名牌学校高学历的观念，同时父母还把过多的希望和期待放在孩子身上，彻底贯彻着"再苦也不能苦孩子，再穷也不能穷教育"的教育理念，在教育上不吝任何形式的支出，却忘记了教育资源的整体有限性和孩子自身资质的特殊性，以至于其往往不能获得所希冀的回报。同时，学校应试教育的模式无疑也助推了孩子教育的盲目竞争，教育资源的分布不均衡也是重要影响因素之一。

（三）交通和通信消费比重增长过快，垄断性供给推高消费价格

2014 年中国城镇居民在交通和通信消费方面的支出占了 15.8%，比 2000 年提高了 7.0 个百分点，尽管这主要是由于居民收入水平提高促进了对汽车及燃料、移动通信设备及网络的需求上升，但不可否认，其中也有垄断性供给推高了交通和通信产品或服务价格因素的影响。家庭购买的家用汽车，有很多是国内外合资品牌甚至进口品牌，这些品牌汽车生产厂家对销售渠道和维修保养服务渠道都有较强的控制能力，对产品和后续服务的定价普遍偏高；国内汽车燃料方面的供给也具有一定的垄断性，而且通过政府管制价格，相对国际油价通常也更为昂贵；手机等移动通信的价格由于国内华为等厂商的迅速崛起已经有了较为明显的降幅，但是网络和通信服务费却由于运营商较大程度的垄断仍然居高不下。由于交通和通信消费是中国城镇居民消费升级的重要方向，产品或服务供给的国内国际垄断不利于居民实际消费效用的提高。尽管当前中国居民交通和通信方面消费支出的比重比美国要低得多，但是在实际购买的产品质量和服务水平方面可能要低更多。供给的垄断性导致消费价格虚高，也使中国城镇居民在交通和通信方面的消费支出占消费总支出的比重趋于虚高。

（四）扭曲的风俗习惯和人情往来加剧了消费畸形

中国历来是"礼仪之邦"，这本来是中国的优秀文化传统，有利于社会的和谐发展，但随着经济条件的改善，许多人的内在文化素质没有相应提高以及人文情怀缺乏，导致部分人进行人情往来活动或举行重大礼仪活动时过分铺张和讲究排场，并助长攀比奢靡之风，使富裕阶层的人将太多的消费支出用在实际消费效用很低的物品或者服务购买上，而中下阶层的人更是苦不堪言，不情愿地被迫将本来计划用于其他方面的支出用到人情往来消费活动或者相关商品上，极大地降低了他们从总消费支出中可以得到的实际消费效用。同时，过分讲究"面子"的人情消费还导致过度包装等问题，包装物甚至比被包装物成本更为昂贵，不仅造成了资源浪费，还带来了包装物对环境的污染。随着人们收入水平的提高，举行一些比过去更热闹的节庆活动也无可厚非，但是如果不加节制，无限地追求"面子"或"风光"，就会一定程度上败坏社会风气，并导致畸形消费。当前"八项规定"对约束党政机关干部的行为卓有成效，但对遏制民间奢靡之风却难以有效发挥作用，还需要更多的政策措施对此问题予以彻底治理。

（五）过分追求国外消费品牌，消费者"崇洋"心理严重

由于中国是后起国家，很多消费领域品牌的产品质量和知名度还相对较低，导致一部分先富裕起来的人群追求高质量的国际品牌消费，这看似无可厚非，但事实却不是这么简单。主要因为中国普遍存在的"崇洋"心理的作祟，中国洋货遍地的现象十分严重，以至于很多国产品牌也都冠以"洋品牌"的名字，成为所谓的假"洋鬼子"。一个后果就是，即使质量过硬的国产消费品牌，也通常不如哪怕质量有瑕疵的同类国际品牌更受中国消费者欢迎。中国富人在这方面表现得尤其突出，宝马、奔驰在中国大受热捧，以至于在中国的售卖价格要比同类产品在美欧国家的售卖价格高出许多。事实上，所谓的国际品牌也存在较多问题，如西班牙的 ZARA、英国的万宝路、美国的暇步士等就被检出虚标含量、甲醛含量超标和色牢度不合格问题。根据中央电视台的报道，一直对外宣传完全由意大利生产的达芬奇家具的实际产地在东莞，原料是树脂和密度板等，出厂价格 3 万元的家具从深圳口岸被运往意大利再运回国内，摇身一变成为售价 30 多万元的国际洋品牌，就充分反映了国民消费过程中严重的"崇洋"心理。还有，施恩奶粉、美国加州牛肉面、卡尔丹顿、索菲亚衣柜、欧典地板等品牌，虽

然是地地道道的国内品牌，却起了个洋货名字，就在中国市场大火起来。这种极度扭曲的"崇洋"心理，最终带给消费者的是实际效用的下降，国内相关产品的供给也会受到抑制，不利于国内产品品牌形象的树立，使之长期受制于国际消费品牌。

引起以上各类消费扭曲的因素中，主要因素是消费观念的畸形和消费品供给的垄断性。消费结构的扭曲会严重降低消费者的实际消费效用，也进一步引致供给结构的扭曲，不利于全社会供给效率的提高。因此，中国应该通过体制改革、供给结构调整和消费观念引导等各种手段，努力使消费结构更趋于合理化，提高中国消费者的实际消费效用，促进全社会总体福利的增加。

第三节　提升长期消费需求，扩大有效供给

长期消费需求是一种趋势性的需求，具有较强的稳定性和可持续性，提升长期消费需求势必会促进有效供给的扩大，从而带动总产出水平的提高和经济的快速增长。不仅如此，长期消费需求的提升也会推动投资消费结构的改善，使经济运行较少受到投资波动的影响而更加稳定。同时长期消费需求的提升也有利于消费型社会的建设，增进全社会的福利水平。当前，长期消费需求的提升主要受到消费体制、供给效率和消费观念的制约，因此，需要通过相应的体制改革或者政策引导彻底打破这些束缚，促进长期消费需求的提升。

一　调整"促生产、抑消费"的发展模式，推动消费型社会的形成

中国在发展之初，供给严重不足，而供给不足又是由投资不足引起的，所以发展战略就更加重视吸引投资和鼓励生产。但是，当前中国许多行业出现生产过剩，需求不足代替供给不足成为新阶段的主要矛盾，鼓励生产抑制消费的政策应该得到彻底调整，避免生产过度而消费不足最终导致的经济萎缩或者增速放缓。对外方面，要取消大多数行业的外商投资优惠政策。尽管外资可以在不占用国内资源的情况下发展生产，但是重复的投资生产却会导致国内市场的竞争激烈，并使国内厂商处于更不利的竞争地位，可用于国内的消费基金相对缩减，不利于国内消费水平的提升；对内方面，

要取消土地、用电和资金等生产要素投入方面的优惠政策，抑制过度投资，矫正已经失衡的投资消费结构，促使消费比重进一步提升。尽管取消生产投资的优惠政策可能在短期内一定程度上会抑制生产和消费，但长期来看，消费势必会呈现稳定增长态势，生产供给能力也会随之扩大，最终还是会提高产出水平和经济增长速度的，只不过在发展模式上，已经不同于过去"供给自动创造需求"的发展模式，而是一种新的"需求引领供给"的发展模式，前一种模式适合供给不足和技术有创新时的经济，后一种模式则适合需求不足时的经济。

二　完善社会保障和改善就业环境，诱使预防性储蓄下降

抑制消费增长的直接因素是储蓄比重过高，而影响储蓄的一个重要因素是人们对未来可能发生的支出进行预防性储蓄，当未来收支变动的不确定性越大时，人们的预防性储蓄占收入的比重就越高。同时，由于人们对未来的不确定性不能准确预期，这种预防性储蓄往往还是过度的，而对于像中国这样重视财富代际相传的国家的居民而言，这种过度储蓄还可以遗赠给子女，从而也并不是不理性的行为。同时，中国还是刚刚从贫穷的传统农业社会发展而来，人们对于贫穷的担心和勤劳节俭的习惯也都加重了预防性储蓄的程度。因此，对于中国而言，要特别重视编制完整的社会保障网络，要进一步完善教育、医疗、失业和养老保障体制，并促进社会保障服务的均等化，降低人们在社会保障服务方面的选择成本，最大可能地消除人们过度增加预防性储蓄的愿望。同时，还要提高人们的就业可选择机会，并重视就业环境的改善，保护就业者的基本权益，使就业成为人们实现自我价值的渠道而不是被迫谋生的手段，减少人们因担心失业后难以寻找到合适岗位而增加的预防性储蓄，并降低人们因厌恶工作环境而试图通过增加储蓄实现财务自由的努力。子女的婚配也是人们普遍担心的问题，这就需要采取措施调整总人口男女比例和各地区男女比例关系，减少人们为子女婚配问题而进行的大量预防性储蓄。同时，也需要帮助人们树立正确的财富观，避免一切向"钱"看，从而消除金钱崇拜可能带来的主动或者被动的预防性储蓄。

三　缩小收入分配差距，推动形成合理的收入分配结构

当前影响中国收入分配差距的因素有很多，包括权钱交易、资本和劳

动的分配比例不合理、中产阶级队伍偏小、部分行业特别是中央企业垄断收入过高等，而房地产等资产价格膨胀又进一步加剧了收入分配差距，使高收入者财富大幅增值，中低收入者负债攀升。收入分配差距过大不利于全社会总体边际消费倾向的提高，降低了全社会消费所占国民收入的比重。缩小收入分配差距要从多个方面入手。一要着眼于"限高"，即严查官商勾结，避免官员获得过高的灰色或者非法收入，适度削减垄断行业过高的工薪待遇，提高资本所得或者经营所得应纳税税率，限制高收入者收入水平的过快增长；二要致力于"提低"，提高低收入者的工资标准，制定完善的工资增长或者诱导机制，使低收入者的收入不断趋于增长；三要重视"扩中"，即提倡大众创业，鼓励小微企业的发展，严厉打击大中型企业利用市场地位对小微企业的歧视或打压，培养更多的律师、会计师、医生、教师等专业人员，降低中等收入者的纳税负担，推动产业结构不断向服务业调整，发展壮大中产阶级队伍。这些措施里有些是纯粹政策层面的，可以立即付诸实施，有些则是发展层面的，需要通过改变经济发展的方式并随着时间的推移来实现。

四 大力发展各种形式的消费金融，破除消费的金融约束

消费金融不足会导致人们的潜在消费需求无法被满足，如果破除这种金融约束，消费需求就会进一步提升。当前中国消费者主要在住房消费和汽车消费方面比较容易获得金融支持，在其他方面还严重滞后，或者无法获得这种金融支持，或者获得金融支持的利率偏高，弱化了消费者寻求金融支持的意愿。通常来说，人们在上学阶段和刚走上工作岗位的最初几年更需要金融支持，但这一阶段他们也正缺少任何形式的抵押物或者稳定的收入来源，银行等金融机构为了规避风险而很少向这些群体提供消费金融支持。因此，应该通过差别存款准备金、降低存贷款比率限制等措施鼓励银行向这类人群发放消费贷款，并成立一定额度的担保基金为这类人群贷款增信，同时也需要对他们的还款行为严加监管，对于任何故意逃避还款责任的个别人要加入信用黑名单并使之担负相应的法律责任。人们在老年阶段也存在融资需求，即他们中的部分人如果以房产来养老，往往需要寻求金融支持以盘活或者变现房产，当前金融机构在这一方面提供的金融产品还不丰富，力度也远远不够，需要进一步加强对养老消费的金融支持。

此外，人的一生还会遇到需要金融支持的消费，也要求金融机构扩大可以用作抵押品的物品范围，放宽信用贷款审批标准和提高信用额度，切实消除人们在进行多种多样的消费时遇到的金融约束。

五　倡导新的消费模式，推动绿色消费和文化消费

培养新的消费模式，对于环境保护、资源节约和精神层次提高都有很大作用。当前特别是要大力推动绿色消费和文化消费，使人们减少资源浪费严重和环境污染突出的物质产品的消费，更加注重勤俭节约，购买绿色健康食品或物品，特别是增加能够丰富精神生活的文化消费。在鼓励绿色消费方面，除了要在全社会范围内营造绿色消费的氛围外，还要通过金融支持和财税优惠政策等手段激励人们购买节能产品和可再生能源产品，通过引导宣传和利益机制相结合推动生活垃圾分类处理，使循环经济模式成为全社会的基准生产消费模式。提倡绿色消费在某种程度上会减少对那些资源耗费过多和环境污染严重的物品的消费，对全社会的消费具有一种紧缩效应，但是从长期看却使社会经济的发展更加健康可持续，而且绿色消费会刺激新的环境友好型产品的发展，同样也会促进总产出的增加。文化消费也是如此，人们更多的支出如果用于文化消费，势必会相应减少用于物质产品的消费，从而能够有效节约自然资源。不仅如此，健康的文化消费还能够丰富人们的精神世界，在娱乐中潜移默化形成积极向上的生活方式和文明和谐的行为方式。当前中国文化消费比重还偏低，文化消费的发展还有很大空间，而且它的发展也势必会带动全社会消费的长期增长。不过，无论是绿色产品还是文化产品，在供给方面还存在着短板，也需要采取更加积极的产业政策鼓励绿色产品和文化产品行业提供品类更多、质量更高的产品，破除供给约束，促进供给与消费的协调发展。

六　建立更加科学合理的公共服务提供体系，推动公共服务消费合理增长

随着城市化的推进和人们收入水平的提高，公共服务消费所占居民消费的比重越来越高。由于公共服务提供主要是政府无偿或者低价格提供的，存在着长期供不应求的问题。例如，教育资源、医疗资源和公共交通等，在人们消费中的比重一直呈现上升趋势，但仍然无法满足人们对这些公共

服务的旺盛需求，特别是优质资源的需求更是无法得到满足。在这种情况下，应该不断加大对公共服务设施和公共服务人员的投资，努力满足人们对公共服务消费的需求。不过，由于公共服务的投入大而收入少，仅仅依靠政府财政投入很难满足需求，因此还需要对公共服务进行更深入的分类，将现行的部分公共服务从公共服务的范围中剥离出来，按照私人服务性质实行市场化供给，居民进行消费时也按照谁使用谁付费的原则进行购买使用，减少公共服务提供不足的压力；同时，也要适当提高部分公共服务的收费标准，对这部分公共服务采取 PPP 的模式吸引社会资本广泛参与，政府赋予经营权或者给予财政补贴保证社会资本获得一定的回报；对主要应由政府无偿或者低价提供的公共服务，应该进一步推动区域均等化，减少区域不平等带来的诸多矛盾和问题。随着社会经济的不断进步，公共服务消费不断增长是长期的消费趋势，确保公共服务供给满足居民日益增长的消费需求也将是一项长期的艰巨任务。

七　提高供给效率，推动消费成本降低和消费质量提升

消费品的价格构成居民的消费成本，消费品价格趋高将严重削弱居民的消费能力和消费意愿。当前，中国主要受过高的物流成本、税费成本和垄断成本的影响，消费品价格普遍偏高。要大力鼓励互联网物流的发展，降低公路收费或罚款，减少日常使用品的增值税，对垄断行业产品定价实行严格的监管，推动消费成本不断降低。同时，中国还面临着产品质量不过关、安全隐患较多的问题，也影响了人们的消费信心，甚至因此而转向国外产品的消费，抑制了国产消费品的发展。政府应不断加强质量体系建设，加大对假冒伪劣产品的打击力度，降低消费者维权成本，建立畅通的消费举报渠道和便利有效的处理程序，要做到事前监管、事中监管和事后监管相结合，健全消费者、媒体和政府多渠道全方位的监督体系，净化消费环境，增加消费信心，增强国产消费品的吸引能力。在保证人们能够获得符合基本安全标准的消费品的同时，还应不断推动消费品的质量升级，实施消费品"进口替代"战略，不断培养国产消费品牌。通过推动消费成本的不断降低和消费品质量的不断提升，使人们不仅消费得起，还要使人们消费得放心，消费得更好，真正建立起成熟的充满活力的消费社会。

八　反对奢靡攀比之风，培养理性消费观念

随着社会经济的发展，收入水平越来越高，人们通常就会进入追求质量更好、品牌知名度较高产品的消费阶段。应该说，这是一种社会经济发展规律，本身并无可厚非，但是问题出在两个方面：一是很多人消费奢侈品更多出于炫耀心理，甚至以是否购买得起奢侈品来衡量个人成就和价值；二是人情往来过于奢靡，尊崇"来而不往非礼也"的传统，收入水平较低的人群也会被迫进行奢靡消费。这些问题会导致收入较低的人群被迫进行过度消费，为了面子失去"里子"，真正需要的消费无法得到满足，总体消费效用无法得到真实提高。同时，这些问题还会导致整个社会逐渐形成一切"向钱看"的畸形消费文化，使富人趋于跋扈和穷人自感卑微，使社会矛盾趋于激化。因此，政府应该对社会消费风气担负起引导的责任，通过教育感化、媒体宣传和文化消费使人们认识到"奢靡攀比者耻，理性消费者荣"，使全社会树立正确的金钱观和消费观。当然，为了做到这一点，就要不断完善各类社会保障制度和提供更加丰富便利的公共服务，使人们不用花很多钱和四处求人就可以得到最基本的生活保障，并且要加强法律在规范社会生活中的基础地位，让人们依法办事而不是找人办事、违规办事，彻底破除对于"有钱能使鬼推磨"的迷信，从而使全部人群特别是低收入者都能够尊严、体面地活着。全社会奢靡攀比之风的破除和理性消费观念的形成，会使人们将收入用到能够带来更大效用的消费上，促进消费稳定理性增长。

第十一章　去杠杆、金融稳定与供给侧改革

第一节　中国部门杠杆率的测算及可持续性

杠杆率一般指资产负债表中总资产与权益资本的比率。杠杆率具有明显的周期特点，即经济繁荣和资产价格上涨时，杠杆率趋向于下降；而当经济萧条和资产价格下跌时，杠杆率趋于上升。然而，为了将杠杆率维持在一定预期空间，参与经济活动的各部门在经济上升时期会努力提高杠杆率，以获得高杠杆率可能带来的更高的权益收益率；而在经济下行时期，其会努力降低杠杆率，以避免权益收益率被过度侵蚀。但这种行为的结果导致经济周期以更快的速度走向繁荣或萧条，加剧了经济波动的程度。鉴于当前中国经济部门广泛存在的"高杠杆"现象及其可能带来的危害，中央已经将之视为关乎经济和金融稳定的重大问题，并将"去杠杆"列为当前的五大任务之一，所以对中国经济部门杠杆率的规模和结构进行测算，以及就其可持续性进行剖析具有重要的现实意义。

一　中国部门杠杆率的测算

目前，对于经济整体杠杆率的讨论比较热烈，但是经济总体杠杆率具有不同的含义。如果将经济看成一个整体，假如不考虑对外债权或债务，那么一个经济体资产和负债是可以相互抵消的，最后计算的资产和权益是相同的，即经济总体杠杆率为1∶1，但这显然不是大家关注的杠杆率的概念。事实上，各方所关注的经济总体杠杆率通常是用各经济活动主体的资产、负债和权益的逐项累加而得到的结果。在这一过程中，无论借贷关系

如何变化，权益（净资产）一定是不变的，但如果借贷活动趋于频繁或者借贷链条延长，由于资产和负债会被重复计算而不能相互抵消，杠杆率将会趋于上升。例如，如果 A 直接贷款给 C，整个社会的总资产增加额会等于贷款额，如果 A 先贷款给 B，再让 B 贷款给 C，整个社会的总资产增加额会双倍于贷款额，即借贷的链条越长，整个社会的资产增加额就越多，用总资产与权益比率来表示的杠杆率也会大幅上升。这是杠杆率变动的最基本逻辑，也是纯粹资金流方面考察的杠杆率，如果再将产出等物流因素考虑进来，杠杆率的形成机制和影响将会变得更为复杂。

在讨论经济总体杠杆率的时候，很多人使用货币供应量占 GDP 的比重来观察杠杆率的高低以及可能带来的危害。应该说，这一指标还是可以反映一些问题的，至少可以粗略说明在创造产出的过程中经济活动主体通过银行部门进行借贷活动而形成的杠杆部分，但这一指标无疑是很粗略的，不仅难以精确地衡量经济总体杠杆率，更难以区分通过不同活动形成的杠杆率所具有的作用或影响。使用上述指标来衡量杠杆率，至少存在以下几个方面的问题：一是以货币供应量与 GDP 的比率同以资产与权益比率衡量的杠杆率存在着较大的差别。基于微观层面推算的杠杆率是由总资产与权益比率来衡量的，分子和分母变量都是存量，如果货币供应量可以视为总资产的时点存量，GDP 指某时期内的产出流量，产出与权益存在固定比率关系的时候，货币供应量占 GDP 的比重能够更准确地描述杠杆率。但当产出与权益比率波动较大的时候，以货币供应量占 GDP 的比重衡量的杠杆率就会更大程度地偏离真实杠杆率，而事实上影响产出的是实物或者无形总资产，产出和资产负债表中的权益基本没有明显的关系。同时，还有一个问题需要指出，即股权融资会增加社会总的权益，从而会降低资产和权益的比率，但是股权融资和债权融资一样，只会带来存款在不同账户的转移，而不会影响货币供应量，从而进一步加大货币供应量与 GDP 比率同资产与权益比率的偏差。二是整体货币供应量媒介的范围远远超过只充作 GDP 媒介的货币供应量部分。货币作为一种交易媒介，媒介的内容不仅包括流量产出 GDP，还包括存量资产或资源，大量存量资产或资源市场的价值发现和交易将增加社会对货币的需求，也将推高货币供应量与产出的比率及以此衡量的杠杆率，例如金融市场的发展就会带来这种效应。三是经济体的融资渠道和方式对货币供应量的影响差距较大，会显著影响资产和负债的总规模。以银行体系为主的间接融资渠道倾向于通过提高资产和负债的总规模推高货币供应量与 GDP 比率，如果直接融资比重高则会相应降低这一比率，特别是股权式直接融资比重高的话这一比率将会下降得更为明显。四是通过商业票据等非银行渠道的借款等并不能统计进货币供应量里，从而以货币供应量与 GDP 的比率衡量的杠杆率也少计算了这一部分负债。

由于以货币供应量与 GDP 比率来衡量经济杠杆率存在着以上几个方面的问题，测算各部门杠杆率最为准确的仍然是资产和权益比率或者是替代性指标资产负债率等。不过，由于很多经济部门的负债和资产大多数时候难以准确获得，而偿债能力不仅和资产存量有关，也和收入流量有关，GDP作为社会总产出对于偿债能力也有较大影响，所以主要研究有统计的负债部分及其同 GDP 的关系基本可以观察杠杆率及偿债能力的变化。

（一）非金融部门企业的杠杆率

厂商部门是一个资金流入部门，无论是其他部门还是部门内部，购买厂商新增债权会增加厂商部门的资产和负债，但权益不会改变，从而厂商部门杠杆率将上升；购买厂商新增股权会增加厂商部门的资产和权益，但负债不会改变，从而厂商部门杠杆率将下降；如果只是买卖以某种形式存在的存量债权或者股权，厂商部门资产、负债和权益都不会改变，从而厂商部门的杠杆率也不会改变。表 11 - 1 描述了 2014 年和 2015 年各季度末非金融企业社会融资规模存量的变化情况。由于表 11 - 1 所显示的股权融资主要是非金融企业在境内的股票融资，未上市公司的股权融资并不能被有效涵盖，不过，2015 年第 4 季度末相比 2014 年第 1 季度末，各类贷款融资额存量（本外币贷款、委托贷款和信贷贷款）增长了 20.87%；股票融资虽然增长了 30.55%，但是其所占社会融资额的比重只有 4.53%，股权融资数量仍然偏低。2015 年第 4 季度末，非金融企业债务融资额占非金融企业全部社会融资额的比重达到 95.89%，其中各类贷款融资额又占到债务融资额的 80.63%，通过金融机构进行贷款融资依然是大多数非金融企业的主要融资渠道。

当非金融企业通过债务融资时，假定企业经营利润为 0，企业权益将保持不变，负债将带来资产的同等数目的增加，以资产与权益衡量的杠杆率将趋于上升，同时，在资本产出比率固定的情况下，资产的增加也将带来产出的同比例增加，只是由于负债增加速度高于产出的增加速度，非金融企业债务与产出的比率也会增加；不过，如果企业负债经营能够带来足够多的利润并转化成权益和资产，那么以资产与权益比率、债务与产出的比率衡量的杠杆率有可能出现下降，万一企业负债经营不仅不能盈利，甚至还出现亏损的话，那么资产和权益都会减少，在负债不变的情况下，资产与权益比率将会加速上升，由于资产减少，下一期的产出也会下降，债务与产出的比率也趋于上升。2014 年，中国非金融企业债务融资余额与 GDP 比率为 149%，2015 年这一比率继续上升为 156%，表明非金融企业杠杆率的变化受到经济不景气的影响。这一由债务融资与 GDP 比率表示的杠杆率的上升并不完全遵循以上分析的逻辑，因为 2015 年中国 GDP 增速虽略有放缓但依然处于较快增长，纯粹 GDP 增速的下降不足以使杠杆率上升这么多。事实上，假定 2015 年中国 GDP 名义增速与 2014 年一样，2015 年债务融资余额与 GDP 的比率也会达到 156%。因此，促使债务杠杆率上升的主要原因应该在于债务的较快增加，即非金融企业更大规模的举债，但新增加的债务并没有转化为有效资产而相应带来 GDP 的增加，相比往年，这些举债企业盈利减少甚至亏损，从而使资产和权益受到损害，致使企业杠杆率上升。

表 11-1　非金融企业社会融资规模存量及结构

单位：万亿元，%

时期	债务融资			股权融资	
	各类贷款融资额	非贷款债权融资	合计比重	股票融资	比重
2014 年第 1 季度末	70.54	17.19	96.20	3.47	3.80
2014 年第 2 季度末	73.01	18.34	96.26	3.55	3.74
2014 年第 3 季度末	74.33	18.27	96.20	3.66	3.80
2014 年第 4 季度末	76.42	18.56	96.18	3.77	3.82
2015 年第 1 季度末	79.54	19.13	96.16	3.94	3.84
2015 年第 2 季度末	81.71	19.66	96.06	4.16	3.94
2015 年第 3 季度末	83.41	19.79	96.00	4.30	4.00
2015 年第 4 季度末	85.26	20.48	95.89	4.53	4.11

数据来源：中国人民银行网站（http://www.pbc.gov.cn）。

债务融资余额占 GDP 的比重并不能直接表明企业的偿债能力的变化，因为企业产出中企业盈余的大小才是最终影响偿债能力的因素，所以我们试图进一步通过企业债务与利润比率来考察企业偿债能力的变化。图 11-1 描述了全国规模以上工业企业债务与总额利润比率变化情况。图 11-1 显示，自 2012 年以来，规模以上工业企业债务与利润总额比率呈现逐步上升的趋势，2012 年这一比率为 7.75，2015 年上升到 8.84，总共提高 1.09，但是仅 2015 年这一比率就提高了 0.71，表明 2015 年以来中国工业企业出现了利润加速下滑和债务过快增加的不利局面。债务与利润比率能够反映一个企业利用利润偿付债务的能力，这一比率的下滑表明全国工业企业利用盈余来偿付现有债务的能力下降。不过，由于利润是已经偿付完债务利息的盈利剩余，这一指标更多反映了企业偿付债务本金的能力，只要这一指标不变为负值，原则上可以通过不断借新还旧偿还本金的方式使债务得以持续下去。然而，这里所描述的债务与利润比率是总量统计指标，这一比例的下降通常会伴随着部分企业利润更大程度地下降甚至转为负值，从而将使更多企业要么通过变卖资产和减少产能来偿还债务，要么会以庞氏融资模式通过更大规模的借债来维持企业短期的运营，前者将对经济运行立即产生直接的冲击，后者将在一段时期后对金融稳定带来急剧的冲击。

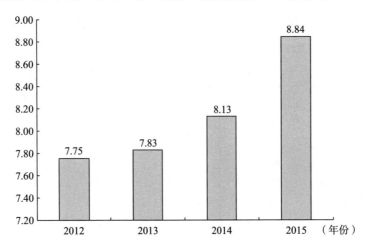

图 11 - 1　全国规模以上工业企业债务与利润总额比率

数据来源：中经网统计数据库（http://db.cei.gov.cn）。

表 11 - 2 进一步描述了若干年份部分行业债务与利润总额的比率及其变化情况。表中的数据显示，2014 年石油加工、炼焦和核燃料加工业，化学纤维制造业，黑色金属冶炼和压延加工业，有色金属冶炼和压延加工业，铁路、船舶、航空航天和其他运输设备制造业等行业债务与利润比率都超过 10.0，特别是石油加工、炼焦和核燃料加工业达到 209.4，表明这些行业相对于债务规模而言赢利能力普遍偏低，食品制造业，纺织业，纺织服装、

服饰业，家具制造业，汽车制造业和仪器仪表制造业债务与利润总额比率都不超过 6.0，偿债能力明显高于其他行业。相对于 2005 年，2014 年除了石油加工、炼焦和核燃料工业、化学原料和化学制品制造业、化学纤维制造业、黑色金属冶炼和压延加工业，有色金属冶炼和压延加工业等行业债务与利润比率有所提高外，其他行业这一比率基本均有所降低。但是相对于 2011 年，2014 年除了计算机、通信和其他电子设备制造业，仪器仪表制造业等行业债务与利润总额比率有所降低外，其他行业这一比率都有所提高。2015 年全国规模以上工业企业利润总额比 2014 年下降了 2.3%，同时债务规模也有较大程度的提高，这意味着有更多行业债务与利润比率趋于上升，企业偿付债务的能力进一步下降。

表 11 - 2　若干年份部分行业债务与利润总额比率

年份 行业	2005	2008	2011	2014
食品制造业	8.8	5.7	3.4	3.5
纺织业	14.5	9.6	5.7	5.9
纺织服装、服饰业	8.8	6.3	4.1	4.4
家具制造业	9.6	7.7	4.5	5.0
石油加工、炼焦和核燃料加工业	-30.7	-7.2	28.1	209.4
化学原料和化学制品制造业	8.6	7.9	5.7	8.9
化学纤维制造业	31.5	24.5	8.8	13.7
黑色金属冶炼和压延加工业	10.7	14.2	15.7	23.4
有色金属冶炼和压延加工业	9.7	9.6	7.1	13.9
金属制品业	8.8	7.3	5.5	6.1
通用设备制造业	9.9	7.3	5.4	6.8
专用设备制造业	12.4	8.0	6.0	8.0
汽车制造业	-	-	-	4.9
铁路、船舶、航空航天和其他运输设备制造业	-	-	-	12.6
电气机械和器材制造业	10.5	6.6	6.6	7.2
计算机、通信和其他电子设备制造业	12.7	10.2	8.6	8.2
仪器仪表制造业	7.9	5.9	4.9	4.8

数据来源：中经网统计数据库（http://db.cei.gov.cn）。

（二）金融部门企业杠杆率

金融机构是资金融通的中介机构，它们或者充当资金借贷的直接借贷人，或者仅仅为资金融通提供某种间接的服务。然而，由于金融机构也是经济活动的主体，与非金融企业一样同属厂商部门，其本身的发展也需要资金的借入，只是由于其中介业务的性质使其杠杆率居高不下，杠杆率对权益的变动缺乏敏感性。因此，金融机构杠杆率并不能仅仅通过资产与权益的比率或者资产负债率来衡量，更要对金融机构特别是银行的偿债能力进行评价，而用于偿债评价的指标通常是资本充足率，即权益总额与经过风险调整的资产总额的比率，表示在存款人和债权人的资产遭到损失之前，该机构能以自有资本承担损失的程度。尽管如此，金融机构杠杆率仍然是一个值得关注的重要指标，特别是对于非存款性金融机构更是如此。

根据中国人民银行发布的《其他存款性公司资产负债表》，合并计算"对其他存款性公司债权"和"对其他金融机构债权"两项，可以观察金融机构间的负债情况，2015 年这一合计债务规模达到 49.1 万亿元，占其他存款性公司全部资产的 24.7%，其中"对其他存款性公司债权"表示的其他存款性公司债务规模达到 31.4 万亿元，"对其他金融机构债权"表示的其他金融机构债务规模达到 17.7 万亿元，分别占其他存款性公司和其他金融机构全部资产的 15.8% 和 8.9%。这些数据表明金融机构之间的借贷活动也比较频繁。表 11 - 3 显示，自 2008 年以来，其他存款性公司对金融机构债权的合计比重呈现明显的逐年上升趋势，2015 年比 2008 年提高了 11.0 个百分点，这主要是受其他金融机构债权比重上升的影响，2015 年这一比重比 2008 年提高了 7.0 个百分点。

表 11 - 3 其他存款性公司对金融机构债权变化情况

单位：%

年份	对金融机构债权 合计比重	对其他存款性公司 债权比重	对其他金融机构 债权比重
2008	13.7	11.8	1.9
2009	14.2	12.1	2.1
2010	16.1	14.0	2.1
2011	18.8	15.8	3.0
2012	21.5	17.7	3.8

续表

年份	对金融机构债权 合计比重	对其他存款性公司 债权比重	对其他金融机构 债权比重
2013	21.9	17.1	4.8
2014	22.8	16.3	6.5
2015	24.7	15.8	8.9

数据来源：中国人民银行网站（http://www.pbc.gov.cn）。

不过，中国人民银行公布的其他存款性公司应该只包含存款货币公司而没有包含财务公司、中国进出口银行和国家开发银行等其他存款货币公司，因为如果包含所有其他存款性公司，那么资产负债表中"对其他存款性公司债权"和"对其他存款性公司负债"两个项目应该相等，因为所有其他存款性公司之间的借贷活动是一个闭环，一个公司的借出就是另一个公司的借入，但事实上这两个项目相差较大，表11－4中的"其他存款性公司债务债权比"表明两项目之间的比率在2015年达到了2.39，意味着财务公司、政策性银行等其他存款货币公司是资金的净借入者，它们融入的这些资金更多地又融出给非存款性公司。表11－4还显示"其他存款性公司债务债权比"的变化相对稳定，2008～2015年保持在2.11～2.52这一区间。不过，2008～2015年，其他金融机构对其他存款性公司的债权债务关系却发生了很大的变化。2008年，其他金融机构对其他存款性公司的债务债权比只有0.39，2011年后逐年上升，2015年达到了1.13。这些变化表明，其他金融机构在2015年以前一直是其他存款性公司资金的净供给者，但2015年其开始成为其他存款性公司资金的净需求者。事实上，如果考察增量而不是存量的话，2009年开始其他金融机构就已经成为其他存款性公司资金的净需求者。同样，如果只考虑增量变化的话，其他存款性公司债务债权比的波动程度更大，2014年为27.71，2015年迅速降低为1.67，这种变化表明财务公司和政策银行从银行借出来的资金相比提供给银行的资金而言减少了。2015年，财务公司和政策银行从银行借出来的新增资金达到33797.2亿元，比2014年的19947.2亿元高出许多，而2015年回流到银行的资金也达到20188.1亿元，比2014年719.9亿元高出更多，2015年财务公司和政策银行向银行以外的企业和单位提供的资金为13609.0亿元，比2014年的19227.2亿元有所降低。

表 11 – 4　各类金融机构对其他存款性公司债务债权比

年份	其他存款性公司债务债权比		其他金融机构债务债权比	
	存量	增量	存量	增量
2008	2.32	1.7	0.39	0.06
2009	2.22	1.94	0.40	0.45
2010	2.41	3.12	0.45	1.32
2011	2.11	1.53	0.66	1.83
2012	2.18	2.44	0.80	1.50
2013	2.36	13.29	0.97	1.87
2014	2.52	27.71	0.99	1.04
2015	2.39	1.67	1.13	1.49

数据来源：中国人民银行网站（http://www.pbc.gov.cn）。

《其他存款性公司资产负债表》中"对其他存款性公司债权"和"对其他金融机构债权"两项目显示的金融机构之间的负债在 2015 年达到 49.1 万亿元，占 GDP 的比重为 72.5%，比 2014 年提高 0.109 个百分点。其中，非存款类金融机构对其他存款性公司的负债占 GDP 的比重为 26.1%，贷款负债和非贷款负债占 GDP 的比重分别为 3.7% 和 2.24%。这一方面表明非存款金融机构获得银行等其他存款性公司的资金的渠道并不主要是贷款而是债券发行等，另一方面也表明非金融机构的资金融通规模与存款性公司相比还偏小，不足以成为支撑 GDP 增长的主要力量，同时也从侧面反映了直接融资发展的不足。

（三）政府部门的杠杆率

政府部门债务由中央政府债务和地方政府债务组成。2015 年底，国债余额为 106749.5 亿元，汇金债和铁道债等政府支持机构债余额为 11475.0 亿元，中央政府债务余额合计为 118224.5 亿元。2015 年 8 月 29 日，十二届全国人大常委会第十六次会议表决通过了《全国人大常委会关于批准〈国务院关于提请审议批准 2015 年地方政府债务限额的议案〉的决议》，2015 年地方政府债务限额为 16 万亿元，基本是 2015 年地方政府现有的债务规模，因为 2014 年末全国地方政府债务余额为 15.4 万亿元，另有 0.6 万亿元是 2015 年新增限额，即使有所出入，数目也不会太多，进而会议同时提到 2014 年末地方政府或有债务为 8.6 万亿元，由于或有债务没有限额，可以推知或有债务势必会以比显性债务限额更快的速度增长，估计至少超过 10 万亿元。据此，地方政府债务及或有债务总计至少会达到 26 万亿，占 GDP 的比重达到 38.4%，同时中央债务占 GDP 的比重为 17.5%，政府部门债务占 GDP 的比重合计达到 55.9%，而据测算 2014 年这一比率为 52.7%，2015 年比 2014 年提高了 3.2 个百分点。

参照 1991 年奠定欧盟基础的《欧洲联盟条约》（又称《马斯特里赫特条约》），中国债务负担率并没有超过条约中设定的 60% 的上限，特别是中国 GDP 增长速度较快，只要债务余额上升势头得到有效控制，动态来看负债率也将趋于下降。不过，需要引起重视的一个问题是，在中国政府债务规模中地方政府债务占比过大，同时不同地方政府债务规模与地区生产总值及地方财政收入的比率存在较大差异，区域结构性违约风险不容小觑。另一个结构性风险来自偿债资金和到期债务的期限错配，不过由于中央推行了地方政府发行债券置换旧有债务，这一问题将能够得到有效化解，而且这一置换还降低了地方政府债务需要偿付的利息，也有利于减轻地方政府的债务负担。

2015 年，全国公共财政收入同比增长 8.4%，比 2014 年再度下滑 0.2 个百分点，同口径只增长 5.8%。由于部分金融机构及中央企业上缴利润增加，以及部分其他项目纳入预算管理，中央财政非税收入大幅增长 57.0%，使中央公共财政收入同比增长 7.4%，比 2014 年略微提高 0.3 个百分点。如果国有企业利润上缴维持上年的增速并按照同口径计算，中央公共财政收入同比增长约为 5.5%。地方公共财政收入同比增长 9.4%，比 2014 年下滑 0.5 个百分点，基本保持平稳增长。但是由于部分其他项目纳入预算管理，地方财政中非税收入大幅增长 21.5%，如果按照同口径计算，非税收入只增长了 1.3%，将地方公共财政收入按照同口径调整后，同比只增长了 4.9%。2015 年中央政府债务和地方政府债务是各自公共财政收入的 1.7 倍和 3.1 倍。图 11-2 描述了中央和地方公共财政收入的增速变化情况。总体来看自 2011 年都进入了转折点。这些数据表明中央财政仍具有较强的偿债能力，地方政府偿债能力仍然明显偏弱。在目前分税制财政管理体制下，随着国有土地使用权出让收入的下降和税费改革的推进，最大的风险是地方财政收入增长的可能失速，最终的结果将是中央财政通过某种形式的财政转移增加地方财政的财力，从这个角度讲，中央财政也面临着某种程度的担保压力。

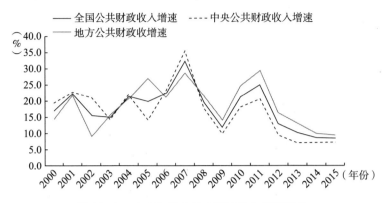

图 11 - 2　中央和地方公共财政收入增速变化

数据来源：中经网统计数据库（http://db.cei.gov.cn）。

（四）居民部门杠杆率

　　居民部门作为整体是一个资金流出部门，任何一笔资金的拆出，只是转变了居民部门资产和权益的持有形式，当获得股息或利息时，将同时增加其资产和权益的规模，资产和权益的比率将为1∶1。但是，每个居民都会作为个体从事借贷活动，居民资产、负债和权益的逐项累计将使该部门的资产和权益发生变化，杠杆由此产生。根据中国人民银行公布的金融机构本外币信贷收支表考察居民部门的杠杆情况，图 11 - 3 描述了住户本外币贷款余额占金融机构全部本外币贷款余额的比重及占住户本外币存款余额的比重。2007～2015 年，住户本外币贷款余额占金融机构全部本外币贷款余额的比重呈现逐渐上升的趋势，这一比重在 2007 年 1 月为 16.5%，2015年 12 月底上升到 27.2%，表明居民部门负债增长要快于其他部门负债的增长；同样，住户本外币贷款余额占住户本外币存款余额的比重也呈现类似的走势，由 2007 年 1 月底的 23.7% 上升到 49.0%。居民债务的增长主要源于住房按揭等中长期贷款，汽车贷款也是另一个重要来源。如果仅仅将住户在金融机构的存贷款看作是居民部门的资产和负债，那么以住户本外币贷款余额占住户存款余额比重来衡量的资产负债率无疑表明居民部门的杠杆率显著提高了。但是，住户真实杠杆率与这一指标衡量的杠杆率仍然存在着重大的区别。居民不通过金融机构的借贷或者股权投资行为并不能被有效观察到，居民拥有的资产或者权益也不仅仅限于金融机构资产负债表

中的储蓄存款，还包括住房和汽车等资产，因此，我们不能将居民存贷款
比率视作准确衡量其杠杆率的指标，只不过可以通过这一指标比较近似地
观察居民杠杆率的变化罢了。

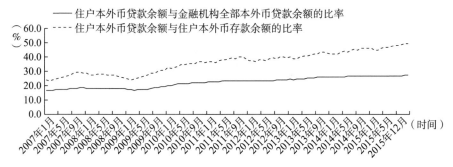

图 11－3　住户本外币贷款余额与金融机构存贷款的比率
数据来源：中国人民银行网站（http://www.pbc.gov.cn）。

那么，当我们使用住户存贷款比率来衡量其杠杆率，可以观察到 2008 年
以来居民杠杆率是显著上升了，但这一指标并不能说明这一杠杆率的合理性
如何。因此，我们再来观察另一项指标，即图 11－4 描述的住户本外币贷款
余额与住户存款年度增加额的比率，这一比率可以反映居民通过每年增加
的储蓄存款来偿还金融机构债务的能力，比率越高，表明居民未来需要花
费更多年限进行储蓄存款以偿清债务，否则就需要更少的年限。图 11－4 表
明，2008 年以来，住户本外币贷款余额与住户存款年度增加额的比率先出
现显著的下降，继而开始上升并不断达到新的高点，2015 年 12 月这一比率
为 6.0，比 2008 年 1 月高出 1.4，即居民要多花费 1.4 年来储蓄以偿付金融
机构贷款。不过，值得注意的是，2008 年下半年和 2009 年全年，这一比率
都处于较低的水平，这主要由于 2008 年 8 月至 2009 年 7 月，居民储蓄存款
的增加速度都高于居民贷款的增加速度，降低了住户本外币贷款余额与住
户存款年度增加额的比率，只是在此以后，居民存贷款增速才又开始持续
地逆向变化，最终又抬高了这一比率。

这里有一个问题，居民储蓄存款为何会出现比较剧烈的变化？一个可
能是居民对未来预期悲观，从而减少了消费，将收入中的更大部分用于储
蓄。不过，社会消费品零售总额增速从 2008 年 10 月开始才略显下滑，进入
2009 年以后才开始明显下滑，减少消费只具有部分解释力，况且经济不景
气时居民收入增速也是放缓的，居民即使减少消费，可用于储蓄的部分也

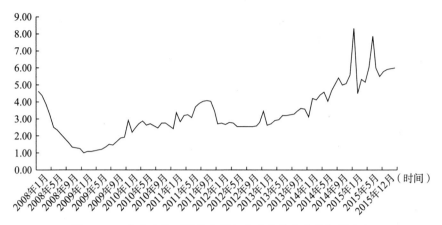

图 11 - 4　住户本外币贷款余额与住户存款年度增加额比率

数据来源：中国人民银行网站（http://www.pbc.gov.cn）。

不一定有很明显的增加，除了减少消费增加储蓄外，应该还有其他方面的影响因素。这可能是以下两个方面的因素：一是货币投放加快使得通过某种渠道流到居民手中的货币增加，从而促使居民增加储蓄；二是居民在金融危机时风险厌恶情绪增加，通过其他方式借出或者投资的资金更多回流到银行等金融机构。

如果居民的资产负债分别只包括储蓄存款和贷款，利用居民贷款与GDP 比率来衡量居民杠杆率也有一定的合理性。其中的逻辑是，居民储蓄存款来自居民收入，是居民消费以后节余的部分收入，而居民收入又是按照支出法核算的 GDP 的组成部分，如果居民收入占 GDP 比重和储蓄占收入比重都比较稳定，居民贷款与 GDP 比率就类似于图 11 - 4 中的住户本外币贷款余额与住户存款年度增加额的比率，虽然不是直接计算当下杠杆率高低的指标，却是以未来偿付能力衡量杠杆率合理性的简便指标。2015 年住户本外币贷款余额占 GDP 的比重达到 39.9%，比 2014 年提高 3.5 个百分点。

二　中国部门杠杆率的可持续性

以上笔者分析了不同经济部门债务负担和杠杆率的基本情况。尽管严格来说，部门杠杆率应该使用本部门资产与权益的比率来表示，或者至少应该用资产、负债和权益任何两者的比率来直接或者间接衡量杠杆率，但是由于居民部门和政府部门等部门的资产和权益并不容易准确统计，同时也不便于从总体上来考察经济总杠杆率，所以采用各部门负债占 GDP 的比重就是一种较好的近似，毕竟各类债务最根本地还是要依靠各部门从 GDP 中得到的产出份额来偿还。2015 年非金融企业债务融资余额与 GDP 比率为 156.0%，金融机构对银行等存款性机构的债务余额占 GDP 的比重为 72.5%，政府部门债务余额占 GDP 的比重为 55.9%，居民对银行等存款性机构的债务余额占 GDP 的比重为 39.9%，四项债务余额合计是 GDP 的 324.3%。按照收入法核算的 GDP 由工资、利息、利润、租金、间接税和企业转移支付、折旧等部分组成，居民债务的偿还主要依赖工资收入，金融机构债务的偿还主要依赖对非金融企业及居民贷款的利息收入或者金融服务收入，非金融企业债务的偿还主要依赖利润，政府债务的偿还主要依赖税收。还有一些经济活动并不创造 GDP，但是会影响收入在不同部门之间的再分配，也值得高度关注，例如直接税和部分费用的征收、土地使用权转让等，就具有再分配的性质。尽管如此，经济活动创造产出的能力以及各部门从产出中可以分得的份额仍是影响部门偿债能力的主要因素。2015 年非金融企业部门、金融部门、政府部门和居民部门债务余额占 GDP 的比重分别比 2014 年提高 7.0 个、10.9 个、3.2 个和 3.5 个百分点，合计提高了 24.6 个百分点。

那么，我们如何认识中国当前债务率水平和增长情况呢？2015 年 GDP 名义增速的放缓一定程度上抬高了债务率，如果 2015 年 GDP 维持与 2014 年 GDP 同样的名义增速，那么整体债务率将由 324.3% 下降至 319.1%，比 2014 年提高 19.4 个百分点，意味着 GDP 增速放缓使债务率提高了 5.2 个百分点，但其余 19.4% 的涨幅还是由债务扩大带来的。尽管可以统计的四部门债务余额占 GDP 的比重已经达到 324.3%，但是这一比率并不是直接衡量四部门债务偿还能力的指标。尽管总体偿还能力主要受各部门组织收入能力的影响，这种组织收入的能力在很大程度上依赖于 GDP 的高低，但是由于各部门偿债能力的不同，债务组成的部门结构也会明显影响偿债能力，也会因此而影响债务的可持续性。

非金融企业部门的债务率是最值得关注的问题，这主要因为非金融企业是组织生产和创造产出的直接主体，其债务除了一部分以流动资产的形式存在外，更多的是以固定资产甚至专用资产的形式存在，这种债务结构极易受企业经营状况和现金流的影响。通常来说，企业会在不包含固定成本时的盈亏平衡线处停止生产，如果在此盈亏平衡线下继续生产，企业不仅会亏损相当于折旧费的固定成本，而且还会亏损部分流动成本。从现金流的角度讲，在此盈亏平衡线下，无论企业生产还是不生产，企业的现金流都将变得很匮乏，要么不计成本地持续借入更大规模的新债来偿还旧债，要么开始处置售卖固定资产或者流动资产来获取现金收入，但最终的结果都是走向破产倒闭，继而引发真正的债务偿付危机。当前不同部门和不同性质的企业的债务率不相同，经营状况也存在较大差异，那些产能绝对过剩行业中的亏损严重的企业将面临最大的债务危机，那些产能相对过剩行业中的市场竞争力较弱的企业也难以熬过市场不景气期，都是最需要关注的对象。因此，部分企业的债务不具有可持续性，有些企业需要及时处置，以防积累更多债务而陷入更大的债务偿付危机并危及金融系统稳定。

金融机构之间的债务余额规模也比较大，但是其可持续性更多地取决于总体经济形势，或者说取决于非金融企业部门的债务偿还能力。金融机构相互之间的债权和债务连接关系较强，其中有些短期调剂余缺性质的债务的偿付风险相对较小，如银行之间的资金拆借活动形成的债务，但也有些长期债务可能由于实体经济的债务偿付危机而出现偿付困难。但是金融机构与实体企业的最大区别之处在于，金融机构负债形成的资产更多是流动性和变现性较强的资产，只要实体经济不发生极大规模的债务偿付危机和系统的存户挤兑危机，金融机构的现金流基本上不会断裂，从而金融机构之间发生链条式债务违约的情况也难以出现。不过，如果衍生金融过度发展，资金流动链条过长，特别是杠杆率过高，发生金融系统风险的概率也会相应上升，但这种情况在当前的中国并不存在，金融机构之间的债务余额规模并不是最主要考虑的因素，实体经济中的僵尸企业或者类似企业对金融机构的债务仍然是威胁金融机构稳定的首要因素。

政府部门债务中，最需要警觉的是其中的地方政府债务。2015 年包括或有债务在内的地方政府债务余额已经达到地方财政预算收入的 3.1 倍。动态来看，地方财政预算收入的增速将成趋势性下降，特别是用于偿还债务的最主要资金来源土地收入更会出现连续性负增长。现有 26 万亿的地方债务余额对于地方政府而言无疑是一项沉重的负担，同时为了发展的需要，地方政府一定数目的再融资也必不可免，从而使债务偿付压力很大。不过，只要债务期限和利息的安排足够合理，地方债务发生较大规模违约的概率也很小，特别是中央和地方财政收入的可能重新划分，也将会大幅增强地方债务的偿还能力，毕竟从全国来看，政府部门的总体债务率还在完全可控的区间范围内，当然前提是地方政府新增债务需要得到有效的控制。

居民部门的债务是当前各类债务中风险最小的。从存量来看，改革开放以来，居民部门保持了较高的边际储蓄倾向，居民部门存款额保持在一个相对较高的水平，虽然居民债务余额不断攀升，但占居民存款余额的比重也只有49.0%。从增量看，近年居民收入水平也在不断提高，2014年劳动者报酬占GDP的比重已经上升到46.05%，收入水平的上升有利于提高居民部门的偿债能力。不仅如此，中国居民部门举债的目的主要是购置房地产或者汽车等资产，较少用于纯粹的消费，所以举债本身也为居民部门带来了一定的资产，而近些年房地产价格的上升也进一步降低了居民债务偿付的风险。但是，由于居民部门内部的收入分配差距较大，那些举债购置房地产的居民通常也没有充足的储蓄，所以当房地产价格出现向下大幅调整时，在房地产价格高位置业的居民将无法覆盖风险头寸，从而也有可能发生债务偿付危机。不过总体来看，居民债务偿付风险仍然是各部门中最小的，通过促进居民部门加杠杆来促使其他部门降杠杆仍然是化解结构性高杠杆率的一个可行之举。

第二节　高杠杆率的形成机制、影响与供给侧改革

一　高杠杆率的形成机制与影响

当前，中国杠杆率处于一个较高的水平，但这种杠杆率与美国等金融发达的国家是不同的，中国高杠杆率主要存在于实体经济部门，而美国的高杠杆率主要存在于金融经济部门。这两种杠杆的区别在于，实体经济部门增杠杆是为了筹集经济活动而需要的资金，金融经济部门增杠杆是为了增强资金流动性和提高资金利用效率，实体经济部门杠杆率偏高容易导致实体经济层面爆发经济危机继而引发金融危机，金融经济部门杠杆率偏高容易导致金融危机继而引发经济危机。但不管哪一类部门杠杆率高，只要受到严重的负面冲击，都会对经济金融系统产生不利影响并威胁经济金融稳定。

那么，中国较高的杠杆率究竟是怎么形成的？回顾中国的改革开放历程，外商投资一直是促进中国经济快速发展的重要驱动力，但是中国之所以能够对外商投资产生足够强的吸引力，在于中国虽然拥有丰富而低廉的劳动力和土地等资源，却缺乏足够与之相匹配的资金，鼓励外资流入正是为了"补短板"。同时，在吸引外资一定程度上"补短板"之后，强烈的资本需求还迫使中国贯彻实施"促生产、抑消费"的发展战略，突出地表现在中国奉行主要由中国人民银行来控制的高利率政策，降低居民的边际消费倾向而提高其边际储蓄倾向，通过诱引居民大规模储蓄，并将储蓄资金通过银行贷款等形式支持企业进行生产投资，实现资金由居民部门向企业部门的转移，而在这一过程中，企业部门的负债规模和杠杆率也趋于上升。除了少数像美国那样凭借本币的国际储备地位通过举借外债进行消费的国家外，居民部门作为债权部门而企业部门作为债务部门，是符合一般经济的发展规律的，即中国企业部门存在较高的杠杆率本身并不是一个问题，而是经济发展一般规律带来的自然的结果。

然而，当某一部门杠杆率在形成的过程中既缺乏资金使用效率，又不能对经济结构的趋势性调整做出前瞻性的预判而过度举债投资，高杠杆率就可能会展现其狰狞的一面，成为最终压垮企业的一根稻草，资不抵债和破产倒闭的结局将难以避免，并影响市场中的其他经济主体，当这种影响的范围和程度足够大时，经济运行进入危机模式将是合乎逻辑的结果。由于 2008 年以来中国经济结构的剧烈调整，非金融企业部门中有很多企业出现投资方向性失误，其中受冲击最大的当属资源型行业和重化工行业，这些行业不仅资产专用性较强，同时行业中大量是国有企业，其退出机制偏于僵化，许多企业继续负债亏损经营，导致负债规模和杠杆率不断攀升，成为经济运行潜在不稳定因素。地方政府债务的扩张既与中国推进城镇化的发展模式有关，也受中央地方财政管理体制和任期制下的官员考核约束机制影响。中国政府是改革开放战略的制定者和推动者，所以对经济发展负有重要的规划和指导责任。而且，曾经的计划经济的体制遗留或意识熏陶，也增强了政府在经济社会发展中的使命感和存在感，想要有所作为、大干快上的思想在实践中十分普遍。同时，分税制下"多劳多得"的财力分配规则和 GDP 作为主要的官员政绩考核指标，更加直接鼓励和刺激了地方政府干预经济和大搞建设的微观行为，甚至为了建设发展的目的不惜大规模举借债务。但是，由于官员对经济发展形势的判断更加盲目，而且做出举债决策的官员在任期制下不用对债务偿还负有连带责任，不计成本地过度举债也不断地推高地方政府债务杠杆率。

当前实体经济部门和政府部门的债务杠杆率之所以受到重视，并不是简单地由于杠杆率水平的高低，而是这一水平的杠杆率在特定经济形势下的不可持续性及可能对金融经济带来的危害性。一般企业的亏损清算只会导致劳动力的失业，并不必然会严重累及银行等债权人的权益，因为企业毕竟还有一部分资产可以出售并以此来获取相当部分的偿债资金。可是如果企业特别是国有企业面临亏损却坚持不根据企业利润最大化原则退出市场，债务只能越积越多，权益对应的净资产越来越少，最终以债务与权益比率来衡量的杠杆率甚至将转为负值，以资产负债率来衡量的杠杆率将超过100%，这时再实行破产清算，只能增加金融机构等各类债权人的损失程度，情况严重时即使不直接引发存款公司等金融机构的兑付危机，也会由于金融机构向其他企业提供贷款的能力下降而损及全社会的流动性，使经济形势进一步恶化，甚至损害一国长期发展的能力。地方政府债务率偏高带来的危害也是多方面的：一是过高的债务率迫使地方政府把有限的财政资金更多地用作偿债支出，挤占本来应该用于社会发展和民生保障方面的份额，不利于经济社会的协调发展；二是债务率过高会逼迫地方政府收过头税和巧立收费名目，增加企业负担和干扰其正常的经营活动；三是过高的债务率可能会使部分地方政府出现债务违约，这将严重损害政府的形象和信誉，增加未来政府公债的发行难度和发行成本；四是地方政府债务违约还会造成金融机构等债权人的损失，在企业债务违约率偏高的情况下进一步推高金融机构的坏账率，推升经济和金融系统风险。正是由于债务杠杆率过高可能带来的上述危害，采取一定的措施防范杠杆率进一步攀高，甚至一定程度上推动经济"去杠杆"，实是必要的。

二　"去杠杆"的原则与途径

实体经济与地方政府杠杆率偏高，特别是仍在不断攀升所带来的潜在威胁是不容忽视的，但是也不能简单通过"挤泡沫"的方式人为制造流动性危机，因为在经济不景气的时候社会信用规模的过度紧缩将使更多企业资金链条断裂，容易祸及那些处于暂时困难但仍在正常经营的企业。那么，

"去杠杆"究竟要遵守哪些原则，又有哪些可能有效的途径能够在不引起流动性紧缩的情况下实现"去杠杆"、维持经济金融安全的目标呢？

（一）"去杠杆"的原则

1. "去杠杆"应该有利于"稳增长"

"去杠杆"之所以必要，在于全社会杠杆率水平如果超过合理区间，将对金融稳定带来巨大的潜在威胁，成为引发金融危机的导火索，并对经济社会方面面造成负面的影响。从这个角度来看，"去杠杆"实是宏观经济管理的需要，其根本目的是防止"加杠杆"可能带来的宏观风险，所以制定和实施任何"去杠杆"的政策，都必须与"稳增长"这一大目标相一致，那些任何纯粹为了实现"去杠杆"的具体目标而出台的与此根本目标相违背的政策，都是不适宜的。更具体地讲，"去杠杆"不能过度减少流动性，避免人为造成债务恶性紧缩及其可能带来的后果。

2. "去杠杆"应该坚持市场调节和政府干预的有机结合

高杠杆率通常是在经济繁荣时期资产价格趋于膨胀，增强了市场主体对未来的乐观预期，并刺激其过度举债而形成的。尽管高杠杆率在形成的过程中受到某些非市场因素的影响，但是市场力量还是最基本的推动力，"去杠杆"也应该尊重市场自我调节的作用。不过，也正是由于某些非市场因素的存在，使得政府干预也成为必要。这种政府干预既可以表现为对国有及国有控股企业体制机制的改革，也可以表现为对行业生产标准的调整或者行业生产计划指导。这些政府干预措施有些是对部分行业或者企业存在的政策体制失误的一种矫正，有些是根据市场形势的变化情况为了消除集体非理性而进行的临时性指导甚至管制。无论哪一种类型的政府干预，对于市场"去杠杆"的力量都是一种重要而有益的补充，可以帮助市场尽快实现出清，避免供求关系长久失衡可能带来更大规模的债务累积，不仅有助于消除金融系统风险，也有助于企业盈利能力提升和经济重回正常运行轨道。

3. "去杠杆"应该重视宏观调控对市场力量的再调节作用

"去杠杆"的过程是经济摆脱困境和再次走上复苏之路不可或缺的一环，它会改变相对于有效需求产能过剩的局面，推动包括资产等商品价格的上涨，使经济进入新一轮的增长周期。然而，在达到新的增长阶段之前，"去杠杆"也会对整体经济产生紧缩的效应，并促使产出增速下降，特别是市场力量的盲目性可能会引发杠杆率过度向下调整，甚至由此酿成经济危机。因此，市场力量"去杠杆"的积极作用应该得到尊重，但是消极作用也必须受到重视，并通过适宜的宏观调控措施来尽可能地对冲"去杠杆"所带来的这种消极作用。从这个角度讲，宏观调控应该作为市场自身"去杠杆"消极作用的对冲力量存在，以此引导和约束市场自我调整的路径和程度，而不是要反过来充当"去杠杆"的角色，更不能充当"去杠杆"的主导力量。

4. "去杠杆"应该强调结构性，对不同类型的"去杠杆"要区别对待

市场力量是"去杠杆"的主要力量，但是政府干预也是"去杠杆"重要的辅助力量，而且是更加主动和可控的力量。政府在发挥"去杠杆"作用的过程中，应该强调"去杠杆"的结构性特征。对于产能已经呈现长期绝对过剩特征行业中的僵尸企业，应该采取更激烈的手段迫使其彻底退出；对于产能只是短期相对过剩行业中的企业，应该指导其通过提质增效和削减产能等方式提高赢利能力和降低杠杆率。对于地方政府和企业的债务"去杠杆"也要区别对待，地方政府不属于经营单位，不能进行破产倒闭，更应该通过债务置换、期限调整等方式来降低债务成本及减少每期现金流出，使其债务能够和长期财力相匹配。企业属于经营单位，经营亏损将会导致企业债务累积，需要通过及时的破产清算来抑制其杠杆率的进一步攀升。

5. "去杠杆"应该重视创造新的投资渠道并发挥其对"去杠杆"的疏导作用

由于"去杠杆"的结构性，除了需要对分子做减法来降低债务规模外，还需要对分母做加法来提高负债主体的权益规模，通过疏堵结合来降低杠杆率。这就要求政府致力于改善市场环境，培育新的增长动力和创造新的投资机会，促使企业转型升级和提高自身的赢利能力。创造新的投资机会可以吸引企业将产能削减所释放出来的资源要素整合到新的生产领域，一方面降低行业过度生产带来的市场恶劣竞争的程度，另一方面使企业形成新的利润增长点，以资产负债表的结构调整和现金流量表的改善来适度降低杠杆率以及高杠杆率带来的风险，避免硬性"挤泡沫"可能带来的悲观预期和流动性危机。

（二）"去杠杆"与供给侧改革

总结上述"去杠杆"要遵循的原则，核心逻辑就是要求以宏观调控保

持宽松的流动性环境,以经济促进增加债务主体的现金流,以债务处置减少债务的恶性循环累积。而要做到这几条,就需要对当前经济运行中存在的更深层次的体制机制进行改革,通过这些改革促进经济平稳"去杠杆"目标的实现。

1. 市场退出机制改革

债务的累积是推高杠杆率的首要因素。管理和经营机制比较完善的企业的债务累积通常会有一个规模限度,在达到这一规模限度时就会停止经营实行破产清算或者兼并重组。然而,以国有及国有控股企业为代表的企业,由于预算约束软化,债务累积的限度更高,不仅可以在更高亏损额的情况下进行过度生产,而且在理论上即使停止生产经营后也可以通过变卖资产而维持生存,只要生产或者变卖带来的现金流足以偿付债务利息即可。但是,依靠过度生产和变卖资产维持的生存会快速侵蚀企业权益额,驱使杠杆率攀升以至达到严重资不抵债的程度,当债务人的现金流不足以偿付债务利息时,债权人的债务本金已经很难被偿还,其利益将严重受损。因此,要对国有及国有企业管理经营体制进行改革,强化企业财务预算约束,破除国有企业不能破产重组的旧有观念,创造条件和鼓励企业遵循市场原则适时退出市场,减少无效债务的恶性累积和可能带来的不良后果。

2. 行业协调机制改革

行业无序竞争也是导致企业过度生产和产能过剩的重要因素。企业面对的是向下倾斜的行业需求曲线,当市场趋于繁荣时,需求旺盛使行业需求曲线斜率绝对值比较小;但是当市场陷入衰退时,由于需求意愿疲弱,产品价格降低难以有效刺激需求,行业需求曲线斜率绝对值比较大。在正常情况下,市场由繁荣转向衰退时,面对需求的减少和更陡直的需求曲线,行业中的企业通过减产和降低价格可以使供需达到新的均衡,但是,如果企业前期投资带来的产能仍处于扩张期,固定资产折旧费用的存在使得它们更愿意较少削减产出甚至还会扩大产出,使供给曲线右移,在需求曲线已经左移同时变得更陡直的情况下,一个直接的后果是产品价格更大幅度地下降,企业亏损程度随之加重,企业杠杆率也不断升高。因此,企业的个体理性导致集体非理性,如果能够加强行业协调,使行业中的企业能够一定程度上限制产出,将能够促使价格的逐渐回升,有助于提高企业赢利能力并降低杠杆率水平。当前,通过各企业自发联合起来进行协调难度较大，还需要政府充当中间联系人促使相关企业进行谈判，或者对能够控制的部分企业直接实行窗口指导，并最终建立起有效的行业协调机制。

3. 债务发行和管理体制改革

地方政府是一种特殊的市场主体，突出表现在其债务资金用途的公益性较强，它所进行的部分投资项目难以有足够的收益率来覆盖债务成本，这就要求债务资金的偿还很大程度上要依赖于公共财政收入。但是，由于地方政府并不是经营单位，公共财政收入的增长受经济发展和经济形势等因素的影响较大，同时，地方政府的支出最大化倾向也增强了其举债冲动，这就容易使地方政府陷入借新还旧、债务累积越来越多的尴尬局面。为了对地方政府举债行为进行约束和使债务偿还透明化、常规化，需要进行债务发行和管理体制方面的改革，根据地方财政收入水平和未来增长趋势，对地方政府债务设定最高限额，多方面拓展债务举借渠道，降低债务利息负担，督促其建立有稳定收入来源的长期偿债基金，并促使隐形债务显性化，以及建立债务资金收入和偿还的日常工作台账，提高对地方政府债务资金的监督程度。

4. 中央地方财力分配体制改革

地方政府举债所投资建设的项目，由于公益性较强，许多项目回报率达不到正常的社会回报率水平，债务很难靠项目本身的现金流来偿还，需要从公共财政预算收入中拨出部分份额建立偿债基金以偿还公益性项目债务。但是，当前地方财政收入过度依赖于土地和房地产方面的税费收入，其他形式的地方财政收入在全国财政收入的份额偏低，特别是营改增以后更是如此，使地方政府资金安排的回旋余地减小。一旦土地和房地产市场陷入衰退，短期内债务偿还问题立刻就会显现出来，甚至可能有违约情况的发生。不仅如此，当地方财政收入减少时，迫于还债压力和公共支出压力，地方政府还会巧立名目乱收费，加重经济活动主体负担，不利于经济发展和平稳运行。在目前的分税制下，中央和更高行政层级的政府财政财力相对充裕，地方政府特别是基层政府财政财力相对匮乏，由于地方政府承担着越来越多的具体的社会性和公共性事务，资金不足只能向上级财政要求转移资金，并形成"等、靠、要"的思想，甚至因存有地方债务会由更高层级政府财政隐形担保的思想而过度举债，这些都不利于地方政府通过发展经济和自力更生来维持财政收支平衡，导致其债务杠杆率不断攀升。

因此，完善中央和地方财政管理体制，适度扩大地方财政特别是基层政府财政的分配份额，对于强化其自我约束意识和实现财政周期性平衡都具有重要意义。

5. 资金信贷管理体制改革

降低经济杠杆率可能会导致某时期内社会信用一定程度的萎缩，对于正常经营的企业产生不必要的负面冲击。对部分僵尸企业的关停并转，客观上会减少它们对社会资源的过多无效占用，为其他企业提供更多的资源配置机会，但是也会使债权人坏账显性化，降低资本充足率，影响其放贷能力或放贷意愿；产能过剩行业中企业的减产尽管可能通过促使价格的回升而增强赢利能力，但是也可能导致用于偿债的现金流匮乏，债权人就倾向于减少新增资金贷款，甚至还会转向积极抽贷，威胁企业的正常经营；同时，企业减产和对地方政府的债务限额约束也会影响它们生产或投资项目的规模，减少上游供给企业的经营机会并降低其赢利能力，从而威胁它们的现金流收入和降低偿债能力。正是由于"去杠杆"存在这样一些紧缩效应，在"去杠杆"的过程中就必须维持适度宽松的资金信贷政策，通过提高整体社会流动性对冲部分企业流动性不足。但是，宽松的资金信贷政策也有可能导致那些生产经营已经严重恶化、基本处于僵尸状态的企业通过种种途径更多地恶性举债，进一步抬高不良企业的杠杆率，对经济和金融稳定产生更大的潜在威胁。因此，在维持适度宽松的资金信贷政策时，应该对资金信贷管理体制进行改革，一方面约束银行等金融机构对那些债务杠杆率过高而且扭亏无望企业的维持性贷款，降低相关人员对破产清算企业的贷款连带责任，甚至鼓励它们对那些僵尸企业抽还贷款；另一方面放松银行等金融机构对正常经营企业的贷款标准，适度容忍不良贷款率的提高，条件许可时也可以通过债转股减少企业债务负担，使银企共渡难关。

6. 产业创新体系改革

"去杠杆"除了要降低或者抑制债务规模外，还要非常重视扩大企业权益对降低杠杆率所具有的作用。要扩大企业权益，主要有两种途径，一种是通过提升赢利能力获取更多的利润，二是通过改善经营状况吸引股权资金的加入。无论哪一种途径，都依赖于企业经营利润的提高，或者至少要有较高的盈利预期。因此，要有效"去杠杆"，必须创造更多的投资机会和培育新的增长点，并促进企业现有生产技术的提高和产品质量的提升，要做到这一点，就离不开对产业创新体系的改革。改革开放以来，中国充分利用劳动力低成本的优势，发展起大量的劳动密集型产业。虽然短期内实现了更高程度的工业化和城镇化，但是也存在着产品质量较差和技术含量偏低的问题，并且一旦遇到发展瓶颈问题，很容易引发无序的同质性竞争，使行业内大多数企业的经营状况趋于恶化，并推高杠杆率。基于这一点，中国必须进行产业创新体系改革，从人才培养、技术创新、产品孵化和产品推广各环节完善创新体系，增强人才培养和技术创新的市场导向，消除制约人才流动和才尽其用的体制约束，严格知识产权保护和增强金融支持，使企业乐于创新、敢于创新和能够创新，用创新全面改造和提升中国产业工艺技术基础，创造出更多质量高、成本低的新型产品，用供给创造需求，最终促进经营环境的改善和企业赢利能力的提高，从根本上降低企业"高投入、低产出"的生产模式带来的杠杆率偏高的问题。

参考文献

中文文献

毕泗锋：《经济效率理论研究述评》，《经济评论》2008 年第 6 期。

陈志昂、缪仁炳：《中国交易费与经济增长关系的实证分析》，《商业经济与管理》2000 年第 9 期。

董志勇、邓丽：《我国宏观税负的经济影响分析》，《技术经济与管理研究》2010 年第 4 期。

范广军：《我国税收结构与经济增长的相关性分析》，《经济师》2004 年第 2 期。

范恒山：《30 年来中国经济体制改革进程、经验和展望》，《改革》2008 年第 9 期。

何茵、沈明高：《政府收入、税收结构与中国经济增长》，《金融研究》2009 年第 9 期。

贺正楚、吴艳：《生产服务业与战略性新兴产业互动与融合关系的推演、评价及测度》，《中国软科学》2013 年第 5 期。

胡日东、钱明辉、郑永冰：《中国城乡收入差距对城乡居民消费结构的影响——基于 LA／AIDS 拓展模型的实证分析》，《财经研究》2014 年第 5 期。

江飞涛、耿强、吕大国、李晓萍：《地区竞争、体制扭曲与产能过剩的形成机理》，《中国工业经济》2012 年第 6 期。

金玉国：《中国交易费用水平的地区差异及其形成机制》，《当代财经》2005 年第 6 期。

金玉国、崔友平：《经济发展、体制转型与交易费用的实证分析》，《财经科学》2006 年第 2 期。

雷星晖、张柯：《基于企业关系分析的供应链交易成本研究》，《经济经纬》2008 年第 5 期。

李俊霖：《宏观税负、财政支出与经济增长》，《经济科学》2007 年第 4 期。

李涛、黄纯纯、周业安：《税收、税收竞争与中国经济增长山》，《世界经济》2011 年第 4 期。

李永友：《我国税收负担对经济增长影响的经验分析》，《财经研究》2004 年第 12 期。

廖艳嫔：《论我国国有企业垄断行为的法律规制》，《管理世界》2015 年第 5 期。

刘澄、顾强：《产业政策在战略性新兴产业发展中的作用》，《经济社会体制比较》2011 年第 1 期。

刘海庆、高凌江：《税制结构与经济增长——基于我国省级面板数据的实证研究》，《税务研究》2011 年第 4 期。

刘航、孙早：《城镇化动因扭曲与制造业产能过剩——基于 2001～2012 年中国省级面板数据的经验分析》，《中国工业经济》2014 年第 11 期。

刘溶沧、马拴友：《论税收与经济增长——对中国劳动、资本和消费征税的效应分析》，《中国社会科学》2002 年第 1 期。

刘迎秋、吕风勇：《中国宏观经济运行报告（2013～2014）》，社会科学文献出版社，2013。

陆国庆、王舟：《中国战略性新兴产业政府创新补贴的绩效研究》，《经济研究》2014 年第 7 期。

吕风勇：《市场抑制、体制改革与市场决定性作用》，《经济体制改革》2014 年第 4 期。

马拴友：《宏观税负、投资与经济增长：中国最优税率的估计》，《世界经济》2001 年第 9 期。

马拴友：《税收结构与经济增长的实证分析——兼论我国的最优直接税/间接税结构》，《经济理论与经济管理》2001 年第 7 期。

茅锐、徐建炜：《人口转型、消费结构差异和产业发展》，《人口研究》2014 年第 5 期。

缪仁炳、陈志昂：《中国交易费用测度与经济增长》，《统计研究》2002年第8期。

世界银行集团：《2008年中国营商环境报告》，社会科学文献出版社，2008。

宋璐：《美国金融危机中银行的去杠杆化——机制、过程和监管》，《理论界》2013年第5期。

宋则、常东亮：《中国物流成本前沿问题考察报告》，《财贸经济》2005年第7、8期。

苏明、徐利君：《基于面板数据的地方税收与经济差异性研究》，《经济理论与经济管理》2008年第3期。

孙国峰：《交易成本与制度成本的关系分析》，《西南师范大学学报》（人文社会科学版）2004年第3期。

孙玉栋：《税收竞争、税收负担与经济发展的关系及政策选择》，《中央财经大学学报》2007年第5期。

唐未兵、傅元海：《技术创新、技术引进与经济增长方式转变》，《经济研究》2014年第7期。

王春峰、黄凝：《债务与经济的周期关系研究及国际比较》，《经济体制改革》2015年第4期。

王麒麟：《生产性公共支出、最优税收与经济增长》，《数量经济技术经济研究》2011年第5期。

王小华、温涛：《城乡居民消费行为及结构演化的差异研究》，《数量经济技术经济研究》2015年第10期。

魏杰：《中国经济体制改革的历史进程及不同阶段的任务》，《社会科学战线》2008年第4期。

武靖国：《从拉弗曲线变异看我国企业税负差异》，《西安财经学院学报》2011年第5期。

肖永清、王稼琼：《家庭生产函数视角下的交易效率经济解释》，《中国流通经济》2011年第4期。

许庆瑞、吴志岩：《转型经济中企业自主创新能力演化路径及驱动因素分析》，《管理世界》2013年第4期。

许召元、张文魁：《国企改革对经济增速的提振效应研究》，《经济研究》2015 年第 4 期。

严成樑、龚六堂：《财政支出、税收与长期经济增长》，《经济研究》2009 年第 6 期。

〔英〕约翰·梅纳德·凯恩斯：《就业、货币和利息通论》，陆梦龙译，商务印书馆，2005。

袁志刚、夏林锋、樊潇彦：《中国城镇居民消费结构变迁及其成因分析》，《世界经济文汇》2009 年第 4 期。

张五常：《定义与量度的困难——交易费用的争议之三》，《IT 经理世界》2003 年第 18 期。

张五常：《经济解释》，商务印书馆，2000。

张晓雯：《基于经济增长和收入分配视角的中国税负研究》，山东大学博士学位论文，2013。

赵红军：《半个世纪中国城乡差距的历史考察——交易效率视角分析》，《中国经济问题》2005 年第 2 期。

中国社会科学院经济体制改革 30 年研究课题组：《论中国特色经济体制改革道路》，《经济研究》2008 年第 9、10 期。

朱博文、倪晓静：《我国省际税收负担与经济增长相关关系研究》，《经济论坛》2008 年第 10 期。

朱富强：《效率原则是否为指导制度改革的合理原则》，《制度经济学研究》2010 年第 6 期。

外文文献

Aiyagari, S. R. , "Optimal Capital Income Taxation with Incomplete Markets, Borrowing Constraints, and Constant Discounting," *Journal of Political Economy* 6 (1995).

Angelopoulos, K. , Eeonomioles, G. and P. Kammas, "Tax-Spending Policies and Economic Growth: The Theoretical Predictions and Evidence from the OECD," *European Journal of Political Economy* 23 (2007).

Branson, J. , "A Growth Maximising Tax Structure for New Zealand," *International Tax and Public Finance* 8 (2001).

Burns, A. F. and W. C. Mitchell. , "Measuring Business Cycles " (NBER,

New York, 1946).

Carlton, Dennis W. , "The Location and Employment Choices of New Firms: an Economic Model with Discrete and Continuous Endogenous Variable," *The Review of Economics and Statistics* 3 (1983).

Chandler, Alfred D. , Jr. , *The Visible Hand* (The Belknap Press of Harvard University Press, Cambridge, Mass 1977).

Dagnino-Pastore, J. M. and P. E. Farina, "Transaction Costs in Argentina", Paper Presented at the Third Annual Conference of the International Society for New Institutional Economics, Washington (1999).

Devereux, M. B. and D. R. Love, "The Effects of Taxation in a two Sector-Model of Endogenous Growth," *Canadian Journal of Economics* 27 (1994).

Dolley, B. and W. H. Leong, "Measuring the Transaction Sector in the Australian Economy: 1911 – 1991," *Australian Economic History Review* 3 (1998).

Domeij, D. and J. Heathcote, "On The Distributional Effect of Reducing Capital Taxes," *International Economic Review* 2 (2004).

Easterly, W. and S. Rebelo, "Fiscal Policy and Economic Growth: An Empirical Investigation," *Journal of Monetary Economics* 32 (1993).

Ghertman, M. , "Measuring Macro-economic Transaction Cost: A Comparative Perspective and Possible Policy Implication", Paris, 1998.

Harberger, A. C. , "Taxation, Resource Allocation and Welfare", In J. Due (ed.), *The Role of Direct and Indirect Taxes in the Federal Revenue System* (Princeton, New Jersey: Princeton University Press, 1964).

Jones, L. E. and R. E. Manuelli, "Finite Lifetimes and Growth", NEBR Working Papers (1992).

Karras, G. , "Taxes and Growth: Testing the Neoclassical and Endogenous Growth Models," *Contemporary Economic Policy* 2 (1999).

Koester, Reinchard B. and Roger C. Komendi, "Taxation, Aggregate Activity and Economic Growth: Further Cross-Country Evidence on some Supply-Side Hypotheses," *Economic Inquiry* 27 (1989).

Lee, Y. and R. G. Gordon, "Tax Structure and Economic Growth," *Journal of Public Economics* 89 (2005).

Leibfritz, W., Thornton, J. and A. Bibbee, "Taxation and Economic Performance", OECD Economics Department Working Papers No. 176, (1997).

Marsden, K., "Links Between Taxes and Economic Growth: Some Empirical Evidence", World Bank Working Paper Series, No. 605 (1983).

McCann, L. and K. W. Easter, "Estimates of Public Sector Transaction Costs in NRCS Programs," *Journal of Agricultural and Applied Economics* 3 (2000).

Mendoza, E. G., Milesi-Ferretti, G. M. and P. Asea, "On the Ineffectiveness of Tax Policy in Altering Long-Run Growth: Harberger's Superneutrality Conjecture," *Journal of Police Economic* 66 (1997).

Milesi-Ferretti, G. M., and N. Roubini, "On the Taxation of Human Capital and Physical Capital in Models of Endogenous Growth", *Journal of Public Economics* 70 (1998).

Oakland, W. H., "Local Tax and Intra-Urban Industrial Location", *Metropolitan Financing and Growth Management* (1978).

Pecorino, P., "Tax Structure and Growth in A Model with Human Capital", *Journal of Public Economics* 52 (1993).

Peden, E. A., "Productivity in the United States and Its Relationship to Government Activity: An Analysis of 57 Years: 1929 – 1986" (Public Choice, 1991).

Plosser, C. I., "The Search for Growth", in Federal Reserve of Kansas City Symposium Series, *Policies for Long-Run Economic Growth* (1992).

Rebelo, S., "Long-Run Policy Analysis and Long-Run Growth," *Journal of Public Economy* 3 (1991).

Scully, Gerald W., "Tax Rates, Tax Revenues and Economic Growth", NCPA Policy Report, No. 159 (1991).

Slemrod. J. B. and S. Yitzhak, "The Costs of Taxation and Marginal Cost of Fund", IMF Working Papers, No. 83 (1995).

Stoll, H. R. and R. E. Whaley, "Transaction Costs and the Small Firm Effect," *Journal of Financial Economics* 1 (1983).

Wallis, J. J. and D. C. North, "Measuring the Transaction Sector in the American Economy, 1870 – 1970", In Engerman, S. L. and R. E. , Gallman, (eds.) , *Long-Term Factors in American Economic Growth* (Chicago: University of Chicago Press, 1986).

Widmalm, F. , "Tax Structure and Growth: Are Some Taxes Better Than Others?," *Public Choice* 107 (2001).

Williamson, O. E. , *The Economic Institutions of Capitalism* (New York: The Free Press, 1985).

图书在版编目（CIP）数据

供给侧改革的逻辑与路径／吕风勇著. -- 北京：
社会科学文献出版社，2016.10（2017.5 重印）
ISBN 978 - 7 - 5097 - 9163 - 9

Ⅰ.①供…　Ⅱ.①吕…　Ⅲ.①中国经济－经济改革－
研究　Ⅳ.①F12

中国版本图书馆 CIP 数据核字（2016）第 108916 号

供给侧改革的逻辑与路径

著　　者／吕风勇

出 版 人／谢寿光
项目统筹／任文武
责任编辑／高　启　王凤兰　高振华

出　　版／社会科学文献出版社·区域与发展出版中心（010）59367143
　　　　　地址：北京市北三环中路甲 29 号院华龙大厦　邮编：100029
　　　　　网址：www. ssap. com. cn
发　　行／市场营销中心（010）59367081　59367018
印　　装／北京季蜂印刷有限公司

规　　格／开　本：787mm × 1092mm　1/16
　　　　　印　张：16.5　字　数：267 千字
版　　次／2016 年 10 月第 1 版　2017 年 5 月第 2 次印刷
书　　号／ISBN 978 - 7 - 5097 - 9163 - 9
定　　价／48.00 元

本书如有印装质量问题，请与读者服务中心（010 - 59367028）联系